JN485793

태권도의
역사철학적 탐구

태권도의 역사철학적 탐구

초판 발행 2007년 12월 26일 | **초판 2쇄** 2010년 2월 22일

지은이 김기홍 · 한국선 · 김동규 | **펴낸이** 이효수
펴낸곳 영남대학교출판부 | **디자인** GukjeAD

출판등록 1975년 9월 5일 경산 제16-1호 | **주소** 경북 경산시 대동 214-1
전화 053) 810-1801~3 | **FAX** 053) 810-4722 | **홈페이지** book.yu.ac.kr

ISBN 978-89-7581-341-2 93690

• 값은 표지 뒷면에 있습니다.
• 잘못 만들어진 책은 바꾸어 드립니다.

태권도의 역사철학적 탐구

김기홍 · 한국선 · 김동규 지음

영남대학교출판부

머리말

태권도계는 당면한 세 가지의 과제를 안고 있다. 우선 한국이 각종 국제 태권도대회에서 경기성적으로 종주국의 체면을 어느 정도 유지할 수 있느냐 하는 문제가 대두된다. 세계선수권대회가 시작된 1970년대는 물론 1990년대까지만 해도 한국은 경기성적에 있어서는 연연하지 않아도 되는 절대적인 수준이었다. 그러나 올림픽의 정식종목으로 채택된 2000년 시드니대회부터는 사정이 완연히 달라졌다. 이는 1964년 도쿄올림픽대회부터 정식종목이 된 일본의 유도종목과 유사한 경우라고 볼 수 있다.

이와 함께 또 하나의 과제는 태권도가 지속적으로 세계스포츠로서 각광을 받고 존속되기 위해서는 경기방식과 운영체계가 개선되어야 한다는 점이다. 이를 위해서 태권도계는 보호장비를 개발하고, 객관적 판정을 위한 전자호구의 도입을 추진하고 있다. 경기화된 스포츠가 세계적인 스포츠로 승화되기 위해서는 참여선수는 물론, 관람객의 흥미수준이 성패를 좌우하게 되는데 이 문제가 태권도계가 안고 있는 두 번째 고민인 것이다.

경기화된 태권도는 위의 두 과제 외에 더욱 본질적인 고민이 있다. 다름 아닌 태권도의 경기화와 태권도의 무도성이 어떻게 양립할 수 있으며, 또 조화를 이룰 수 있는가 하는 문제이다. 이 저서는 이러한 문제에 초점이 맞추어져 있다.

사실 태권도가 세계 200여 개국 7,000여만 명의 수련인구를 확보하는 데에는 경기화가 절대적인 기여를 했다. 깊은 산속이나 수도원에서 하던 소수 전문인만의 태권도수련이 대도시 한가운데에서 어린 아동을 비롯해 일반성인에 이르기까지 확대되었고, TV를 통해 태권도경기 장면이 전 세계에 알려지고 있음은 태권도의 대중화라고 하는 차원에서 보면 큰 수확인 것이다. 그럼에도 불구하고 태권도계의 고민은 이 상태로 가다가는 전통무도로서의 태권도 맛, 즉 정체성이 상실되고 마는 것은 아닌가 하는 점이다.

이러한 염려는 경기력의 발달, 세계화의 모색 등과 같은 현실적인 문제 못지않게 대책을 강구하지 않으면 얼마가지 않아 태권도는 서양스포츠의 한 귀퉁이에서 헤매게 될 수 있다는 데에 기반하고 있다. 최근 몇몇 학자들에 의해 이에 대한 고민이 체계적으로 연구되고 있어 그나마 다행스럽게 생각하고 있으며, 이 저서도 그러한 맥락에서 시도되었다.

이 저서의 전체내용은 여섯 부로 구성되어 있다. 제1부는 태권도의 기원에 대한 논의로서, 상반된 주장들을 소개하고 이를 근거로 저자의 입장에서 태권도의 뿌리를 찾아보았다. 제2부는 태권도를 포함한 동양무도의 개념정의를 시도하고, 이와 관련한 가치지향의 과정을 논의하였다. 제3부는 태권도철학과 정체성을 찾아보려는 논의로서, 태권도의 본질이 무엇인가에 대한 답을 찾는 내용이다. 제4부는 한국 정부의 체육 및 태권도 진흥정책의 특징을 정권별로 비교 정리하였다. 제5부는 태권도의 스포츠화 과정에 대한 논의로서, 이의 두 주역인 최홍희와 김운용이 주도한 국제태권도연맹ITF과 세계태권도연맹WTF의 추구성향과 방식을 비교분석하였다. 제6부는 이상의 논의들에 대한 결론성격이 짙은 장으로서, 태권도가 정체성을 잃지 않으면서 세계화의 길을 걸어 나가기 위해 지향해야 할 공존의 길, 즉 무도성과 스포츠화의 조화를 탐색해 보았다.

이 저서의 원고를 정리하고 마감하면서 절감한 문제는 아직 갈 길이 멀다는 것이었다. 이 내용들은 수년간에 걸쳐 순차적으로 학회에 논문으로 발표하여 검증을 받기도 하였고, 또 이를 김기홍의 박사학위논문(근대 한국 태권도의 기원과 정체성 및 스포츠화 과정에 관한 연구, 2006) 내용으로도 상당부분 도입해 보았지만, 아직은 태권도의 뿌리와 정체성, 그리고 세계화의 길에 대한 적정한 답들을 찾기에는 시간의 부족함을 느꼈다. 그럼에도 불구하고, 이 저서의 내용들은 태권도의 향후 진로를 모색하는 관심 있는 학도들에게는 길잡이 역할을 할 수 있을 것으로 본다. 부족한 부분에 대한 비판에 대해서는 내용을 지속적으로 보완할 것이라는 약속으로 응답하고자 한다.

저자들을 잠깐 소개하고자 한다. 이 저서의 주 저자는 김기홍이다. 그리고 공동저자로서 한국선, 김동규가 참여하였다. 세 사람의 관계를 보면, 우선 한국선은 김기홍이 고교시절 태권도 선수로 활약할 당시 감독 겸 교사로서 태권도를 직접 가르친 은사이다. 태권도 사부였던 것이다. 김기홍이 오늘날 태권도인으로 성장하는데 첫 단추를 끼운 사람으로서, 이 저서의 집필계획을 알고 기꺼이 한 부분을 맡아 동참하였다. 또 김동규는 김기홍의 대학원 석 · 박사학위과정의 지도교수이다. 한국선이 김기홍의 태권도 실력배양에 기초적인 역할을 했다면, 김동규는 김기홍이 태권도이론을 정립하는데 도움을 주면서 공동연구를 지속적으로 시도하였다. 또 한국선과 김동규는 개인적으로 죽마고우의 관계로서 한 사람은 언론계에서, 또 한 사람은 학계에서 늘 체육계의 여러 문제들에 대해 같이 고민하고 문제해결을 위한 노력을 하고 있다. 그러한 점에서 이 저서는 또 다른 의미가 있다고 본다.

마지막으로 이 저서가 완성되는데 도움을 준 영남대학교 대학원 체육학과 연구실 동료 및 후학들에 감사의 뜻을 전한다. 그리고 출판을 허락한 영남대학교 출판부 측에도 감사하다는 말을 전한다.

2007년 12월

저자 일동

차례

01 태권도의 기원

역사란 무엇인가?

역사는 언제나 현재의 관점에서 해석되는 것이다. 이는 현재의 입장이 다르면 해석도 다를 수밖에 없음을 의미한다. 태권도의 역사에 대한 논쟁도 이러한 맥락을 벗어날 수 없다. 태권도의 기원은 전통적 기원설, 가라테유입설 등이 주장되고 있으나, 이는 모두 일면 타당한 점이 있고, 또 받아들이기 어려운 애매성 또한 동시에 내재되어 있다. 그러나 양자 간의 소모적인 논쟁보다는 태권도 역사를 새롭게 쓴다는 시대적 소명으로서 이들을 교차시켜 공통분모를 찾는 노력이 전제되어야 한다.

01

절대자를 믿는 종교인들로서는 동의하기 어려운 일이겠지만, 역사歷史란 결국 인간의 역사役事, 즉 사람이 살다간 모습일 수밖에 없다. 따라서 인간의 행적을 더듬어 보고 그를 통해 오늘을 살아가는 교훈을 찾는 것이 역사학이다(신복룡, 1998 : 1). 우리들은 대개 과거에 일어난 수많은 사건과 행적들 중에서 극적인 장면만을 간추려 나열한 것을 역사로 이해하고 있다. 그런데 이와 같은 역사이해의 이면에는 우리가 의식하지 못하는 사이에 한 가지 암묵적인 전제가 놓여 있다. 그것은 이 모든 사건들이 세월의 흐름에 따라 변할 수 있다 할지라도 여전히 동일한 인간본성의 법칙에 따르고 있다는 전제이다. 이와 같은 역사이해가 우리가 일반적으로 갖고 있는 역사관이라고 할 수 있다. 이러한 것을 바탕으로 한 역사연구는 사건의 나열, 극적인 장면의 서술만으로 끝나 버리는 경향을 보이고 있다. 그러므로 이를 통한 현재 시각으로의 해석과 의미부여가 중요한 작업이다(송형석, 2005b : 13).

따라서 현재에 살고 있는 역사가가 현재의 눈을 통해서 과거를 보고 이해하는 것이 중요하다. 이와 같은 의미에서 Benedetto Croce의 표현대로 '모든 역사는 현대사' 이며, Edward Hallet Carr의 표현대로 '역사란 현재와 과거와의 끊임없는 대화' 이고, '현재를 거울삼아 과거를 통찰하고, 과거를 거울삼아 현재를 바라보며, 과거와 현재와의 대화를 통하여 더 나은 미래를 창출하는 수단' 이라고 볼 수 있다. 인간을 개인으로 취급하게 되면 전기傳記가 되고, 인간을 전체로 취급하게 되면 역사歷史가 된다.

한상우(2005 : 113)는 한 나라의 문화재는 그 나라 문화의 구체적 상징으로서 그 문화의 고유성과 독창성을 그대로 대변하는 물질적, 그리고 정신적 표현물이라고 하였다. 고유성이 '다른 것에는 존재하지 않는 개성' 을 뜻한다면 고유성을 정체성과 동일하게 볼 수 있다. 문화재는 다른 많은 문화들 속에서 한 나라의 문화를 구별하게 하고, 이 문화유산을 공유하는 사람들 사이에 같은 문화적 정체성을 가지게 함으로써 원활한 의사소통과 갈등해소를 가능하게 하여 각 문화 구성원들을 사회적으로 통합하는 중요한 매개체로 작용한다는 것이다. 김호연(2004 : 25)은 역사연구의 필요성이나 효용성을 첫째, 삶의 교훈, 둘째, 인간의 자기발견, 셋째, 지식과 학문의 기초, 넷째, 미래에 대한 예측이라는 측면으로 나누어 고찰할 수 있다고 하였다.

이 장에서 말하고자 하는 태권도 기원의 학설과 관련한 접근도 위에서 논의된 방식과 다르지 않다. 지금까지 태권도의 기원에 대한 학설을 서술하고 나열하고자 하는 것이 아니라 현대적인 시각에서 의미를 부여하고자 하는 것이다. 연구자의 느낌과 가치관에 따라 사료에 대한 해석이 다를 수 있음을 의미한다. 태권도에 관련된 여러 가지 학설도 이러한 맥락으로 이해될 수 있을 것이다.

고대부터 동양무술은 그 속성상 자기가 만든 투쟁기술을 다른 파의 사람들에게 숨기고자 하는 극단적인 신비주의를 표방하고 있다. 또는 적과 싸우기 전부터 적에게 공포심을 주거나 자파의 우월성을 과시하기 위해 과대 망상적인 혹은 허구성의 전설적인 기원설을 주장하는 사례가 많다. 이러한 예는 중국뿐만 아니라 일본, 한국에서도 같은 경우가 있다(內藤武宣, 1994 ; 안용규, 2000 : 14에서 재인용). 이러한 현상은 무도는 물론 태권도의 역사연구를 하는 데 어려움을 주고 있는 문제점이다. 무도의 특성인 신비주의가 역사연구의 발전을 저해하는 요인으로 작용하는 것이다.

그리하여 지금까지의 태권도의 기원에 대한 논란도 '태권도 전통설' 과 '가라테 유입설' 로 나누어 정리될 수 있다. 즉 태권도가 '과연 한국 고유의 전통무예이며, 한국사의 자료에 나타나 있는 수박, 태껸*[1], 권법과 같은 무예를 전승한 것인가' , 아니면 '1945년 광복 전후의 가라테에서 유래된 것인지' 에 대한 전문가들의 의견이 나누어져 있다는 것이다. 결국 확실한 근거를 제시할 수 없다는 측면에서 두 가지의 학설들이 대립하고 있다. 최근에는 이와 더불어 혼합설을 주장하기도 한다. 이는 일정 부분 타당성을 가지고 있지만, 다른 측면에서 본다면 무책임한 주장이 될 수 있다는 지적도 있다.

이러한 태권도의 기원설을 되짚어 보고, 주장을 살펴보는 것은 결국 태권도의 과거를 인식함으로써 태권도의 현재 위상을 점검하는데 가장

*1 태껸 또는 택견 등으로 사용하고 있다. 이 저서에서는 국립국어원(www.korean.go.kr)이 발간한 『표준국어대사전』에 기록된 '태껸' 으로 표기하기로 하였다.

큰 목적이 있다. 또한 이를 바탕으로 하여 태권도가 앞으로 나아갈 방향을 모색하는 것이 바로 태권도의 기원을 연구하는 이유일 것이다. 즉 과거를 바탕으로 현재를 점검하고 미래를 조망하기 위한 접근으로 볼 수 있다.

지금까지 태권도의 기원은 세 가지 측면에서 구분하여 논의되고 있다. 첫째는 '태권도의 전통설' 이다. 둘째는 '가라테 유입설' 이고, 셋째는 이 두 가지를 정당한 주장으로 보는 '혼합설' 이다. 이를 요약하면 다음과 같다.

첫째, 태권도 전통설은 최홍희, 이선근, 조완묵, 나현성, 정찬모, 김광성, 김경지, 이규석 등의 연구에서 볼 수 있다. 이러한 접근은 태권도가 민족주의 사상을 바탕으로 하고 있으며, 우리 민족 고유의 무예임을 주장하는 것이다. 결국 한국의 전통무예인 수박, 권법, 태껸 등을 기반으로 하여 발전해 왔다는 주장이다.

둘째, 가라테 유입설은 태권도가 가라테에서 유입되었다는 사실을 실증적으로 연구하여 민족사관적인 기존의 태권도사가 지닌 미흡한 부분을 메우고자 한 접근이다. 양진방(1986)의 논문「해방 이후 한국 태권도의 발전과정과 그 역사적 의의: 경기태권을 중심으로」를 계기로, 김용옥(1990)이 저술한 『태권도 철학의 구성원리』에서 강조되고 있다(안용규, 2000 : 17).

셋째, 혼합설은 일제 강점기부터 청도관을 운영하였던 이원국의 진술을 근거로 한 것이다. 이는 태권도가 가라테와 태껸과 중국무술을 수용하여 지도했다고 한 안용규(1998)의 주장과 중국 무술이 주 특기였던 무덕관을 세운 황기의 주장이라고 볼 수 있다. 그리고 YMCA 권법부(창무관)를 창설하여 혼합된 기술의 지도를 시도한 윤병인은 중국무술인 주안파를 근거로 하였다(강기석, 2001 : 25-37).

이러한 맥락을 고려하여 태권도 역사 그 자체의 연구에서 한발 물러나, 태권도사 정립의 요구 그 자체의 성격과 의미, 그리고 지금까지 진행되어 온 태권도 역사연구의 방향과 의의, 또 무엇보다 지난 10여 년간 태권도계 안팎에서 진행되어 온 태권도 역사논쟁의 의미를 정리하여 그 문제점을 고찰하고 태권도 역사연구의 방향성을 찾아내는 것이 중요하다(양진방, 1997). 태권도의 기원을 놓고도 다른 주장이 있는 것은 역사는 언제나 현재의 관점에서 또는 유사한 사료에 대해서도 연구자에 따라 다르게 해석되기 때문이라고 볼 수 있다. 연구자의 입장이 다르면 역사의 해석도 다를 수밖에 없는 것이다. 이 저서에서는 어느 한 주장을 제시하는 것보다 지금까지 논의되어온 세 학설들을 보다 객관적으로 진술하고자 한다.

1. 전통적 기원설

태권도는 우리나라 원시시대에 발생하여 삼국시대에 이르기까지 꾸준한 발전을 이루어 체계화되었으며, 그 명칭은 삼국시대와 고려시대, 조선 초기에 이르기까지 '수박手搏'이었다. 조선 중기에 이르러 '권법'

으로 바뀌었다. 그후 조선 후기에 이르러 침체되더니 끝내 일본의 침략으로 자취를 감추게 되었다. 그러나 일본의 속박에서도 민족적 기개를 꺾지 않고 독립운동이나 민족적 울분을 토로하는 수단으로 태권도의 수련은 부분적으로 지속되었다.

태권도 역사정립에 대한 필요성은 태권도가 우리사회에서 점차 대중화되어 감에 따라 태권도의 사회 문화적 의미규정의 요구를 반영한 것으로서, 이를 최초로 인식한 사람은 최홍희라고 볼 수 있다(안용규, 2000 : 17). 최홍희는 평양에서 간행된 『태권도백과사전』에 밝힌 바와 같이 역사학자 이선근과 함께 태권도의 역사정립을 통하여 전통무술로서 태권도의 논리적 근거와 역사의 필요성에 대하여 인식하게 되는 업적을 이룩하였다. 이러한 인식을 바탕으로 태권도는 전통무술로서 위상을 확립하기 위해 1970년대 초 대한태권도협회 차원에서 이종우의 노력에 의해 1차적으로 완성되었다. 그 이후 체육사 학계가 나현성의 연구를 바탕으로 정찬모의 연구(1976)에 의해서 태권도의 역사적 접근이 이루어지게 되었다.

1945년 8 · 15해방과 더불어 비전秘傳되어 오던 태권도는 소수의 지도자들에 의해 태권도의 재건과 진흥을 위해 각자 도장을 차려 후배육성에 임하게 되었다. 청도관靑濤館 · 지도관智道館 · 송무관松武館 · 창무관彰武館 · 무덕관武德館 등이 수련도장의 명칭이자 계파였다. 이때부터 태권도의 저변이 확대되었다고 볼 수 있다. 그 이후 1950년대에 다시 오도관吾道館 · 강덕원講德院 · 한무관韓武館 · 정도관正道館 등이 계파로서 탄생되었다. 각 계파 수련도장의 탄생배경과 성향을 보면 다음과 같다.

【청도관青濤館】

청도青濤란 문자 그대로 청년의 기상과 활동력을 상징하는 푸른 파도를 의미한다. 이원국은 가라테 본관인 쇼토깡松濤館에 입문하여 후나고시 기친船越으로부터 가라테를 배웠다. 광복 이전에 귀국한 그는 자신이 배웠던 쇼토깡에서 토濤자 한 글자를 빌려 와 청도관이란 관명을 만들고 가라테를 보급하기 시작했다. 그는 광복 이후 치안국과 친하게 지내며 명동과 서울역 일대의 깡패를 단속하는데 앞장섰기 때문에 청도관은 한때 치안국 도장이라고 불리기도 했다(강원식, 이경명, 1999 ; 배영상, 송형석, 이규형, 2002).

서울 시천교당 청도관 수련모습

【지도관智道館】

전상섭은 1943년 귀국하여 소공동에 있던 유도학교인 조선연무관에서 유도와 가라테를 교습하였다. 광복 이듬해인 1946년 그는 조선연무관 간판을 내걸고 관원을 모집하였다. 호리호리한 체격에 늘 정장차림으로 다녔던 그는 한국전쟁 중 행방불명되었고, 전쟁이 끝난 후 조선

연무관의 지도사범으로 있던 윤쾌병과 이종우가 지혜로운 길을 뜻하는 지도관智道館으로 관명을 개명하여 1968년까지 관을 이끌었다. 지도관은 1961년 대한태수도협회 통합과정에서 내분을 겪었는데 당시 이종우는 이남석, 엄운규, 현종명 등과 협회통합을 추진하였고, 윤쾌병은 황기와 함께 종신제 최고 심사위원을 고집하며, 통합에 반대하였다. 다른 관에 비해 대련을 중시하여 경기화 초기인 1960년대 초부터 1970년대까지 각종대회에서 두각을 나타냈다. 조선연무관은 서울에서 태동하였지만, 발전은 전북 전주를 중심으로 이루어졌다. 분관으로는 이교윤이 설립한 한무관이 있다(강원식 등, 1999 ; 배영상 등, 2002).

【송무관松武館】

노병직이 1946년 개성에서 가라테 유파로서 개관하여 전쟁이 끝난 후 서울로 이전하였다. 일본유학시절 이원국과 송도관에서 후나고시에게 가라테를 배웠다. 송무관松武館이라고 한 이유는 첫째, 십장생의 하나인 소나무松의 항상 푸르고 역동적인 의미를 좋아해 소나무의 '송' 자, 둘째, 고려시대의 수도인 개성의 옛 지명인 송도松都의 '송' 자와 셋째 내가 무도계에 입문한 쇼도깡의 '송' 자를 차용해 송무관이라고 한 것이다(강원식 등, 1999 ; 강기석, 2001).

【창무관彰武館】

윤병인이 1946년 서울 종로에 위치한 기독교청년회관에 YMCA권법부란 이름의 가라테교습단체를 창설하였다. 그는 어린 시절 만주로 건너가 중국권법을 익힌 인물로서 해방직전 일본에 건너가 유학하면서 공수도를 배워 5단을 인정받았다. 무술성취도가 높아 일본인을 제치고 일본대학 가라테부 주장을 맡기도 했다. 광복 후 경성농업학교 체육교사로 재직하다 서울 종로에 권법부를 설치하였다. 정통 무도인으로 알려진 윤병인은 불행히도 전쟁 중 행방불명이 되었고, YMCA권법부는 윤병인의 제자 이남석이 이미 전쟁 전에 따로 창설하였던 창무관과 1956년에 홍정표와 박철희가 창설한 강덕원의 두 줄기로 명맥을 이어간다(강원식 등, 1999 ; 배영상 등, 2002).

【무덕관武德館】

황기는 1946년 용산역 부근 철도국에 운수부우회 당수도부를 창설하여 무덕관의 기초를 마련하였다. 철도국 부근에 있어서 '철도국 도장' 이라고 불리었다. 전국의 기차역 창고에 도장을 개관하면서 관세를 넓혀나갔다. 1955년 서울 중구 동자동 서울역 부근에 무덕관 중앙본관을 신설하고 같은 해 전국에 9개 지관을 신설하였으며, 1960년에는 대한수박도회를 창립하였다. '수박도' 에 심취해 결국 1965년 제자들에 의해 무덕관에서 제명당하는 비운을 겪었다(강원식 등, 1999 ; 강기석, 2001 ; 배영상 등, 2002).

【오도관吾道館】

오도관은 군 출신인 최홍희와 남태희南太熙의 합작품이라고 할 수 있다. 최홍희가 1954년 제3군단에 배속되어 있던 용대리 본부에서 오도관을 창설하기까지 부관 남태희의 역할은 컸다. 남태희는 해방 직후 청도관에 입문, 이원국으로 부터 당수도를 배운 뒤 1947년 육군통신학교에서 당수도를 가르친 것이 계기가 되어 군과 인연을 맺었다. 미남형의 얼굴에 행정관리 능력이 뛰어났고 당수도 동작이 일품이었던 그는 1953년 제주도 모슬포 보병 제29사단에 있던 최홍희 장군을 만나면서 인생의 전환점을 맞이했다.

오도관은 남태희를 비롯해 백준기 · 한차교 · 우종림 · 고재천 · 김석규 · 곽근식 등 청도관 출신이 다수를 차지하였고, 지도사범도 현종명 등 청도관 출신이 주류를 이루었다. 현종명은 1954년부터 10년간 오도관 수련생을 지도하며 관장직을 맡기도 했다. 이는 최홍희가 청도관 명예관장으로 재직한 것과 관계가 있다는 후문이다. 최홍희가 이승만 대통령의 휘호를 받은 1955년을 기점으로 순풍에 돛단 듯 발전했다. 태권도를 전군全軍에 보급시키겠다는 일념으로 당수도장의 간판을 태권도장으로 바꾸고, 태권도를 수련하는 장병들이 경례할 때는 '태권' 이라는 구호를 외치도록 했다. 특히 월남전쟁으로 1960년대 초부터 태권도 교관단이 파견된 것을 계기로 오도관은 민간도장과 차별화를 시도하면서 관세館勢를 확장시켜 나갔다.

국제태권도연맹 초대 총재 최홍희

태권도 교관단의 파견은 1962년 12월 남태희를 단장으로 김승규 · 정영휘 · 추교일 등 4명이 파견된 이래 1973년 3월 12일 철수할 때까지 657명의 유단자를 파견했다. 역대 태권도 교관단장은 남태희 · 백준기 · 최동희 · 김석규 · 고재천 · 김봉식 · 정병길 · 김승규 등 청도관 출신이 그 축을 이루었다. 그러나 오도관은 태권도를 수련하고 입대한 사

최초의 태권도 교본

병들의 단段 중에 청도관 것만 인정하고 나머지 단은 '민간단' 이라고 해서 별도의 승단심사를 거치도록 해 민간도장과 첨예한 갈등을 빚었다. 이에 대해 후일 최홍희는 '오도관이 형제관이라 할 수 있는 청도관과의 잦은 교류로 인해 기본동작과 형(型 · 품새)의 수련체계가 같았으나, 지도관, 창무관 등 민간도장의 수련체계와는 달라 군에 맞는 별도의 심사가 필요했기 때문' 이라고 해명했다.

오도관은 최홍희가 국제태권도연맹을 창설하고 1972년 캐나다로 망명한 후 급격히 퇴조하게 되었으며, 1980년대까지 현종명 · 곽병오 · 백준기 등이 관장직을 맡으며 그 명맥을 유지 했다. 최홍희가 만든 창헌류 형이 군대 등에서 수련 되었다.

【강덕원講德院】

강덕원은 한국전쟁이 끝난 뒤 어수선하던 시기인 1956년 YMCA권법부에서 수련한 홍정표와 박철희 두 사람에 의해 창설 되었는데 초대 관장을 홍정표가 맡았다. 창설된 근본적인 배경은 YMCA권법부 창설자인 윤병인 관장이 납북된 이후 권법부를 재건하려던 이남석, 김순배와의 갈등으로 파생되었다. 이에 대해 강덕원 2대 관장을 역임한 박철희는 "한국전쟁이 끝난 후 조직이 흩어졌을 때 YMCA권법부라는 본줄기에서 창무관이 먼저 가지를 뻗은 것이고, 그 후 강덕원이 가지를 뻗은 것이기 때문에 엄연히 말해 창무관의 분관이라고 해서는 안 된다" 고 말했다.

강덕원은 1950년대 중반에 창설된 신생관新生館이어서 규모는 그리 크지 않았다. 초창기 관원은 이금홍과 후일 대한태권도협회 제5대 회장을 맡아 태권도 도약의 발판을 마련한 김용채를 비롯하여 정화 · 이정후 · 이강희 · 한정일 · 김병수 · 지승원 · 임복진 등이었다.

강덕원은 이후 창신동 · 청진동 · 서대문 · 서울운동장 · 서대문 로터리 등으로 도장을 옮기다가 이금홍이 3대 관장으로 부임하면서 인사동으로 이전, 정착하였고, 현재 강덕원 무도회(강무회)로 계승되어 오고 있다(강원식 등, 1999).

【한무관韓武館】

1956년 8월 이교윤 관장이 창설한 한무관은 50년대 중반부터 생기기 시작한 신생관의 선두주자라 할 수 있다. 지금까지도 이교윤은 한무관이 지도관에서 갈라져 나왔다는 말을 반박했다. 조선연무관 관장이었던 전상섭이 한국전쟁 때 납북된 후 조직체계가 흐트러지면서 이종우가 지도관을, 자신이 한무관을 개관했다는 것이다. 따라서 한무관의 뿌리는 지도관이 아니라 조선 연무관이라는 게 이교윤의 주장이다. 이와 관련된 이교윤은 "1950년 11월 경 서울로 돌아와 조선연무관에서 당수도(태권도)를 가르쳤는데 이곳에서 유도를 가르치던 이재황이 본래 이 건물은 유도를 가르치는 곳이니 나가달라고 했어요. 그래서 고심하던 중 당시 한국체육관 부관장으로 있던 이상묵을 찾아가 사정을 했더니 태권부를 만들어 지도해 보라고 했어요"(강원식, 이경명, 1999 : 16)라고 설명하고 있다.

당시 한국체육관은 권투, 유도, 레슬링, 역도, 펜싱 등을 가르치는 종합체육관이었다. 이상묵의 허락을 얻어 한국체육관에서 임시방편으로 태권도(당수도)를 가르친 이교윤은 1년 만에 200명 이상의 수련생을 확보했다. 그러나 이 과정에서 이종우와의 갈등이 증폭되자 이상묵의 제의로 당분간 태권도 지도를 중지한 이교윤은 그 후로 서울 종로구 창신동 강문고등학교 뒤편 공터에 한무관 간판을 내걸고 독자적인 길을 걷기 시작했다. 이것이 한무관이 생기게 된 발단이다. 창신동 시절은 고생길이었다. 도장이라 하지만 천막을 치고 바닥에는 가마니를 깔고 수련하는 게 고작이었다. 그러나 어려운 가운데에서도 관세館勢가 날로 커져 1969년에는 꿈에 그리던 어엿한 중앙도장을 서울 왕십리에 마련할 수 있었다(강원식 등, 1999).

【정도관正道館】

정도관은 한국전쟁 직후인 1954년 청도관 출신인 이용우에 의해 서울 서대문 로터리에 중앙본관이 개관되었다. 정도관은 모체관인 청도관과 이렇다 할 마찰 없이 관을 개설했다는 게 여느 신흥관의 파생과정과 다른 점이다. 이용우는 정도관 관명에 대해 "도장을 개관하려고 하는데 선뜻 마땅한 이름이 떠오르지 않았어요. 그 때 청도관에서 함께 수련한 엄운규가 청도관의 '청' 자에서 점 하나를 빼면 어떠냐는 기발한 말에 가만히 생각해보니 '바른 길을 걷는다' 라는 뜻이 무도정신과 일치해 '정도관' 이라고 명명했다고 했다"(강원식 등, 1999 : 17-18).

당시 정도관의 도장 평수는 100여 평 남짓했는데, 이용우가 다른 도장과 차별화된 독특한 수련프로그램으로 지도하면서 소문이 파다했다. 한 때 수련생들이 너무 많이 몰려 5부로 나누어서 밤늦게까지 이어졌다. '나는 떳떳하고 부끄러움이 없는 무도인이다' 라는 관훈으로 정도관은 1960년대 중반부터 마산, 울산, 창원, 목포, 김제 등지에 지관을 개관하며 관세를 확장해 나갔다. 정도관의 초창기 수련생으로는 김용갑 · 김재기 · 김기동 · 오부웅 · 주계문 · 박태현 등이 있고, 그 뒤를 이어 박경선 · 심명구 · 김명환 · 김학근 · 전영근 · 전선용 · 이종오 등이 정도관의 명맥을 이어 나갔다.

태권도의 국내 통합체는 1961년 9월 16일 대한태수도협회가 창립되면서부터라고 볼 수 있는데, 1965년 3대 회장으로 취임한 최홍희에 의해 이를 대한태권도협회로 개칭되면서부터 경기화의 서장을 열게 되었다. 태권도의 전통설에서 가장 강조하고 있는 빈번한 예는 태권도가 '태껸' 으로부터 이어진 전통무도라는 입장이다. 최홍희가 '태껸' 이라는 음에서 힌트를 얻어 태권도라는 명칭을 제정한 점에서 태껸과의 관계가 자연스럽게 거론될 수밖에 없었고, 태권도의 역사에서 태껸과 연관될 수밖에 없었다. 또한 안용규(2000)는 태권도의 보급과정에서 단순

대한태권도협회 창립 기념사진

히 기예중심에서 벗어나 수련생의 도덕, 윤리교육을 병행할 수 있었던 배경은 바로 태권도의 민족사적 전통성 확보에 있었다고 보았다.

태껸에 대해 황기(1970)는 도道나 무예武藝로 취급하기는 어렵고 당수唐手에 비하여 형식이나 체계도 갖추지 못한 유희성의 공방법이긴 하나, 발기술 면에서만은 많은 교훈을 받았으며 당수唐手의 모체가 된 것임에는 틀림없다고 했다. 이러한 사실로 미루어 태권도가 태껸의 발기술을 모체로 하였다는 것을 간접적으로나마 입증할 수 있다. 태껸에 비하면 가라테의 발기술은 태권도에서의 발차기 기술과 많은 차이를 보이고 있다. 이렇듯 현대 태권도의 전반적인 체계를 검토해 보면 태권도는 그 정신과 발차기 등의 세부적인 기술이 태껸과 유사하다고 볼 수 있다. 반면에, 수련형태로 보면 태권도는 품새나 기본동작들에 있어 가라테와 유사한 부분이 많다. 결국 태권도는 태껸과 많은 부분에서 유사한 것으로 판단되기 때문에 태권도가 태껸으로부터 유래되었다는 역사적인 해석을 하고 있는 것이다.

태껸의 보급이 나날이 확대되고 있는 것은 태권도의 발전을 위해서도 환영할 만한 일이다. 태껸이 중요 무형문화재로 지정된 점은 소멸될 우려가 있는 전통문화의 원형을 보존하려는 의도가 내재되어 있다. 그러나 태껸이 새로운 형을 만들고, 스포츠화 하여 기술을 개발하려 한다면 이는 중요 무형문화재 지정의 취지에 벗어나는 것이 될 수 있다. 그러한 점에서 보면 태껸이 대한체육회의 가맹단체로 가입하려는 것도 그 나름의 문제점이 있다. 하지만 제2대 예능 보유자인 정경화*[2]는 태껸을 태권도의 뿌리로서, 전통을 계승하는 태껸으로 발전시키고자 하는 의도가 강한 것 같다. 태껸계의 이러한 노력은 태권도의 전통적 기원설을 강화하는 근거가 될 수 있다.

김광성, 김경지(1988)의 저서 『한국태권도사』의 내용을 보면, 역사에 기술된 무술사를 태권도사로 이용한 느낌이 든다. 또한 안용규(2000)는 저서 『태권도 역사 · 정신 · 철학』에서 한국에서 건너간 手技를 의미하는 韓手からて를 가라테唐手, 空手라고 부르게 되었는데, 당나라의 唐자도 가라から라고 읽히고, 빌 空자도 가라から라고 읽힘에 따라, 한국에서 유래되었다는 말을 없애기 위해서 후나고시 기친船越 義珍이 빌 空자를 사용하여 가라테空手라고 부르게 되었다는 것이 역사학자들의 정설이라고 주장하였다.

이러한 주장은 민족주의 사상을 기본으로 하여 태권도가 우리 민족의 역사와 맥을 같이 한다는 생각을 기반으로 하고 있다. 즉 태권도의 전신은 태껸이라는 점을 전제로 하면서 태권도의 역사를 미화시켜서라도 오랜 전통을 지닌 무도로 과장시키고자 한 점이 엿보인다(김기홍 , 김동규, 2005 : 92). 이러한 접근에 대해 비판적인 해석을 하게 되면, 태권도는 세계 전파를 시도하면서 오랜 역사를 지닌 무술이 아니고서는 서양인들이 쉽게 받아들이지 않을 것을 우려하여 과대 포장된 경향이 있다고 볼 수 있는 것이다. 이런 유형의 학자들 견해는 해방 이전의 태권도 역사에 기록된 내용들을 한국 무예사로 표기하자는 주장을 뒷받침하는 근거가 되기도 한다.

태권도가 자신의 정통성을 찾는 과정에서, 즉 경기화의 과정에서 나

---

*2 정경화(사단법인 택견원형보존회)는 1995년 6월 1일 문화재청으로부터 보유자로 인정받았다. 태껸은 1983년 4월 11일 문화재로 인정되었으며, 그해 6월 1일 중요 무형문화재 제76호로 지정되었다.

타나는 의미는 수련과 수련방법의 목적이 신비적이고 거의 실천 불가능한 무술적 기술의 터득에서 기술적 정신적 우열을 가릴 수 있는 실제적인 체계로 전환된 것이라고 할 수 있다. 경기화는 정지된 기술적 개념을 넘어서 규정된 틀 속에서 새로운 기술체계와 수련방법이 자유롭게 발전하는 과정이었다. 이러한 새로운 겨루기 중심으로 전환된 결과는 근본적으로 태권도를 일본 가라테의 허물에서 벗어나게 하였으며, 전투술 혹은 자기방어술과 같은 무술의 의미를 약화시켰다(S. D. Capener, 1994).

하지만 태권도와 가라테간의 기술성에 대한 비교는 수행자의 입장에서 이미 정리되어 있다고 볼 수 있다. 가라테의 본산인 일본에 태권도협회가 있고, 일본선수들이 태권도종목으로서 올림픽과 아시안게임 등에 출전하고 있음은 태권도의 독자적인 기술성을 인정하는 것이 된다(이 봉, 1997). 그렇다면 태권도는 우리가 주장하는 문화의 계승이라는 측면에서도 충분한 설득력을 가질 수 있다. 역사의 흐름이 단지 기술적인 형태에 의해서가 아닌 정신과 문화, 그리고 개개인의 내면에 숨겨진 가치관과 윤리에 따라서도 전통성을 인정할 수 있다면, 태권도의 전통적인 기원설에 대해 논리적 근거를 찾고자하는 노력은 필연적인 것이다.

2. 가라테 유입설

태권도의 역사를 이야기하는 사람들은 대개 태권도의 전신으로서 수박, 권법, 태껸 등을 이야기 한다. 한 마디로 우리나라에는 오래 전부터 수박, 권법, 태껸과 같은 맨손무술이 존재했으며, 이것이 시대의 흐름에 따라 이름이 바뀌면서 오늘날 태권도로 전승되었다는 것이다. 하지만 이와 같은 주장은 많은 의문을 불러일으킨다. 즉 현재의 태권도가 수박, 권법, 태껸으로 전승되어 왔다고 주장하려면, 수박과 권법, 권법과 태껸, 태껸과 태권도 간의 기술적 연관성과 인적 연관성이 존재하고 있음을 사료를 통해 실증적으로 증명해야만 한다. 그러나 기존의 연구들이 연관성을 규명하는 데에는 소홀했다(송형석, 2005 : 103). 그래서 가라테 유입설이 설득력이 있다는 주장이 있다.

가라테의 유입설은 태권도사에서 쟁점을 이루어 왔던 가장 큰 부분이다. 그러나 태권도는 가라테를 극복하고자 하는데 초점을 맞출 것이 아니라, 해방을 전후해서 역사적 사실로서 많은 부분 가라테의 영향을 받았다는 것을 인정해야 한다. 즉 일제의 문화 말살정책으로 인하여 우리 고유의 무술들이 금지되었던 시기에 우리의 무술들은 수련의 형태로서 또는 가라테를 배웠던 현존하는 태권도 원로들에 의하여 가라테의 영향을 받게 된 것이다(안용규, 2000 : 28).

가라테는 오키나와에서 연원한 무술이다. 한자로 唐手 또는 空手라고 쓰고, 일본식으로는 가라테라고 읽는다. '당나라 唐' 이나 '빌 空' 모두 발음상으로는 '가라' 라고 읽고, '손 手' 는 '테' 라고 읽기 때문이다. 당수는 말 그대로 '당나라의 손' 이란 뜻으로서 오키나와에서는 예전부터 그냥 테手, 가라테唐手, 또는 오키나와테라는 이름으로 불려왔다(안용규, 2000 : 33 ; 송형석, 2005b : 192). 무술의 명칭에 '도道' 를 붙여 쓰기 좋아하는 일본인들의 습성도 있지만, 김민호(2000 : 283-285)는 후나고시 기친은 가다명칭을 일본식으로 변화시킨 후 중국에서 유래한 가라테唐手라는 단어의 의미를 가라테도(당수도 : 唐手道 또는 공수도 : 空手道)라고도 불러지고 있고 했다.

이와 같은 가라테 유입설은 양진방, 김용옥, 이종우, 강기석 등에 의해 주장되어지고 있다. 월간 신동아 4월호(2002 : 290-311)에 게재된 '이종우 국기원 부원장'과의 인터뷰 기사 중 '초창기 태권도는 가라테의 변형'의 주요 내용을 발췌하면 다음과 같다.

> 기자 : 많은 태권도 교본들이 태권도의 뿌리를 삼국시대 이전으로 잡고 있습니다만, 역사적 상상력을 동원하더라도 좀 무리가 따른다는 느낌이 듭니다.
>
> 이종우 : 나도 그런 식으로 책을 쓴 사람이에요. 솔직히 우리가 내세울 게 없었잖아요. 초창기에는 태권도를 해외에 보급하는 과정에서 옛날부터 있었던 한국의 전통무술이라고 하면 명분도 서고 잘 먹혀들었어요. 하지만 아무리 유사성이 있더라도 그것은 사실과 다른 겁니다. 역사적 원류로 본다면 중국의 것이 일본으로 들어갔고, 일본의 것이 한국으로 들어왔다고 해야 설득력이 있죠.
> 일본사람들이 중국무술을 많이 개량해서 과학적으로 만들었어요. 그런데 한 가지 문제가 뭐냐 하면 일본사람들은 유연성보다 근육성에 바탕을 두고 운동을 만들었단 말이에요. 그러니까 몸의 움직임이 굳을 수밖에 없죠.
> 우리는 이걸 가지고 스포츠로 경기화하기 위해서 겨루기를 시킨 겁니다. 반면 일본사람들은 겨루기를 안 하고 혼자 하는 운동으로

놔두었고, 중국에서는 손 맞춰서 하는 유연한 운동으로 발전했습니다. 그렇게 볼 때 태권도는 중간 입장에서 어느 쪽도 아니에요. 쉽게 얘기하면 우지좌지야. 이것도 아니고 저것도 아니다 그거죠. 그런데 우리는 겨루기를 했기 때문에 급속도로 발전한 거예요. 그러니까 지금은 중국과 일본이 역으로 우리 것을 배우게 된 겁니다. 자기들 무술은 보급이 잘 안 되는 데다 젊은 아이들이 자신과의 싸움보다 치고받는 걸 좋아하잖아요.

기자 : 광복이 되고 도장을 연 사람들은 모두 가라테를 했나요?

이종우 : 기본기를 놓고 볼 때, 이렇게 막는다 저렇게 때린다 하는 건 모두 가라테와 똑같아요.

기자 : 그렇다면 우리 전통무예와의 유사성은 없다는 얘기입니까?

이종우 : 언뜻 보기에는 있는 것 같지만, 기본기가 완전히 달라요. 그래서 사실상 유사성이 없다고 봐야 합니다. 태껸도 현대에 와서 많이 변질됐어요. 태권도 하던 사람들이 태껸을 배우니까 발차기가 태권도 스타일로 나오는 거죠.

기자 : 광복 이후 태권도가 만들어지는 과정에 영향을 끼친 무술은 가라테뿐입니까? 다른 것은 전혀 반영되지 않았나요?

이종우 : 그게 솔직한 대답입니다. 나도 별의 별 것을 다 끌어들여서 (태권도)책을 쓴 사람이지만, 이제는 (태권도의 진실을) 밝힐 때가 됐어요. 가라테를 가르치는 관장들이 모여서 태권도의 형틀을 만들었고, 그 실무 작업을 제가 했잖아요. 지금은 우리가 세계정상에 있으니까 밝혀도 큰 문제가 없어요.

태권도(당수)는 철저히 형型 중심이었다. 형의 단계는 넘어갈 수 없는 절대적인 권위의 심볼이었다. 형 속에 모든 쿵푸의 신비와 권위가 함장되어 있었으며, 형의 단계에 따라 실전의 능력단계도 자연히 결정된다고 보았다. 그리고 대련은 주로 약속된 형식을 따라 움직이는 것이었고, 고급 유단에 올라가면 자유대련이 허용되지만 자유대련도 풀 컨택full-contact이 아닌 넌 컨택non-contact을 원칙으로 하는 것이었다. 이것은 일본 가라테의 전형적 특징을 그대로 드러내는 것이다(김용옥, 1990 : 68-69).

양진방은 1986년 「해방 이후 한국 태권도의 발전과정과 그 역사적 의의」라는 논문에서 가라테에서 유래한 태권도의 계보를 상세히 서술해 놓았지만, 석사학위논문이라는 점에서 사회적으로 큰 영향을 미칠 수는 없었다. 이러한 가라테 기원설이 사회적인 이슈가 된 것은 1990년 김용옥이 『태권도 철학의 구성 원리』라는 서적이 출판되면서 부터이다. 이 저서는 1990년 8월 18일 태권도학회의 학술발표회에서 강연될 목적으로 쓰여 진 논문이었으나 김용옥이 언론과의 인터뷰를 문제 삼은 대한태권도협회와 심기가 틀어져 발표가 취소되어 출간하게 된 것이다. 한때 한국의 전통무술로서 전 국민이 자랑스럽게 여겨 왔던 태권도의 기원을 가라테라고 하는 주장은 한 · 일 간의 독특한 민족감정을 고려할 때 쉽게 제안할 내용이 아니었음은 분명하다.

김용옥이 주장한 가라테 유입설을 상세하게 보면, 태권도는 일본의 가라테(오키나와테)에서 전래된 것으로서 그것이 우리나라에 정착하는 단계에서 품새나 형 위주의 가라테와는 달리, 겨루기(발기술) 위주로 발전하면서 짧은 시간 내에 '한국'의 무술로 세계에 전파된 역사적 배경이 있다는 것이다. 태권도의 기원에 대한 고정관념에 과감히 도전한 그의 저서는 그가 일관되게 주장하는 '허실론', '기철학(=몸철학)'의 커다란 틀과 궤를 같이하고 있다. 김용옥 역시 양진방과 동일하게 태권도는 '경기태권도'로 한정하여 생각하고 있으며, 경기태권도의 시작이 곧 태권도 역사의 시작으로 인식하고 있는 듯하다. 가라테 유입설을 주장한 강기석(2001 : 411)은 그의 저서 『태권도 반세기의 인물과 역사』의 편집후기에 태권도는 우리 고유의 무술은 아니지만 우리가 키워 왔고 앞으로도 무한한 발전 가능성을 지닌 우리의 무도임에 틀림없다고 주장하였다.

태권도의 가라테 유입설을 지지하는 입장에서 보면, 태권도 경기화의 의의는 한국 태권도가 경기라는 과정을 통해 일본으로부터 유입된 당수를 어느 정도 극복하면서 새로운 모습을 갖추어 갈 수 있었고, 또 그 새로운 모습이 전통기술의 형태와 성격에 많이 가까워졌다는 점일 것이다. 그리고 무엇보다도 이러한 변화의 결과를 통해서 한국 태권도가 당수唐手를 극복하고 전통성을 회복할 수 있는 방법과 방향을 제시해 주었다는 점이 큰 의의라고 할 수 있다. 또한 경기화는 태권도를 현대적인 스포츠로 성장할 수 있게 하였으며, 태권도 세계화의 성공의 원동력이 되기도 하였다(양진방, 1997). 즉 양진방은 '참된' 의미에서의 태권도는 선수위주로 이루어지고 있는 '경기태권도' 이며, 태권도사 서술은 '경기태권도' 의 발달과정을 중심으로 이루어져야 한다고 생각하고 있다. 그는 해방이후 유입된 가라테가 의도적으로 진행된 한국화과정을 통해서가 아니라 경기화가 되면서 자연스럽게 한국 태권도로 거듭날 수 있었다고 말하고 있는 것이다.

태권도의 가라테 유입설이 주장된 결정적인 계기는 태권도가 스포츠화 되면서 발차기 위주의 공격이 되었음에 기인하는 듯하다. 태권도가 발차기 위주의 공격이 된 원인은 1960년대 후반부터 학교 태권도 팀들이 창단되면서 경기에서 득점을 하기 위해 발차기 중심의 경기로 변모되고, 이와 함께 차등(얼굴 2점, 몸통 1점) 점수제, 1970년대 후반부터 적용한 몸통보호구의 변화 등도 발차기 위주의 공격을 확대시켰다. 이후 차등점수제를 폐지하면서 얼굴이나 몸통을 동일하게 1점으로 한 경기규정은 발차기기술을 더욱 화려하게 하는 계기가 되었다. 태권도의 스포츠과정에서 발차기 기술의 발전은 스피드, 파괴력, 화려함 등을 갖추게 하였으며, 가라테와의 역사적인 단절에 의해 독창적으로 발전하는 원인도 되었다고 볼 수 있다.

3. 전통무도 · 가라테 융합설

태권도는 현재까지 두 가지 측면의 역사를 기반으로 해석되어 왔다. 하나는 한국의 전통적인 무술로서의 정통성 추구이며, 다른 하나는 가라테 유입설이다. 하지만 아직까지 이 측면 모두 명확한 근거를 제시하고 있지 못한 실정이다.

1944년 9월 15일 이원국은 서울 서대문구 옥천동에 '당수도 청도관' 이란 명칭으로 최초로 '도장' 의 개념을 도입하여 태권도의 씨앗을 뿌렸다. 안용규(2000 : 28-29)가 직접 면담한 이원국의 증언에 의하면, 당시 식민지 국민에게는 무술을 지도할 수 없도록 금지령이 내려진 상태였으나 아베 조선총독의 허락으로 도장의 설립은 가능했다고 한다. 그는 1927년 일본에서의 대학시절 후나고시船越의 송도관松濤館에서 처음으로 당수를 배웠으나 현재 명동에 위치한 자유중국 대사관의 무관이었던 호시라는 사람을 만나 다양한 중국무술에 대해 설명을 들은 후 중국으로 건너가 하남성, 하북성 등지에서 많은 무술들과 접하게 되었다.

또한 그는 자유중국 대사관 앞에서 태껸을 하는 노인과 3회의 조우를 통해 태껸의 발기술을 접하게 되었다고 했다. 그는 일본에서 익힌 가라테만을 지도한 것이 아니고, 중국의 여러 무술과 태껸 및 가라테 기술 등을 종합하여 나름대로의 기술을 지도하였다. 또한 그는 당시에는 가라테 품새를 사용하지 않고서는 도장을 개관할 수 없는 상황이었으므로 수련의 목적으로만 가라테의 품새를 가르쳤다고 주장하면서 이것이 현재의 태권도가 되었다고 했다. 따라서 그는 스스로를 태권도 창시주創始主라고 주장하고 있다.

전통무도와 가라테의 융합설은 태권도가 가라테를 극복하는 데에는 근거가 미약한 면이 있지만, 이원국이 가라테와 태껸과 중국무술을 수용하여 지도했다는 점은 가라테 유입설에 반하여 태권도 역사의 전통설에 가까울 수 있는 가치를 부여하였다고 볼 수 있다. 그러나 그가 가라테 품새를 활용했던 사실에서 나타나듯이 가라테 극복은 역사기술에서 이루어진 것이 아니라, 품새체계의 가라테적 틀로부터 탈피해서 이루어졌다고 볼 수 있다. 안용규(1998, 2000 : 30-32)는 오끼나와에는 고려시대나 조선시대의 문화를 받아들인 흔적이 산재해 있으며, 특히 물레방아, 줄다리기, 널뛰기, 씨름, 소싸움, 고려기와, 도자기 등의 민속문화를 깊이 간직하고 있음을 주장하면서 이러한 문화 기술적 차원에서 가라테를 탐색 해보면 가라테 수용과 그의 극복에는 문제가 없을 것이라고 하였다. 이는 태권도사에 합리적인 근거가 될 수 있다고 본다.

현재 태권도 역사의 일반적 기원설은 1992년 국기원에서 발간한 『국기태권도 교본』에 정리되어 있는 내용이 제도권이 인정하는 태권도사가 되고 있다. 그러나 송형석(2003 : 90)은 이와 관련하여 기술적 연관성과 인적 연관성이 존재하고 있음을 구체적인 사료를 통해 실증할 수 있어야 하는데 제도권 태권도사에서는 이와 같은 노력이 아주 없다고 비판하고 있다. 그렇다면 태권도사는 어디에서부터 잘못되었는가? 태권도가 세계에 보급 된지 반세기가 지났음에도 불구하고 이러한 문제점들이 극복되지 않은 이유는 과연 무엇일까?

태권도 역사에 있어서 두 가지 관점을 명확히 이해한다면 이러한 주장들은 태권도 역사에 대해서 결국 맥을 같이 하고 있다는 것을 알 수 있다. 단지 가라테의 유입설은 태권도사의 사실성 결핍을 노출시켰다는 점에서 우리 태권도 역사의 전통설이라고 불리는 민족주의적 사관에 이질적인 반응을 불러일으켰을 뿐이며, 기존의 민족사관적 태권도사의 미흡한 부분을 메우고자 하는 노력으로 볼 수 있다(안용규, 2000 : 17).

태권도의 기원에 대한 저자가 생각하는 현재의 관점은 전통적 기원설과 가라테 유입설 모두 일면 타당하지만 받아들이기 어려운 애매성 또한 내재해 있으므로 양자 간의 소모적인 논쟁보다는 태권도 역사를 새롭게 쓴다는 시대적 소명으로서 이들을 교차시켜 공통분모를 찾는 노력이 전제되어야 한다는 점이다. 그러한 점에서 보면 융합설에 근거한 접근이 보다 바람직한 태권도 역사에 대한 해석방법이 될 수 있을 것이다.

태권도는 한국 무술사의 맥락에서 용어의 변화 또는 형태의 변화로 인식하여야 한다. 태권도가 우리나라 무술의 정신과 전통성에 기초한다고 본다면, 해방 이전의 무술사들이 태권도의 기원으로서의 역사적 가치는 충분히 있다는 것이다. 이처럼 안용규(2000 : 25)는 태권도사를 기술하는 데에도 과학적인 방법을 동원할 만한 현존하는 실증적 자료를 충분히 활용하고, 태권도와 연계성이 많은 전통무술에 대해 문화 기술적 측면에서의 추론을 통한 연구가 필요한 부분이라고 제시하고 있다.

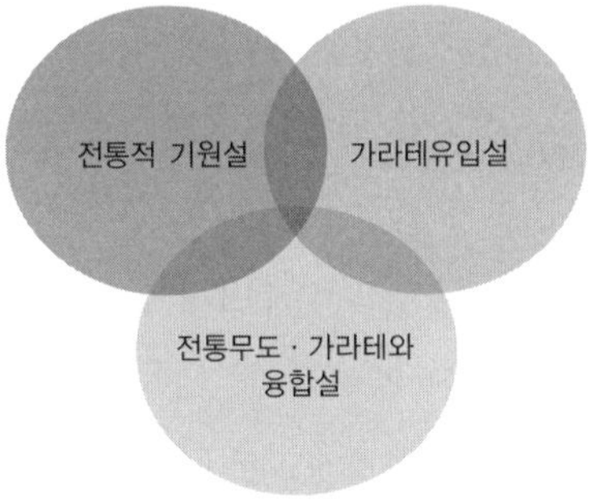

태권도 기원의 제 학설

맺는말

태권도는 전 세계 6,500만여 명의 수련자와 635만여 명의 유단자, 그리고 세계태권도연맹에 200여 개의 회원국을 두고 있는 세계적인 스포츠로 각인된 한국 고유의 전통무도이다. 여러 가지의 문제로 갈등을 겪고 있기는 하나, 2000년 시드니 올림픽에 정식종목으로 채택되면서부터 태권도는 한층 더 세계화의 길을 단단히 하는 계기가 되었다. 또한 국내적으로는 1980년대 초 용인대학교의 전신인 대한유도학교에 태권학과가 설치된 이후 현재까지 4년제, 2년제 등 50여개 대학에서 태권도 관련학과가 경쟁적으로 개설, 운영되고 있다.

이와 같이 외형적으로 볼 때는 다른 여러 종목에 비해 성장의 속도가 매우 급진적으로 이루어졌다. 하지만 이러한 성장에도 불구하고 학문적인 체계성에 있어서는 염려스러운 부분이 많이 존재하고 있다. 이에 대해 배영상, 송형석, 이규형(2002 : 3)은 태권도 학계의 학문적 수준은 다른 어떤 분야보다도 후진성을 면하지 못하고 있으며, 체계적인 태권도 이론은 고사하고 반듯한 태권도 개념조차도 정립되어 있지 않은 것이 태권도학계의 현실이라고 우려하고 있다. 즉 외형적인 부분에서의 대중화는 이루었으나 본질적인 측면에 있어 역사, 철학, 윤리 등의 인문학적 접근은 부족하다는 것이다.

한국의 민족문화를 대표하는 것으로 한글, 김치, 한복 등을 들 수 있으나 이제 태권도도 그에 못지않게 우리 문화를 상징하는 것이 되었다. 태권도의 세계화는 1959년에 최초로 이루어진 해외원정시범 이후 반세기만에 본격화되었으며, 이는 그의 주역인 최홍희(전 국제태권도연맹 총재)

와 김운용(전 세계태권도연맹 총재) 등을 주축으로 한 수많은 사범들의 피와 땀의 결실에 의한 것이라고 볼 수 있다(김기홍, 김동규, 2005 : 90). 이러한 결과로 인해 현재 태권도는 세계 각국의 체육단체에 정식종목으로 채택되어 있다.

그럼에도 불구하고 태권도의 세계화는 동양무도의 정체성이 상실되고, 경기적인 측면만 부각되고 있다는 염려가 있다. 그리하여 최근에는 태권도의 뿌리, 즉 태권도의 역사정립과 정체성, 그리고 학문성에 대하여 각계의 학자들이 관심을 가지고 연구를 진행시키고 있다. 이러한 연구의 초창기에는 태권도의 원초적인 뿌리 찾기에 대한 논쟁이 주류를 이루었으나, 세계화된 오늘날에는 태권도의 역사성에 대한 논란이 학문적으로 중요한 논쟁거리로 대두되고 있다.

태권도의 역사성에 대한 학문적 접근에도 불구하고 아직 그에 대한 최종결론은 도출하지 못하고 있다. 그 실마리를 풀 수 있는 한 방안으로 최홍희와 김운용에 대한 객관적 평가가 대안이 될 수 있을 것이다. 즉 태권도의 대표단체인 국제태권도연맹과 세계태권도연맹의 다각적인 비교와 역사적인 맥락성을 고려하여 근거를 찾고자 하는 노력이 선행되어야 한다는 것을 의미하는 것이다. 이와 함께 태권도의 역사적인 연구로서 태권도의 기원에 대한 논의도 시도되고 있다. 이러한 시도는 태권도 종주국으로서 경쟁력 강화라는 측면과 올림픽 종목으로 영구 존속을 위해서는 반드시 필요한 연구인 것이다. 역사에 대한 올바른 관점을 정립하는 것은 과거를 이해하는 것과 동시에 미래의 우리 모습을 성찰하는 노력으로 볼 수 있다.

●참고문헌

강기석(2001). *태권도 반세기 인물과 역사*. 서울 : (주)케이디미디어.

강원식, 이경명(1999). *태권도 현대사*. 서울 : 보경문화사.

김광성, 김경지(1988). *한국 태권도사*. 서울 : 경운출판사.

김기홍, 김동규(2005). 태권도의 기원과 정체성 탐색. *움직임의 철학: 한국체육철학회지*, 13(2), 89-103.

김민호(2000). 일본무예의 현대화 : 쇼토깡(松濤館) 가라테의 예를 통해. *한국사회체육학회지*, 14, 275-288.

김용옥(1990). *태권도철학의 구성원리*. 서울 : 통나무.

김호연(2004). *역사란 무엇인가*. 울산 : 울산대학교 출판부.

송형석(2003a). 실천과의 관계에서 본 태권도이론의 발달과정. *한국사회체육학회지*, 19(1), 87-100.

송형석(2005a). *태권도란 무엇인가*. 서울 : 이문출판사.

송형석(2005b). *태권도사(跆拳道史)강의*. 서울 : 이문출판사.

신복룡(1998). 전기정치학 시론 : 그 학문적 정립을 위한 모색. *한국정치학회 춘계학술대회논문집*, 1-32.

안용규(1998). *태권도 사관정립과 태권도 정신에 관한 연구*. 대한태권도협회 연구개발 특별위원회.

안용규(2000). *태권도 역사 정신 철학*. 서울 : 도서출판 21세기 교육사.

양진방(1986). *해방이후 한국태권도의 발전과정과 그 역사적 의의* : 경기 태권을 중심으로. 미간행 석사학위논문. 서울대학교 대학원.

양진방(1997). 태권도 사관정립과 태권도 정신 도출을 위한 세미나 발표문.

육성철(2002, April 15). 이종우 국기원 부원장의 '태권도 과거' 충격적 고백!. *신동아*. 290-311.

이 봉(1992). *한국태권도정책의 개선방향에 관한 연구*. 미간행 석사학위논문. 성균관대학교 대학원.

최홍희(1966). *태권도 교본*. 서울 : 성화문화사.

최홍희(1972). *태권도 교서*. 서울 : 정연사.

한상우(2005). 한국의 문화재 수출금지 정책에 관한 비판적 고찰 : 한국문화재의 해외 활용의 관점에서. *한국정신문화*, 28(2), 111-136.

황 기(1970). *수박도 대감*. 서울 : 삼광출판사.

Steven, D. C. (1994). 태권도 철학의 본질에 관한연구. 미간행 석사학위논문. 서울대학교 대학원.

*위 내용은 김기홍 · 김동규의 논문 "태권도의 기원과 정체성 탐색"(움직임의 철학 : 한국체육철학회지. 제13권 2호)의 일부분을 수정 보완한 것임.

02

무도의 개념정의와 수련의 가치지향

무술武術,
무예武藝,
무도武道 전반을 대표하는 용어로서 무도를 대개념으로 설정하고, 이들을 분리 진술해야 할 상황에서는 무술은 경기競技, 무예는 품새, 무도는 수행修行을 대변하는 용어로 적용함이 합당할 것이다. 무도의 정체성 확립을 위해서는 수행을 기반으로 한 내재적 가치의 발현을 전제로 수련이 이루어져야 한다. 무도의 정통성 확보와 대중화를 동시에 실현하기 위해서는 경기, 품새, 수행간의 상호소통이 원활하게 이루어져야 하며, 이의 교량역할로서 '품새수련을 통한 융합적 가치지향'이 대두될 수 있다.

02

서구화되어 가고 있는 현대사회에서 전통과 맥 잇기를 근본으로 하는 동양무도東洋武道의 수련은 시대에 뒤떨어진 현명치 못한 삶의 방식으로 비춰질 수 있다. 세련된 장비와 함께 '보다 빠르게, 보다 높게, 보다 강하게' 를 지향하는 현대 스포츠에 숙련된 자들만이 문화인으로 숭앙될 수 있는 사회정황인 것이다. 그리하여 동작의 이치를 깨달으면서 익혀야 하고, 선명치 못한 언어들을 이해하는 데에 많은 시간이 요구되는 무도의 수련은 무모한 일이 될 수 있다.

그럼에도 불구하고 최근 동양은 물론 서구인들에까지 무도의 수련은 그 폭을 넓혀가고 있다. 동양무도의 상징인 도인道人은 아니더라도 도복으로 무장하고 예의를 갖추면서 단련에 여념이 없는 일상인과 서구인의 모습은 이제 흔히 볼 수 있는 현상이 되었다. 이와 함께 농구, 배구, 축구나 복싱, 레슬링 등과 같은 서양 스포츠에서 발현되는 유희성, 경쟁성을 기축으로 한 스포츠적 성향이 무도에서도 도출되고 있다. '일격필살一擊必殺' 이라고 하는 거시적 차원의 이념이 작은 기술의 합산이라고 하는 미시적 차원으로 변모되었고, 산이나 계곡 혹은 산중 사원寺

기왓장 위력시범

院에서 행해지던 무도수련이 이제는 대도시 한가운데에서도 행해지고 있다.

어떠한 계기와 과정이 이러한 현상을 연출하였는가? 이는 '수련의 가치관 변화' 가 큰 몫을 하였다고 볼 수 있다. 즉 '내재적 가치지향' 에서 '수단적 가치지향' 이라고 하는 수련의 가치관에 변화가 일어난 것이다. 그리하여 현대사회에서 무도의 수련은 수행修行을 전제로 한 '도道닦음' 못지않게 건강추구나 호신護身, 그리고 경기에서의 승리를 향한 '위하여' 사상이 중요한 요인이 되었다. 무도의 대중화라고 하는 순기능적 측면에서 보면 반가운 일이지만, 기다리는데 익숙하지 못한 조급증과 결과에 대한 강한 의존성이 무도수련에 반영되었다는 점에서 보면 후퇴라고 보지 않을 수 없다.

이러한 문제점을 해결하기 위해 최근 무도의 정체성 확립과 관련한 연구들이 꾸준히 시도되고 있다. 저자인 김동규 등은 「동양무도의 내재적 가치와 수행과제(1998)」, 김동규와 김기홍의 공저로서 「박정희 · 전두환정권의 태권도 진흥정책과 향후 과제(2003)」, 「최홍희와 김운용의 태권도철학과 세계화 전략(2004)」, 「태권도의 기원과 정체성 탐색(2005)」, 「태권도의 무도성과 스포츠화의 공존(2007)」등의 연구를 수행하였다. 그럼에도 불구하고 무도의 개념정의는 아직 정립되어 있다고 보기 어려우며, 더구나 가치지향의 맥락들을 접목시켜 무도의 자생적 과제를 탐색한 연구는 이루어지지 못했다. 인간과 동물의 삶이 구분되는 주요 요인이 가치관의 소지유무와 관련이 있다고 볼 때 무도의 격상도 가치지향을 근거로 하여 해결점을 찾는 노력이 수행되어야 할 것이다.

따라서 이 장에서는 정리되어 있지 못한 무도의 개념정의를 시도한 후, 무도수련의 상반된 가치지향을 탐색하여 이를 근거로 무도가 자생할 수 있는 길을 찾아보려는데 의의가 있다. 수행을 위한 고독한 길이 전통을 지키고 정체성을 확보하는 무도의 본래 모습이라면, 복잡하고 험준한 현대사회로부터 외면당하지 않으려는 자생적 노력은 이 시대 무도의 선택이 된다.

1. 무도의 개념 정의

오늘날 동양무도의 존재양식, 즉 무도수련의 목적과 방식, 그리고 사상적 토대는 동양사회의 역사적, 문화적 변화 아래에서 이루어진 지속적 발전의 결과라고 할 수 있다. 그럼에도 불구하고 현대사회의 보편화는 국제화의 흐름 속에서 전통적 동양무도는 다양한 현실적 요구들에 대응해 나가기에 아직도 논리적 모순과 사상적 혼동이 잔존하고 있다(스티븐 캐페너, 1998 : 5). 이러한 모순과 혼동은 무도에 대한 명확한 개념이 설정되지 않은데 기인한다고 볼 수 있다. 결국 무도에 대한 명확한 개념정립이 태권도의 변화과정과 정체성에 기준이 될 수 있는 근거가 되는 것이다.

무도의 개념정의에 앞서 '무도武道' 의 어원풀이를 하면, 우선 '무武' 자字는 과戈자字와 지止자字가 결합하여 이루어진 상형문자로서 과戈는 큰 도끼형의 무기를 그린 글자로 창을 뜻하고, 지止는 원래 지면을 밟는 족수足首의 형形을 그린 것이다. 『설문해자設問解字』에는 '창戈을 그치게止한다.' 로 되어 있지만 원래 갑골문甲骨文에서는 '창을 들고 위무당당하게 행진하는 모습' 을 상징하는 글자였다(최복규, 2003 : 1).

태권도 도道의 의미는?

'도道' 자字는 본래 '길路' 을 뜻하는데 『설문說文』에는 '도道, 소행도야所行道也, 일달지도一達之道' 라고 되어 있다. 즉 일정한 방향을 갖추고 있는 것을 '도道' 라고 한다는 것이다. 이러한 의미에서 사람人과 사물物이 반드시 따라야 할 궤도라는 뜻으로 확장하여 통칭해서 '도道' 라고 한다(장대년, 1989 : 23). '도道' 는 만물의 생성, 변화, 발전을 설명하는 기본원리인 것이다. 따라서 무도武道의 '도道' 는 인간이 지켜야 할 규범 및 인간윤리의 도덕으로서 인간 삶의 지표가 되는 것을 의미하고 있다(장재이, 1999 : 133).

무武와 도道의 결합은 무武를 습득하는 방법(길)이라는 의미뿐만 아니라 무武를 통한 철학적인 경지(인간의 길)에 도달한다는 형이상학적인 의미도 함께 포함하고 있다(최복규, 1995 : 42). 그리하여 무도라는 개념은 무武라는 실용적이고 형이하학적인 용어와 도道라는 다분히 초월적이고 형이상학적인 용어가 결합되어 이루어진 합성어이다. 다시 말해, 싸움, 전쟁, 투쟁 등을 뜻하는 무武와 천지만물의 오묘한 이치, 궁극적 진리 등을 뜻하는 도道가 합쳐져서 이루어진 말이 무도이다. 형이상학과 형이하학, 초월성과 실용성 등 피상적으로 보기에 서로 상반되는 내용이 무도라는 하나의 개념 속에서 애매한 만남을 시도하고 있는 것이다(송형석, 2003 : 124). 결국 무도의 개념에는 '인간'의 개념을 내포하고 있는 것이다. 정신과 신체를 모두 담고 있는 '인간'과 기술과 정신을 포함하는 '무도'는 동일한 세계를 지향하는 것으로 해석될 수 있다.

스티븐 캐페너(1998 : 16)는 동양 문화권에서 대인격투에 필요한 신체기능의 발달을 일차적 목적으로 하였던 무술수련이 인격수양, 정신단련, 자아발견 등의 교육적 · 종교적 · 철학적 의미를 담고 있는 영역으로 발달해 왔으며, 이러한 무술의 목적과 가치의 변용은 오랜 역사 속에서 무술수련에 유儒 불佛 도道 등과 같은 동양의 전통사상을 접목시킨 결과였다고 주장하고 있다. 즉 우리나라의 고유한 정신을 담고 있는 유 · 불 · 도의 문화가 무도의 정신에 포함되어 있다는 것을 의미하는 것이다.

이러한 무도의 개념정의를 보다 명확히 하기 위해서는 무도의 관련 용어인 무술武術, 무예武藝의 개념정의 및 관계를 고려해 볼 필요가 있다. 이러한 작업은 용어를 '구분' 혹은 '혼용'해서 사용하자는 근거의 정당성을 학문적으로 검증할 수 있고, 한편으로 무도 혹은 무도학의 정체성을 확립하는 계기가 될 수 있다. 몇몇 학자들의 주장을 요약 정리해 보기로 한다(김동규, 2006 : 151).

나영일(1994 : 70)은 무술武術과 무예武藝의 구분은 미학美學에 있어서 기술技術과 무술藝術을 구별하는 방법을 채용하는 것도 의미가 있다고 하면서, 무술武術과 무예武藝에서 '술術'이란 단순한 기능이나 재주, 즉 실용적 목적을 중시하는 기술技術이며, '예藝'는 기능습득 뒤의 재주가 아름답다거나 뛰어나다는 가치가 부여되는, 즉 기술의 극치를 추구하는 예술藝術로 구분될 수 있다고 보고 있다. 이러한 주장은 무술과 무예에 대한 이분법적 접근과 발전논리에 근거한 개념전개라고 볼 수 있다.

임동규도 무술武術과 무예武藝라는 용어에서 '술術'과 '예藝'의 의미에 차별성을 두고 이해하고 있다. 무술은 기술적인 개념으로, 무예는 예술적인 그러면서 무술이라는 용어보다는 한층 고상한 의미로 이해하고 있다(송형석, 2003). 이것은 단순히 뜻에 의한 이분법적인 논리의 전개로 볼 수 있으며, 의미에 대한 가치를 부여하여 서열화함으로써 해석의 오류를 범할 수 있다는 것을 의미하기도 한다.

이러한 해석에 대해 송형석(2003 : 128-130)과 양진방(1999a : 31-35)은 아래와 같이 주장하고 있다. 무술, 무예, 무도의 구분은 문화적 차이일 뿐 그 이상의 의미는 없다는 주장이다. 이러한 이들의 주장은 무술, 무예, 무도로의 발전도식과 국가별 용어의 구분에 대해 모두 부정적 입장이며, 세 용어 중에서 무도가 대개념으로 정립되어야 한다는 주장을 하고 있다.

> 이와 같은 개념구분은 절대적이지 않으며, 무술武術, 무예武藝, 무도武道는 문화적 차이에 따른 구분일 수 있다. 그리고 중국인들

은 예로부터 법法 또는 술術의 개념, 일본은 도道, 그리고 한국의 경우는 술藝이란 개념을 즐겨 사용하였으나, 역사적으로 무술, 무예, 무도는 동일한 현상에 대한 서로 다른 표기라고 말할 수 있다.

우리는 이제 일본의 무도武道, 중국의 무술武術, 한국의 무예武藝 등과 같은 협애한 전통논리에서 벗어나 동양의 무술, 무도의 보편적 가치를 통합하여 세계화 할 수 있는 방향으로 가야 한다. 무술-무예-무도라는 단계로 단선적 또는 진화적으로 발전해 왔다는 발전도식에 따른 이해는 대개의 경우 일본의 무도사武道史에 대한 지금까지의 문헌, 주로 일본무도 이론가들의 논지를 비판 없이 수용한 사람들에 의해 형성된 것들이다. '무도'가 '무술'과 '무예'의 개념을 포괄할 수 있지만 '무술'이나 '무예'는 '무도'가 지닌 개념의 내포와 외연을 포괄할 수 없는 제한이 있다는 측면에서 '무도'를 대개념으로 삼아야 한다.

이에 대해 최복규(1995 : 71)는 현재 무예에 관한 개념변천은 일반적으로 무술, 무예, 무도로의 발전과정으로 이해하고 있는데, 이는 무술武術이나 무예武藝의 '무武'자와 결합해 있는 '술術'자字나 '예藝'자字를 현재의 언어용법인 '기술技術'과 '예술藝術' 등의 언어용례와 혼동함으로써 생긴 결과라고 평가하고 있다. 이는 유사한 언어 사용에서의 문제를 지적하고 있다. 이 또한 세 용어의 발전도식에 대해서는 부정적 견해를 보여 주고 있다.

또한 신성대(2006 : 60-64)는 무술武術 · 무예武藝 · 무도武道의 개념들을 술術이든, 예藝든, 도道든 그것은 그저 나라마다의 언어 습관일 뿐이다. 여기에다 필요 이상의 철학적 의미를 부여하여, 어느 것이 더 고차원적이라는 둥, 잔뜩 견강부회하는 것은 그다지 바람직하지 못한 일이라고 하였다.

중국은 예나 지금이나 대체로 법法·기技·술術을 구분해서 사용하고 있다. 대개 맨손기술인 권법들에는 법法자를 붙인다. 병장기를 다루는 아주 기초적인 법식에도 법法자를 붙였다. 그렇지만 각종 권법만을 소개하는 책자에는 절대 '무武' 자를 붙이지 않는다. 왜냐하면 무武는 반드시 무기武器를 다루는 기술을 말하기 때문이다. 권법만으로는 무武의 조건을 충족시키지 못하기 때문이다. 그리고 어떤 도구道具를 다룰 때에는 일반적으로 '기技' 를 붙이는데, 병장기를 다룰 때에야 비로소 '무武' 자를 사용한다. 그리고 이러한 것들을 통칭해서 '무술武術이라고 한다. 세계적으로 널리 알려진 '쿵후' 는 그 자체가 무술용어가 아니고, 무언가 연마하는 과정, 즉 글자 그대로 '공부工夫' 이다. 홍콩과 대만을 통해 전 세계에 중국무술의 명칭으로 알려지게 된 것이다. 그러다가 중국이 개방하고 아시안게임을 치르면서 중국무술 몇 종목을 경기체육으로 개발하였다. 그것이 '우슈武術' 인데, '쿵후' 를 밀어내게 되었다.

우리나라 역시 예로부터 '법法' 과 '기技' 를 어느 정도 구분하여 사용했다. 『무예도보통지』를 살펴보면, 권법拳法에는 분명 법法을 붙였고, 병장기를 다루는 각각의 기예에는 '기技' 라 하여 권법을 포함한 열여덟 가지般 기예를 '십팔기十八技'라 이름하였다. 법法만으로는 기예技藝가 되지 않음을 알고 있었던 것이다. 그리고 이런 기술을 전체적으로 일반명사화해서 부를 때에는 '무예武藝'라고 하였다.

일본에서는 16세기말부터 온갖 것에다 '도道'를 붙이는 것이 유행하였다. 심지어 차를 마시거나茶道 꽃꽂이花道에도 이 '도道'자를 붙였다. 20세기에 들어서면서 검도 · 유도 · 공수도(가라테 · 당수도) · 합기도 등등 아무것에나 갖다 붙이기만 하면 되었다. 그리고 거기에다가 예외 없이 종교적 의례에 버금가는 예藝를 접목시켜 엄숙주의로 미화시켰는데, 이 '예도禮道'가 오늘날 일본문화의 성격을 표현하는 대표적인 낱말로 '메이드 인 재팬'의 포장지가 되었다.

우리나라도 일제시기를 거치면서 이 '도道'자 문화가 심어졌는데, 해방된 지 반세기가 넘었어도 버리지 못하고 습관적으로 사용하고 있다. 심지어 가라테空手道에서 한국식으로 이름을 바꾸면서도 이 '도道'자는 떼어 버리지 못하고, 심지어 신라의 화랑에도 '도道'자를 붙여 '화랑도花郎道'라 하고, 새로 생겨나는 온갖 국적불명의 무예에도 예외 없이 이 글자를 붙이고 있다. 중국에서는 붓글씨를 지금도 서법書法이라 하고, 일본에서는 서도書道라 하며, 우리는 서예書藝라 부른다. 앞으로 새로(?) 태어나는 전통무예들은 작명에 좀 고심해서 제발 도道자를 달지 말고 나왔으면 싶다. 유독 자기 것도 모르는 무예계만 아직도 숭일주의崇日主義에서 깨어나지 못하고 있다.

정삼현(1996a : 23)은 무도는 무술수련을 통한 깨달음의 수행, 즉 무武를 통한 도道의 경지를 말하며, 무도의 발전단계는 기技에서 출발하여 술術로 발전하고, 술術에서 예藝의 경지로 나아가며, 예藝에서 고도로 연마되면 도道의 단계에 이르게 된다. 따라서 무도는 무술이나 무예를 포함하는 개념이며, 중국은 무술, 한국은 무예, 일본은 무도라는 개념은 성립되지 않는다고 하였다. 이어 정삼현(1996b : 63)은 한국무도의 발전단계는 처음 무기武技의 단계 ⇒ 무술武術의 단계 ⇒ 무예武藝의 단계 ⇒ 무도武道의 단계로 발전하여 왔다고 결론을 맺고 있다. 이러한 주장은 무술, 무예, 무도로의 발전단계에 대해서는 비교적 긍정적인 입장이지만, 국가별 용어의 구분에 대해서는 부정적 입장이라고 볼 수 있다(김동규, 2006 : 152).

조민환(1997 : 197)은 도道는 기技를 통하여 만나는 경지로서, 결코 기技 밖에서 도道를 본 것이 아니고, 기技 속에서 도道를 보았다는 것이다. 즉 기技는 기능을 의미하며 기技를 통하여 도道를 체득할 수 있다는 주장이다. 무도는 단지 술術이나 예藝의 차원에 그치는 것이 아니라 심신

인간의 한계는 어디까지인가?
(가위차기)

의 도야를 통한 자기완성이라는 심원한 목표를 염두에 두고 있음을 알 수 있다. 다음은 기예技藝 부문에서 기술의 도道를 완성하는 예로 가장 많이 활용하는 포정해우庖丁解牛의 일화이다.

> 庖丁(포정)이 文惠君(문혜군)을 위하여 소를 잡았다. 손을 닿거나, 어깨가 움직이거나, 발로 밟거나 무릎을 굽힐 때마다 쓱쓱 칼질하는 소리가 모두 가락이 맞았다. 그 모습은 마치 뽕나무 숲이 춤추는 것 같고, 그 소리는 마치 經首(경수)라는 음악을 연주하는 것 같았다. 문혜군은 탄식해 마지않았다. '야 대단한 기술이구나! 기술이 이런 경지에까지 이룰 수 있는 것인가?' 포정이 칼을 놓고 대답했다. "臣(신)이 즐기는 것은 道(도)인데 기술을 통해서 들어가는 것입니다(道地(도지), 進乎技矣(진호기의)). 臣(신)이 처음 소를 잡을 때만해도 눈에 보이는 것은 소뿐이었습니다. 삼년 후에는 소의 온 모습이 보이지 않게 되었습니다. 지금 저는 정신으로 소를 대할 뿐 눈으로는 보지 않습니다官知止而神欲行. 감각의 작용이 정지하고 정신이 움직이려고 합니다神遇而不以目視. 자연의 이치를 따라 뼈와 살 사이의 큰 간격을 쪼개고, 마디사이의 큰 구멍에 칼은 넣어 자연스럽게 갈라 갑니다. 칼이 뼈와 힘줄이 얽혀있는 곳에 가는 일이 없는데, 하물며 큰 뼈에 부딪히기야 하겠습니까! 뛰어난 백정도 1년에 한번은 칼을 바꾸는데, 이는 무리하게 살을 베기 때문입니다. 보통의 백정은 한 달에 한번 칼을 바꾸는데, 이는 뼈를 자르기 때문입니다. 지금 臣(신)이 쓰는 칼은 十九年(십구년)이나 되었고 잡은 소는 몇 천 마리나 되지만, 칼날은 방금 숫돌에 간 듯 잘 듭니다.

원래 뼈마디 사이에는 간격이 있으며 칼날에는 두께가 없습니다. 두께 없는 것을 간격 있는 곳에 집어넣는 까닭에, 아무리 칼날을 휘둘러도 반드시 여지가 있기 마련입니다. 그러기에 19년이나 써도 칼날은 방금 숫돌에 간 듯 잘 드는 것입니다. 그래도 막상 뼈나 힘줄이 엉킨 곳을 만났을 때는 저도 어려움을 아는 까닭에 저절로 긴장되고 시선을 떼지 않으며, 움직임도 느려지고 칼 쓰는 법이 아주 섬세해집니다." 순식간에 일을 마치자 흙덩이가 땅에 떨어지듯 고기가 떨어졌다. 그때서야 그는 사방을 둘러보며 잠시 그 자리에 선채로 만족감(滿志)에 젖었다. 그리고는 칼을 닦아 넣었다. 문혜군이 말했다. "정말 대단하구나! 나는 포정의 말을 듣고 양생養生의 법을 터득하였다." 『壯子(장자) 養生主(양생주)』, 조민환(1997 : 195-196), 이승한(2006 : 5-6), 조성균(2006 : 3-4)등에서 인용

이어 조민환(1997 : 199)은 기교가 단순한 기술적인 활동이며 실용을 목적으로 한다면, 도道는 심미의 경지로서 실용적인 목적을 초월한 것

경지에 달한 태권도 기교

이라 할 수 있다. 그러나 도道는 결코 기교 밖에 있는 것이 아니라 기교가 승화된 경지라고 할 수 있다. 즉 기교가 도道의 경지에 이르렀다는 것은 기교의 질적인 변화가 초래하였음을 의미한다. 기교의 질적 변화로서의 도道의 경지는 자유에 도달한 것이며, 실용적 단계를 초월하고 심미적 단계에 진입한 기예技藝의 완성상태라고 할 수 있다고 주장하였다.

이상의 논의를 바탕으로 내용을 정리하면 다음과 같다. 첫째, 무도의 개념정의를 위해서는 무술, 무예, 무도 등의 용어들에 대한 개념정립이 함께 되어야 한다. 둘째, 무술, 무예, 무도 등의 용어가 가치서열로 제시되는 것은 지양되어야 한다. 셋째, 무술, 무예, 무도 등의 용어가 국가별 용어로 사용되면 개념을 설정하는데 부적절하다. 넷째, 무武+술術, 무武+예藝, 무武+도道 등을 구분하여 하나의 의미를 탐색하는 것은 무의미하며, 통합적인 시각의 접근이 필요하다. 다섯째, 무술, 무예, 무도 등의 용어 중에서 '무도' 의 개념을 대개념으로 볼 수 있어야 한다. 이상의 다섯 가지의 전제조건은 무도에 대한 개념정의를 하는데 기본 조건으로 볼 수 있을 것이다.

이와 관련하여 양진방(1999a : 35)은 무도의 개념에는 일본적 색채에 대한 우려가 제한요소로 대두될 수 있으나, 무도라는 개념과 그 개념 속에 들어있는 문화적, 사상적 내용들은 동양 공통의 사상적 바탕에 기초한 수행, 수련문화의 무도적 추구라는 핵심적 특징이 있으므로 문제가 될 수 없음을 강조하고 있다. 따라서 무武를 통하여 인간의 참된 도리道理를 깨닫는 무도는 인간의 윤리적, 도덕적 규범을 기축으로 하고, 신체와 마음의 불가분의 관계, 즉 심신일여 사상을 전제로 한다. 중국은 무술, 일본은 무도, 한국은 무예가 전통적으로 이어져온 용어라든가, 무술에서 출발하여 무예, 무도로 발전했다는 논리는 무도의 정체성 확립과 관련이 없는 해석들이라고 볼 수 있다.

이에 대해 저자인 김동규(2006 : 153)는 무도가 맥을 이어나가고, 또 발전하기 위해서는 선행연구에서 나타난 불명확하고 혼란스러운 주장들을 잠정적으로나마 정리하여야 한다고 주장하면서 아래와 같은 두 가지의 명제를 제시하고 있다.

첫째, 무술, 무예, 무도 등의 용어들은 '무도'를 대개념으로 하는 입장이 전제되어야 한다. 이는 무도의 정체성 보존과 관련되는 문제이다. 즉 무도가 서양스포츠와 차별화됨은 기技와 술術의 성향을 강조하는 무술이나 예藝의 성향을 강조하는 무예로는 한계가 있다고 본 것이다. 그리하여 '인간의 길을 모색한다.'는 수련목표를 충족시키기 위해서는 수행修行, 도道가 기축이 되는 무도의 개념이 합당하게 된다. 여기서 말하는 수행은 신체의 훈련을 통해서 깨달음을 얻는 정신, 즉 자신의 마음의 자체수련이라고 할 수 있다(최종균, 손수범, 2004 : 160).

둘째, 무술, 무예, 무도의 용어들은 경기競技, 품새, 수행修行을 대변하는 개념으로 각각 접목되었으면 한다. 이러한 입장의 근거는 한자어의 의미에 충실하더라도 무술, 무예, 무도의 개념정의에는 문제가 없다는 점이 전제가 된다. 올림픽을 비롯한 각종 국제대회에까지 진출한 무도는 이미 기技와 술術을 바탕으로 하는 경기영역으로서 무술의 범주에 제한되며, 힘과 아름다움의 조화를 추구하고 하고 있는 품새 동작들은 이미 예술의 경지에 도달하여 무예라고 하는 표현이 합당한 것이 된다.

따라서 무술, 무예, 무도 전반을 대표하는 용어로 무도를 대개념으로 설정한 후, 구분하여 사용해야 할 상황에서는 무술은 경기, 무예는 품새, 그리고 무도는 수행을 대변하는 용어가 합당할 것으로 본다.

2. 무도수련의 가치지향

삶의 모든 활동에는 내재적 가치와 수단적 가치가 있다(정범모, 1997 : 279). '내재적 가치지향' 이 활동 그 자체에 보람과 환희를 느끼는 욕구충족이라면, '수단적 가치지향' 은 목적만 중요히 여겨 모든 것을 수단의 위치로 전락시키는 목적편향주의이다. 무도수련에도 이 두 맥락의 가치지향이 전제될 수 있다. 또한 두 맥락에서 해결할 수 없는 부분에 대해서 제3의 역할이 필요하다고 볼 수 있다. 이를 '융합적 가치지향' 으로 명명하고자 한다. 이는 내재적 가치지향과 수단적 가치지향의 두 역할과 더불어 소통의 역할을 강조하고 있는 것이다. 이를 자세히 살펴보면 다음과 같다.

1) 내재적 가치지향 : 수행修行

무도武道, martial art의 역사는 인류문명과 함께 맥을 같이하면서 사냥, 대인격투, 전투수단이었던 것이 현대에 와서는 건강증진과 정신수양, 그리고 철학, 교육, 종교, 예술적 가치로 전환되고 있다. 오늘날 무도는 동, 서양을 막론하고 대중적 인기를 모으며 빠른 속도로 확산되고 있는 것은 동양무도의 신비스러운 싸움기술 혹은 초능력을 발휘하는 기 철학氣 哲學에 대한 관심과 더불어 신체의 움직임을 통한 도덕적 가치추구 및 자기완성의 깨달음, 즉 도道에 있기 때문이다(김길평, 김주훈, 2004 : 9).

또한 무도의 수련과정은 인간의 전인적 몰입을 요구한다. 정신의 통일이 요구되는 강한 집중력과 육체적 한계와 싸우는 인내, 끊임없는 자신과의 싸움에서 이겨내는 극기, 상대에 대한 두려움을 극복해 내는 용기 등을 기를 수 있다. 무도수련은 의지와 정신의 형성과 단련에 좋은 과정이라 할 수 있다. 이러한 무도의 수련은 일생을 통해서 완성하기 어렵다. 그러나 일정한 기간 이상 수련을 쌓게 되면 기본적인 실력이 배양되며, 이러한 실력은 인간의 정신에 커다란 변화를 가져올 수 있게 된다(김명수, 1992 : 19).

동양에서 발현된 무도수련은 본래 내재적 가치지향을 기축으로 하고 있다. 무도의 정체성, 즉 무도가 서구의 스포츠와 근본적으로 상이한 점은 수련과정이 수행修行의 길이라는 점이다. 따라서 동양무도는 승패를 중심으로 한 경쟁적 놀이문화로 발전하지 않고, 도道 개념을 중심으로 하여 음양陰陽, 강유剛柔, 허실虛實, 내외內外, 동정動靜 등의 개념들을 원용하여 신체활동을 철학화하는 수행문화로 발전하였다(양진방, 1999a : 31). 이처럼 동양사회에서 교육론의 핵심은 가르침에 있는 것이 아니라, 자신에 내재하는 본성을 어떻게 발현시키는가에 있다. 이론적 지식보다는 인간행동에 관한 실천자의 깨달음에 있으며, '우리가 어떻게 인간으로서 행동해야 하는가' 하는 것이 현대무도의 중심에 있다(김길평, 김주훈, 2004 : 12).

도가道家에서 말하는 망아와 무아의 방법을 통하여 우주의 근원적인 도와 합일하고, 다시 우주의 도와 합일된 자아는 진아眞我로서 거듭나게 된다. 그 진아, 즉 '참 자기의 회복' 이 궁극적인 목표가 되는 것이다. 도가의 사상에 있어서 주목되는 점은 회귀정신이다. 즉 보다 근원적인 모습으로 되돌아감을 통하여 참 자기를 회복할 수 있는 것이다. 이는 절대적 정신의 자유를 획득하게 하고, 지혜를 회복하게 하는 것이다(이강수, 1979; 조성균, 2006 : 8에서 재인용).

그리하여 무의식無意識의 수련세계에서 자신의 신체를 움직일 수 있는 심신일여의 상태가 수행의 진정한 의미가 된다. 무도는 신체활동을 매개로 한다는 점에서 서양 스포츠와 수단을 같이 하나 무도는 수련의 목적이 신체단련에 한정되지 않는다. 결국 입문에서의 목적, 수련과정에서의 목적, 수련결과의 목적 등이 단순히 신체의 수양이 아닌 심신의 조화로운 발달, 즉 '인격완성' 에 본질을 두고 있는 것이다.

이처럼 무도가 추구하는 심신의 조화나 심신일여 사상의 실행은 극기克己를 동반하게 된다. 그리고 극기과정은 장기간의 고행苦行을 요구한다. 이는 일련의 신체활동을 철저하게 반복 훈련하여 자기제어自己制御를 초월한 것으로 지극至極의 경지까지 승화시키는 수행(최종균 등, 2004 : 156)을 의미하는 것이다. 장기간에 걸친 고행의 수련과정은 내면적 성취감과 희열, 자아실현 등을 가져올 수 있다. 하지만 현대인의 조급함이 고행의 실천을 어렵게 하고 있다. 쉽게 접하고, 빠른 시간에 결과들을 얻고자 하는 현대인의 가치관과는 거리가 있다. 이를 극복하고 시도해 보려는 노력조차도 쉽게 이루어지지 않고 있다.

지知는 행行을 지도하고, 행은 지를 체현하며, 지는 행을 열고, 행은 지를 완성한다. 지 가운데 행이 있고, 행 가운데 지가 있으며, 지가 있으면 행이 있고, 행이 있으면 지가 있다. 행 가운데 지가 있다고 본 왕수인의 견해는 정확한 것이다. 왕수인은 행이 지를 체현 완성한다는 관점을 지녔는데, 이것은 행이 지에 비해 더욱 중요한 의의를 지님을 강조한 것이다. 그는 '참되게 아는 것은 곧 행하게 되는 까닭이 되니, 행하지 않으면 안다고 말하기에 부족하다' 라고 말하였다. … 왕수인은 행行을 떠나서 진지眞知가 없다고 여겼으며, 일에서 연마해야 함(사상련마(事上鍊磨))을 주장 하였다. 이러한 주장은 이치에 닿는 것이라고 할 수 있다(한형조, 2003 : 71에서 재인용).

이처럼 무도수련의 진정한 의미가 트레이닝의 단련과 같은 의미가 아닌 수행이라는 선적禪的 체험體驗을 세련된 기법의 끊임없는 구현을 통해 신체와 정신의 완벽한 일체화, 즉 체득體得 체화體化를 추구함을 의미한다(최종균 등, 2004 : 161). 극기를 통한 장시간의 고행은 신체와 정신을 소통시키게 되고, 이를 통한 자아실현과 인격형성 등은 무도수련의 부산물로 남게 된다. 인간의 내재적 가치실현은 이러한 과정을 통하여 이루어지게 된다.

나영일(1994 : 78-79)은 R. J. Schmitdt가 제안한 일본무도의 발전과정을 시행착오의 과정인 경經, 혹독한 수련의 단계인 수업修業, 기술의 내면화와 자동화가 이루어진 술術, 그리고 운동기술의 완성을 넘어선 자기완성의 단계인 도道 등의 네 단계로 구분하여 소개하고 있다. 1단계와 2단계가 수단적 가치지향의 단계라면, 3단계와 4단계가 내재적 가치지향 차원의 단계라고 볼 수 있다. 이와 함께 김창룡, 이병익, 허건식(2002 : 73-74)은 동양무도의 심층적 특성을 실전성, 건강, 윤리성 등으로 구분하고 있는데, 실전성과 건강이 수단적 가치지향 차원이라면, 윤리성은 내재적 가치지향 차원이라고 볼 수 있다. 윤리성의 완성을 무도수련의 수행에서 찾고 있으며, 이는 인간이 발현할 수 있는 내재적 가치지향의 최상위 단계이다.

21세기를 정신문화의 시대라고 하는데 정신문화의 시대란 각 국가 또는 민족들이 자신의 문화적 정체성을 정립하여 새로운 정신문화를 상품으로 개발하고자 심혈을 기울이는 사회현상을 가리킨다(김길평 등, 2004 : 13). 이러한 현대사회의 흐름과 무도의 가치지향의 목적은 일치되고 있는 것이다. 무도수련의 목적은 심신을 연마하여 인격형성에 이르는 데에 있다. 또한 현대 무도교육은 심신의 조화적 발달뿐만 아니라, 자아실현을 통한 올바른 인격체를 형성하여 현대사회에서 필요한 사람을 육성하는데 목적이 있다. 결국 무도의 내재적 가치는 현대사회의 여러 가지 문제를 해결할 수 있는 대안으로서의 역할도 존재하는 것이다. 이를 어떻게 할 것인가 하는 것은 중요한 과제로 대두될 것이다.

2) 수단적 가치지향 : 경기競技, 건신健身, 호신護身

무도의 기원은 인간의 생존경쟁에서 시작되었던 것으로 오랫동안 인간행동이 체계화되고 구체화되어 자연과 인간이 조화를 이룰 수 있도록 노력함으로써 인간의 경험을 변형하는 과정에서 생성되었다(김명수, 1992 : 16). 이처럼 무도의 시작은 생존경쟁이었다는 것은 무도가 수단

폼새 시연 중 옆차기

북한태권도시범단 괴한퇴치

적 가치를 지향하게 된 가장 근본적인 문제일 것이다. 오늘날 문제로 제기되는 무도의 경기화, 대중화의 문제 또한 이러한 것에 기인한다고 볼 수 있다.

무도의 경기화가 처음으로 본격화된 국제대회는 유도가 정식종목으로 승인된 1964년 도쿄東京 올림픽대회였다고 볼 수 있다. 그 후 2000년 시드니 올림픽에 태권도가 다시 정식종목으로 채택되면서 유도, 태권도 등을 비롯한 각종 무도의 경기화는 이제 보편적인 문화현상으로 인식되고 있다. 최근 세계화와 지역화를 표방하는 스포츠의 거대한 조류에 무도종목 역시 서구 스포츠 못지않게 큰 몫을 담당하게 된 것이다. 이러한 결과, 무도 혹은 무도계에는 두 가지 현상이 동시에 나타났다.

첫 번째 현상은 그동안 전통적으로 은폐된 공간에서 보급되고 소수 도인道人들이 수련했던 무도의 방식이, 공개된 공간에서 수련되는 대중과 친밀한 스포츠로 전환되었다는 점이다. 즉 스포츠의 본질인 유희성과 경쟁성이 무도경기에 그대로 반영되어 '시간제한'과 '득점제'라고 하는 경기규칙이 제정되었다. 이처럼 세계화, 국제화, 대중화가 동시에 이루어진 것이다. 무도의 경기화로 인해 나타난 현상은 무도의 정체성이 혼란을 겪고 있다는 점이다. 이는 무도인 혹은 무도학을 전공하고 있는 전체 체육인의 최대 난제가 아닐 수 없다(김동규, 2006 : 155).

이와 관련하여 장재이(1999 : 143)는 무도가 스포츠화 되면서 문제가 되는 기氣와 술術에 치중하는 예가 있어 정신을 강조하는 무도의 목표에 반대되는 경향을 보인다고 했으며, 이경명(1992)은 태권도에 대해 겨루기/경기위주로 치달음에 따라 태권도가 함장하고 있는 무도적 단원학습(품새, 격파 등)이 소홀해지고 있다고 지적하고 있다. 그리하여 무도는 대중화에 의해 저변확대와 스포츠화로서 문화의 한 축을 이루었다는 성과가 있지만, 이에 못지않게 '기技와 술術을 통해 인간의 길을 탐색한다.' 는 무도수행의 전통적인 정체성이 뿌리채 흔들리고 있는 것이다. 무도가 수단적 가치를 지향한 부산물이 아닐 수 없다.

두 번째 문제는 무도수련이 지나치게 '건신健身' 이라고 하는 현실적인 목적에 접목되고 있다는 점이다. 동양무술은 다른 문화권의 무술에 비해 유난히 호흡이나 명상 등을 강조하는 경향이 강하다. 또한 이를 통해 싸움기술의 향상을 꾀하는 목적을 넘어서 심신心身의 건강을 추구하는 의료적 측면이 강하게 나타난다(배영상 등, 2002 : 65). 도가양생 이론에서 정精 · 기氣 · 신神을 인체생명활동의 원동력과 기본요소로 본다. 정精 · 기氣 · 신神은 인체의 삼보三寶라고 하며, 내단內丹수련에 약이라고 할 수 있다. 또한 양생의 조작적 목표라고 한다. 도가는 천지만물 모두 혼돈의 기에서 태어났다고 주장한다. '기는 정에서 나고, 정은 신에서 나며, 신은 밝음에서 탄생 한다' , 양생이 몸을 다스리는 측면에서 이러한 자연의 도리에 따라야 한다. 정을 연마하여 기로 변하고, 기를 연마하여 신으로 변하며, 신을 연마하여 공으로 돌아간다(조성균, 2006). 과거의 경우를 살펴보더라도 이와 같은 현상을 발견할 수 있다. 종교적 행위와 더불어 무도인들의 의료적 행위에 대한 것이 여러 사료들에서 발견되고 있는 것이다.

현대의학이 발달하기 전 고대의 무도인들은 의료적인 행위를 자연스럽게 시술한 경우가 허다하였다. 불과 얼마 전까지만 하더라도 탈골이나 골절이 되면 정형외과보다는 무도인이 운영하는 접골원에 가서 치료를 받곤 하였다. 최근에는 TV에 무도 전공인이 출연하여 동작마다 어느 부위의 건강에 좋다는 이야기를 서슴치 않고 하고 있다. 또 비만탈출에 무도의 어떠한 동작이 좋고, 노화방지나 체질개선과 관련한 정보도 쏟아지고 있다. 이 또한 무도가 수단적 가치를 지향한 부산물이 아닐 수 없다(김동규, 2006 : 156).

이와 관련하여 양진방(1999b : 86)은 처음부터 싸움과는 아무 상관없이 건강을 위한 운동체계의 발전을 위해 일련의 운동양식을 발달시켜 오다, 일정한 시점에 이르러 싸움기술과의 만남이 이루어졌다고 하였다. 이는 무도와 건신健身의 역사성을 다르게 볼 수 있다는 지적이다. '건강'과 '싸움기술' 역시 결국 수단적 가치지향의 산물이라는 것이다. 따라서 고도로 전문화된 현대사회에서 과학적으로 검증되지 않은 무도수련의 가치를 건강증진에 직결시키는 수단적 가치지향은 무도의 정체성을 혼란스럽게 하는 문제로 지적되고 있다.

무도의 수단적 가치지향의 한 전형으로서 '호신護身'도 거론될 수 있다. 오늘날 청소년을 무도수련장에서 수련케 하는 학부모 대부분의 소원은 '호신'에 있을 것이다. 수련의 결과를 수행보다는 신체단련에 의한 호신에 두고 있는 것이다. 현대사회의 각박함과 상스러움이 이러한 현상을 초래하였다. 그러나 본래 무도武道의 '무武' 자字는 싸움을 지칭한 것이긴 하지만 이는 '도道'를 기반으로 한 싸움이었다. 무도수련장에서의 수련이 이를 간과하여 싸움기술만 익힌 호신이라고 하는 목적에 편중되면 이 또한 수단적 가치지향이 지나치게 극대화된 현상이라고 볼 수 있다. 무도수련의 목표가 싸움꾼의 양성에 있는 것이 아닌 한 호신은 수행을 전제로 한 부수적인 결과로 기대해야 무도의 정체성에 혼란을 줄일 수 있다(김동규, 2006 : 157).

현대사회에서 무도는 경쟁을 기초로 하는 경기화와 건강이라는 목적을 추구하여 지나치게 적용하려는 시도와 자신의 신체를 스스로 보호한다는 맹목적으로 호신, 건신 등의 이유로 무도 수련의 목적을 수단화시키고 있다. 이는 결국 세계화와 대중화의 기반이 되었다는 측면에서 긍정적으로 이해되지만, 부정적인 문제 또한 표출되고 있다. 결국 무도수련이 지나치게 수단화되어 그 자체가 지니고 있는 내재적 가치, 즉 수행이라고 하는 영역이 손상되고 외면당한다는데 문제가 있는 것이다.

3) 융합적 가치지향 : 품새

'융합적 가치지향'은 내재적 가치지향과 수단적 가치지향의 성향을 동시에 지니면서 두 가치간의 소통역할이 가능한 지향을 의미하고 있다. '융합적 가치지향'이라고 하는 용어는 적합성에 있어 검증되었다고 볼 수 없으나, 현대사회의 무도가 겪고 있는 단편적인 문제들과 이의 해결책으로서 우선 사용하기로 하였다. 혼란을 극복하는 차원에서의 소통, 내재적 가치와 수단적 가치의 소통을 조화롭게 융합할 수 있다는

육군사관생도 태권도 수련모습

측면에서 긍정적으로 볼 수 있다는 입장인 것이다. 결국 합의의 점을 중도적인 가치를 지향함으로써 오늘날의 사회적 맥락을 고려한 측면에서 의미가 있다고 볼 수 있다.

앞에서도 논의 되었듯이 어느 욕구의 만족에도 내재적 가치와 수단적 가치는 동시에 해당되며, 이는 무도수련에 있어서도 예외가 될 수 없다. 그럼에도 불구하고 현대사회에서 무도의 내재적 가치지향, 즉 수행은 실행과정에 있어서 한계가 있을 수밖에 없다. 경기, 건신, 호신 등을 바탕으로 한 수단적 가치지향은 목적편향주의라고 하는 단점이 있지만, 결과의 가시화라고 하는 점에서 보면 내재적 가치지향인 수행보다는 수련자와 쉽게 친밀해진다는 장점이 있는 것이다. 이렇게 되면 무도수련은 경기, 건신, 호신만이 관심의 대상이 되고 마는데 이는 무도 자체의 존립기반을 흔들게 된다(김동규, 2006 : 157).

이러한 문제에 대해서 지금까지 무수한 대안을 제시하였을 것이다. 하지만 이러한 문제가 해결되지 못한 근본적인 이유는 문제의 본질을 해결하기 위해 지금까지 처방했던 전통의 조작이나 역사적 사실의 왜

곡이나 과장해석을 통한 땜질식 처방이 방안이 되지 못했기 때문이다. 지금까지 무도계가 무도의 본질적 가치에 의해서 이 사회에서 인정 받아온 것이 아니라, 전통문화라는 구실로 그 존재가치를 행세하고, 또 연명을 구걸해 온 것은 아니었는지 한번 반성해 보아야 할 것이다(양진방a, 1999 : 31). 결국 내재적 가치와 수단적 가치의 차이를 극복할 수 있는 본질적인 대안을 마련해야 한다는 것이다.

내재적 가치지향과 수단적 가치지향의 양극화를 보완하고, 이를 소통시킬 수 있는 가치지향으로서 '품새동작의 창안 및 경연'의 융합적 가치지향을 제시할 수 있을 것이다. 품새는 '품'과 '새'의 순순한 우리말 합성어로서 '품'은 동작이나 모양, 됨됨이 등을 나타내는 말이며, '새'는 모양새, 맵시, 꼴 등을 의미한다. 그리하여 품새의 가치지향 중 우선되는 것은 품새의 미학적 성향이다(김동규, 2006 : 157). 이와 관련하여 배영상 등(2002 : 25)은 품새는 동양무술이 폭력적이고, 파괴적인 과거의 이미지에서 벗어나 심미적이고, 환상적인 경연예술의 한 장르로 탈바꿈하고 있다. 동動과 정靜의 어우러짐, 내면적인 힘의 외적 표현, 정신성의 육체화 등으로 표현될 수 있는 품새의 미학은 무도의 무도다움을 규정짓는 특성으로 인식되기도 한다고 하면서 무도에 있어서 품새의 중요함과 미학적 가능성을 역설하였다.

> 모든 무술의 역사는 겨루기와 품새의 변증법적 전개라고 표현할 수 있다. … 무술사에 있어서 품새와 겨루기의 관계는 철학적으로 표현하자면, 형식form과 내용content의 문제로도 환원되며, 종교사적으로 말하자면 율법law과 성령holy spirit의 관계와도 같다. 품새

자이툰컵 태권도 대회

> 는 율법이요, 겨루기는 성령이다. … 품새는 겨루기를 고착시켜 교육을 가능케 하며, 또 겨루기의 권위를 향유한다. 품새는 완벽을 지향하는 미학의 원리를 가지고 있다(김용옥, 1990 : 55-56, 149).

이러한 관점에서 보면 무도의 품새는 겨루기를 잘 하기 위한 전제조건이자 그 기반이 된다. 그러므로 겨루기와 품새 간의 소통이 불충분하게 되면 무도는 정체성을 상실할 수밖에 없다. 모든 기예技藝에는 형이 있다. 여기서 형(型, 形, 무도에서는 法形)이란 기법技法의 규범을 나타낸 것이라고 말할 수 있다. 기법의 규범을 예藝라고도 한다. 예藝란 한마디로 몸을 통해 문화가치를 표출하는 행위技인 것이다. 형型이란 예藝의 문화가치를 인식하고 그것을 보존하며, 재현함을 목적으로 만들어진 일련의 동작이다. 바꾸어 말해 추상적으로 인식된 문화가치를 육체를 통해 보존하는 것이 형이다. 따라서 형을 정확히 되풀이해서 반복 연습할 때 예藝 또는 기技에 도달할 수 있다(배영상 등, 2002 : 27). 이와 관련하여 임일혁(2000 : 231)은 품새는 외형적인 아름다움보다 정신적인 평안의 추구가 더욱 강조되는 정신적인 아름다움의 독보적인 형形이라고 하였는데, 이는 품새의 내면적인 예술성을 강조한 것으로서 내재적 가치의 실현 가능성과 접목된다고 볼 수 있다.

최근 품새 또한 경기화 되어 가고 있는 추세에 있다. 겨루기와의 소통이라고 하는 차원에서 보면 바람직한 시도가 되겠지만, '보이기 위한 전리품' 이라고 하는 수단적 가치지향으로 전락해 버리면 이는 경계해야 할 시도가 아닐 수 없다. 그리하여 무도에 있어서 품새는 수행을 기반으로 한 내재적 가치지향과 경기화를 기반으로 한 수단적 가치지향의 양극화 현상을 예방치유하고, 이의 교량역할을 할 수 있는 융합적 가치지향의 가능성을 가지게 된다. 모순되어 보이는 두 가치지향, 즉 수행과 경기화의 공존을 품새를 통하여 이루려 하는 것이다(김동규, 2006 : 157-158).

이상에서 살펴본 무도의 개념정의와 가치지향은 한국 태권도의 변천과정과 정체성을 확립하는데 중요한 기준이 될 수 있다는 측면에서 의미가 있다고 본다. 무도개념의 명확한 정립은 이 시대의 화두이다. 더욱이 태권도의 정체성확보라는 측면에서는 더욱 중요한 부분이 되고 있다. 하지만 이러한 요구에도 불구하고 아직까지 명확한 해답을 찾을 수가 없는 것이 안타깝다. 그러면서도 다행스러운 것은 최근 과거의 불명확한 접근보다는 한층 진보된 연구결과들이 보이고 있다는 점이다. 또한 위에서 제시된 가치지향의 세 가지 측면은 우리에게 시사하는 바가 크다고 할 수 있다. 오늘날의 태권도계는 내재적 가치와 수단적 가치의 충돌로 인해 여러 가지의 문제를 표출하고 있다. 그러한 것에 대한 문제를 해결할 수 있는 소통의 길로 융합적 가치지향은 안내할 수 있을 것이다.

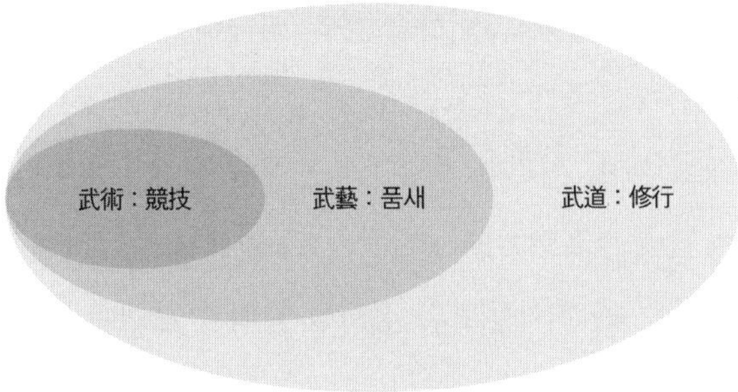

武術, 武藝, 武道의 개념

맺는말

무도수련의 목적은 심신의 연마를 통한 인격형성에 있다. 또한 현대 무도교육은 심신의 조화적 발달뿐만 아니라, 자아실현을 통한 올바른 인격체를 형성하여 현대사회에서 필요한 사람을 육성하는데 목적이 있다. 결국 무도의 내재적 가치는 현대사회의 여러 가지 문제를 해결할 수 있는 대안으로서의 역할도 존재하는 것이다. 이러한 결과를 바탕으로 무도의 개념정의와 가치지향이 한국 태권도의 변천과정과 정체성을 확립하는데 중요한 기준이 될 수 있다는 결론을 도출하게 된다. 즉 무도에 대한 명확한 개념정립이 태권도의 변화과정과 정체성에 기준이 될 수 있는 근거가 되는 것이다. 위에서 논의된 무도의 개념정의와 가치지향을 근거로 무도의 자생적 과제를 다음과 같이 제안하고자 한다.

첫째, 무술武術, 무예武藝, 무도武道 전반을 대표하는 용어로서 무도武

道를 대개념으로 설정하고, 이들을 분리 진술해야 할 상황에서는 무술은 경기競技, 무예는 품새, 무도는 수행修行을 대변하는 용어로 적용함이 합당할 것으로 본다. 이러한 개념정의는 무술은 중국, 무예는 한국, 무도는 일본이 전통적으로 이어왔다든가, 무술에서 출발하여 무예, 무도로 발전하였다는 논리는 무도의 정체성 확립과 관련이 없는 해석이라고 보는 입장이다.

둘째, 무도의 정체성 확립을 위해서는 수행修行을 기반으로 한 내재적 가치의 발현을 전제로 수련이 이루어져야 한다. 경기競技, 건신健身, 호신護身 등을 기반으로 한 수단적 가치지향이 현대사회가 당면하고 있는 현실적 요구라 하더라도, 무도는 기技와 술術을 통한 '인간의 길人道을 탐색함'에 의해 정체성이 확보될 수 있다. 따라서 무도에서의 '도道'는 인간의 형체, 즉 몸을 수행시켜 더욱 고차원적이고 전체적인 사람을 만든다는 의미로서(안용규, 2003 : 69) '심신일여心身一如' 사상이 무도수련의 생명인 것이다.

뛰어앞차기의 역동성

셋째, 무도의 정통성 확보와 대중화를 동시에 실현하기 위해서는 경기, 품새, 수행간의 상호소통이 원활하게 이루어져야 한다. 일부 무도종목에 있어서는 이미 경기와 품새, 품새와 수행, 경기와 수행간의 단절화가 보편화된 현상으로 비춰지고 있으나, 이는 무도의 미래를 위해 필연적으로 극복되어야 할 난제이다. 내재적, 수단적 가치지향간의 교량역할로 설정한 '품새수련을 통한 융합적 가치지향'이 이의 해결에 일조하기를 기대해 본다.

●참고문헌

김길평, 김주훈(2004). 현대 무도의 교육 방향. *한국사회체육학회지*, 22, 9-21.

김기홍, 김동규(2005). 태권도의 기원과 정체성 탐색. *움직임의 철학 : 한국체육철학회지*, 13(2), 89-103.

김기홍, 김동규(2007). 태권도의 무도성과 스포츠화의 공존. *움직임의 철학 : 한국체육철학회지*, 15(1), 35-51.

김동규(2006). 무도의 개념정의와 가치지향을 근거로 한 자생적 과제. *움직임의 철학 : 한국체육철학회지*, 14(1), 149-160.

김동규, 김기홍(2003). 박정희 · 전두환정권의 태권도 진흥정책과 향후 과제. *한국사회체육학회지*, 19(1), 227-236.

김동규, 김기홍, 김용규(2004). 崔泓熙와 金雲龍의 태권도철학과 세계화 전략. *움직임의 철학 : 한국체육철학회지*, 12(2), 364-383.

김동규, 김형규, 주동진(1998). 동양무도의 내재적 가치와 수행과제. *움직임의*

철학 : 한국스포츠무용철학회지, 6(2), 65-88.

김명수(1992). *태권도 스포츠 제도화 과정에 관한 연구*. 미간행 박사학위논문. 한양대학교 대학원.

김용옥(1990). *태권도철학의 구성원리*. 서울 : 통나무.

김창룡, 이병익, 허건식(2002). 동양무도의 심층구조에 관한 고찰. *대한무도학회지*, 4(2), 57-75.

나영일(1994). 전통무예의 현황과 과제에 관한 연구. *한국체육학회지*, 33(2), 64-86.

배영상, 송형석, 이규형(2002). *오늘에 다시 보는 태권도*. 서울 : 이문출판사.

송형석(2003). '무도' 의 개념에 관한 연구. *한국사회체육학회지*, 20, 119-136.

스티븐 캐페너(1998). *동양 무도 수련관의 변천과 현대적 의미*. 미간행 박사학위논문. 서울대학교 대학원.

양진방(1999a). 무술, 무예, 무도개념에 대한 새로운 인식의 틀. *대한무도학회지*, 1(1), 27-37.

양진방(1999b). *태권도철학의 가능성과 이론적 토대*. 태권도역사 철학 정신의 가치창출을 위한 태권도학술세미나 자료집, 78-90.

이경명(1992). 이 땅의 전통무예 어떻게 할 것인가. *태권도*, 겨울 83.

이승환(2006). *무예수련의 수양론적 의미*. 한국체육철학회 추계학술대회논문집, 1-9.

임일혁(2000). 태권도철학과 예술적 미에 관한 연구. *움직임의 철학 : 한국체육철학회지*, 8(2), 223-238.

張岱年(1989). 中國古典哲學概念范疇要論. 北京 : 中國社會科學出版社.

장재이(1999). 무도의 형태적 변화에 따른 현대적 의미. *대한무도학회지*, 6(1),

129-153.

정범모(1997). *인간의 자아실현*. 서울 : 나남신서.

정삼현(1996a). 한국무도사 연구. *한국체육학회지*, 35(4), 9-26.

정삼현(1996b). *한국무도의 개념정립 연구*. 한국체육학회, 제34회 학술발표회 논문집, 61-64.

조민환(1997). *중국철학과 예술정신*. 서울 : 도서출판 예문서원.

조성균(2006). 도가사상이 중국 전통체육 양생학에 미친 영향. *한국체육학회지*, 45(6), 1-11.

최복규(1995). *전통무예의 개념정립과 현대적 의의*. 미간행 석사학위논문. 서울대학교 대학원.

최복규(2003). *'武藝圖譜通志' 편찬의 역사적 배경과 무예론*. 미간행 박사학위논문. 서울대학교 대학원.

최종균, 손수범(2004). 무도수련의 암묵지적차원의 의미. *대한무도학회지*, 6(1), 155-164.

* 위 내용은 김동규의 논문 "무도의 개념정의와 가치지향을 근거로 한 자생적 과제" (움직임의 철학 : 한국체육철학회지. 제14권 1호)의 일부분을 수정 보완한 것임.

03

태권도철학과 태권도의 정체성

태권도철학의 수립은 태권도정신의 체계화와 수행의 의미, 태권도목표와 가치의 배경, 태권도교육(수련) 이론, 태권도기술의 상징화, 그리고 태권도미래 등을 제공하고 밝히는데 그 의미가 있다. 태권도의 정체성 찾기는 현재성, 대중성, 주체성 등으로 분류하여 접근될 수 있으며, 보다 중요한 것은 경기를 기반으로 하는 '대중성'과 전통무도의 맥을 소중한 것으로 보는 '주체성'은 포용과 공존의 틀로써 접근되어야 한다는 점이다.

03

세계화의 반석에 오른 한국의 태권도는 올림픽을 비롯한 국제 스포츠계에서 종주국에 걸 맞는 위치는 물론 정체성 확립과 함께 체계성을 확보해야 하는 사명을 안고 있다. 그리하여 태권도는 현실적인 문제해결 못지않게 동양무도로서의 정체성을 확보하는 노력 또한 중대한 과제이다. 이제 세계화와 정체성 확보는 태권도계 혹은 한국 체육계에서 풀어야 할 선택적 요인이 아니라 의무의 난제가 되었다. 따라서 우리 민족의 태권도가 세계인에게 오래 동안 각인되려면, 한국적 사상과 움직임의 바탕위에 진정한 '내면세계', 즉 깨달음의 행동철학으로서 이론과 실기에 의미가 부여되어야 할 것이다.

태권도 철학성에 대해 논의하고자 하는 것은 태권도가 수련을 통하여 내면의 세계와 관통하는 사상과 깨달음에 수련의 목표를 두어야 한다는 의미이다. 이미 많은 무도가 단순히 격투기의 의미를 넘어 무도의 수련을 통한 우주합일이나 자기완성을 추구하는데 중점을 두고 있다. 그리하여 태권도도 전 세계적으로 가장 방대한 수련인구를 보유하고 있는 무도로서 반복적인 수련을 통해서 얻어지는 정신적 내면세계의

태권도로 하나되는 세상을 꿈꾼다

심신수양*[1]을 반영하는 독특한 철학으로 재정립되어야 할 것이다.

그럼에도 불구하고 태권도는 '역사 · 철학적 근거' 가 미약하다는 취약점을 안고 있다. 정부와 국기원은 물론 한국의 정신을 연구한다는 '한국학 중앙연구원' 에서조차 우리 정신문화로서의 태권도정신 혹은 철학에 대한 연구가 이루어지지 않고 있다. 이와 함께 양분화 된 두 개의 태권도연맹(국제 세계)과 ATA, 준리도, GTA 등의 국지적 단체출현도 종주국으로서의 입지를 위협하고 있다.

따라서 태권도의 정체성을 확보하고, '세계화' 와 '전통' 의 공존을 도모하는 노력은 태권도계가 안고 있는 시대적 소명과제라고 볼 수 있다. 태권도의 3대 기구인 국기원, 세계태권도연맹, 대한태권도협회 등

*1 이승환(2006)은 수양(修養)이란 한 인간이 지니고 있는 정신적 가치나 사상적 체계에 근거하여 몸과 마음을 단련함으로써 현상적 자아를 변혁시켜 이상적(본래적) 자아에 도달하려는 자기완성의 노력이라고 하였다.

은 태권도정신 혹은 뿌리를 찾는 노력의 역사철학적 연구를 강화하여야 할 것이다. 아시안게임과 올림픽대회에 태권도가 효자종목이라는 소리에 자만하지 말고, 올림픽종목에서 태권도의 퇴출을 염려하는 만큼 사회적 환경에 따라 지속적으로 변화하여야 한다. 이를 위해서는 태권도 철학을 정립하고, 한편으로 경기규정의 개정을 비롯하여 품새 재정립, 프로그램 개발 등을 도모하여 세계화의 발판을 더욱 굳건히 해야 한다.

코리아하면 태권도가 떠오른다

이와 관련된 연구는 양진방(2002)의 「태권도 철학의 가능성과 이론적 토대」, 안용규(2003)의 『태권도 역사 정신 철학』, 이창후(2003)의 『태권도의 철학적 원리』, 그리고 김동규, 김기홍, 김용규(2004)의 「崔泓熙와 金雲龍의 태권도철학과 세계화 전략」, 송형석(2005)의 『태권도란 무엇인가』, 김기홍, 김동규(2005)의 「태권도의 기원과 정체성 탐색」등 각각의 미시적 연구가 진행되고 있다.

그럼에도 불구하고 최근 태권도에 대한 철학적 연구가 일부 시도되면서 태권도철학이 학문적 과제로 부상하고 있음은 시사하는 바가 크다. 이는 존재론적인 측면에서 태권도의 본질과 정체성을 파악하고, 태권도에 담긴 정신적 의미와 사상을 밝히는 학문적 노력이 시작되고 있음을 의미한다. 아울러 태권도 수련현장에서는 도덕적 행동강령으로서 '태권도정신' 이란 이름으로 예의, 인내, 충효 등의 덕목이 강조되고, 품새, 겨루기 등 구체적인 기술에 함장된 기술철학과 경기분야로서 올림픽이념과 스포츠맨십 등에 대해서도 태권도철학의 범주에서 시도되고 있다(이규형, 1999 : 112).

1. 태권도철학

태권도정신은 철학적 심리학적으로 의미 있는 개념이 부여된 내용이지만 태권도현장에서는 일반적인 개념으로 적용되어 왔다. 철학적 의미에서 정신은 '물질적인 것을 초월한 우주의 근원적인 존재' 로 규정되지만, 사전에는 정신이란 '생각이나 감정 따위의 작용을 지배하는 마음의 능력, 마음을 가지는 방향 또는 사물의 근본적인 의의나 목적' 으로 제시되고 있다. 즉 태권도정신은 '태권도의 근본의의나 목적' 또는 '태권도 수련행위에 내포된 근원적이며 이상적인 인간의식' 으로 정의할 수 있다. 태권도 영역에서 정신은 기술과 신체 면에 대응하는 용어로서 태권도기술을 수행하는데 있어서 근원적 의지로 작용한다. 아울러 태권도 정신은 태권도인으로서 이행해야 할 바람직한 행위의 실천기준을 제시해 준다. 이러한 태권도정신을 문제 삼아 논리적이고 합당한 이론을 산출하는 작업이 곧 태권도 정신론이다(김영선, 1995). 이러한 태권도 정신은 태권도철학의 범주 속에서 가장 비중 있게 다루어야 할 과제이다(안용규, 2000 : 65). 그럼에도 불구하고 태권도의 정신세계, 즉 태권도의 철학은 명확하게 규정되지 못하고 있다.

태권도철학에 대하여 송형석(2003 : 97)은 태권도철학이란 말은 저자들에 따라 각기 다른 의미로 사용되고 있다고 주장한다. 태권도인이 지켜야 할 윤리적 행동강령, 태권도인이 고수해야만 하는 인생관 내지는 가치관, 태권도수련의 목적 또는 목표, 태권도 수련과정이나 수련결과 체득한 정신적 깨달음, 태권도의 개념 및 가치에 관한 이론, 태권도기술을 이루고 있는 제 동작에 대한 동양철학적 설명, 태권도를 부각시키기 위해 도입된 한국의 전통사상, 도복, 띠, 색깔, 급, 단 등에 부여된 추상적 의미 등등 매우 다양한 의미들이 태권도철학이란 말과 연관되어 임의적으로 사용되고 있는 것으로 보고 있다. 다양한 해석이 공존해야만 더 이상의 오류를 범하지 않는다는 측면에서 이에 대한 논의는 보다 다양한 접근이 필요하다.

'태권도철학 방법론이 가능한가' 라는 물음은 태권도철학의 정체성에 대한 논의를 전제로 한다. 또한 태권도철학의 정체성에 관한 논의는 어떤 방식으로든 태권도철학의 정의를 요구한다. 물론 그동안 태권도철학을 정의하려는 수많은 노력이 대개 실패로 끝났다는 점을 감안한다면 또 하나의 시도는 새로운 태권도철학을 창출할 수도 있을 것이다. 지금까지 태권도철학에 관심 있는 연구자가 없었다면 후학들은 더욱 더 많은 시행착오를 겪어야 했을 것이다. 그럼에도 불구하고 태권도철학의 규정과 정체성에 대해 문제제기를 하는 이유는 태권도철학의 정체성 그 자체가 하나의 중요한 태권도 철학적 문제로 남아있고, 태권도

철학의 정체성에 대한 이해 없이는 태권도철학의 방법을 논할 수 없기 때문이다.

이에 대해 한형조(2003 : 108)는 "우리의 철학적 사유를 위해 도움이 될 만한 철학사의 전통을 우리 것이 아니라는 이유로 도외시한다면 그것은 사대주의를 뒤집어 놓은 국수주의에 불과하다. 우리에게 이미 주어진 것이라면 그 원산지가 어디든 상관없이 이미 우리 것이다. 본래 모든 것들이 상호 관련되어 있기 때문에 우리 것과 남의 것이 따로 있지 않다."라고 하였다. 또한 소홍렬(2004 : 85)은 "철학자의 이러한 인식론적 비판에 도구가 되는 것은 철학의 방법론이라고 할 수 있는 논리적 사유이다. 과학자들은 실험이나 관찰에 의한 검증방법을 기본으로 한다. 철학자는 그런 실험이나 관찰을 하지 않는 대신 논리적으로 비판하고 분석해 보는 실험을 한다."라고 주장하였다. 이는 태권도철학의 정체성에 대한 논의가 비록 새로운 것이 아닐지라도 최근에는 태권도철학을 연구하는 학자들에 의한 태권도철학에 대한 비판과 분석이 더욱 증가되어야 한다는 것이다.

한편, 가라테유입설의 입장을 주장하는 김용옥(1990 : 39)은 그의 저서 『태권도 철학의 구성 원리』에서 기 철학(=몸 철학), 몸은 곧 기의 유기체적 단위이며Mom is the organic unity of Ki, 기는 몸을 통해서만 자기를 실현한다Ki realizes itself only through Mom고 주장하고 있다. 그는 태권도철학이 불가능한 두 가지 이유로 "첫째는 태권도는 사람들을 때리는 짓인데 소피아sophia의 사랑을 뜻하는 철학과의 결합이 가능한가라고 반문하였고, 둘째로 태권도는 순 몸짓이고 철학은 누우스(정신)의 고매한 영역인데 어떻게 이 양자가 결합할 수 있느냐?" 고 반문하고 있다.

물론 이와 관련한 논의들은 최근에 와서 여러 가지 측면에서 시도되고 있다. 이는 매우 긍정적이며, 지속적으로 계속되어야 할 과제이다. 그리고 태권도철학의 방법을 논의하기 위해서는 출발점이 있어야 하고 그 출발은 태권도철학의 개념에 대한 논의부터 전개되어야 할 것이다.

태권도의 정체성이 무엇인지를 논하지 않고 태권도 세계화를 이룩하는 데에는 문제가 발생할 수 있을 것이며, 어떤 방법이든 태권도의 정체성을 확립해야 어떻게 살아갈 것인가를 정할 수 있기 때문이다. 이에 대해 태권도 철학의 필요성을 제기해 보면 다음과 같다.

첫째, 태권도철학은 태권도정신을 체계화하고 수행의 의미를 제공해주는 근거가 될 수 있다. 즉 태권도는 무도이고, 그 근원에 내재된 사상적, 문화적 배경과 더불어 태권도의 정체성 및 체계성을 유지시킬 수 있는 기본이 되는 것이다.

둘째, 태권도철학은 태권도의 목표와 가치를 실현할 수 있는 배경이 된다. 오늘날 태권도장의 위기와 교육방법의 한계를 극복할 수 있는 중요한 지침이다. 이는 태권도의 스포츠화 과정에서 겪는 대중화와 전통성 사이에서의 갈등을 수습하는 기준으로서 작용할 것이다.

셋째, 태권도철학은 태권도교육(수련)의 이론적 토대가 된다. 태권도의 부족한 전통성을 보완해주고 교육적 기능을 더욱 확대시킬 수 있는 토대가 될 수 있으며, 신체교육, 정신교육 등의 근거를 명확하게 설명해줄 수 있을 것이다.

넷째, 태권도철학은 태권도의 기술적인 측면을 상징화할 수 있다. 즉 태권도기술에 의미를 부여할 수 있는 기초자료가 될 수 있다는 것으로서 중요한 역할을 담당할 수 있다는 것이다.

다섯째, 태권도철학은 태권도의 미래를 보장할 수 있다. 태권도의 정신세계를 확고하게 정립할 수 있고, 나아갈 방향을 제시함으로써 현재의 부작용을 최소화하고 수정해 나가는 기준으로서의 역할을 담당하게 될 것이다.

태권도수련을 통해 습득되는 기술적 능력과 신체적 힘을 조성하고, 통제하는 정신적 측면을 상세히 이해하고 체득시키게 하는 것을 가능케 하는 이상의 태권도 철학의 필요성은 태권도의 미래를 보장해 줄 수 있는 토대인 것이다.

동서고금의 철학사가 다양한 학설들의 전리품처럼 보이는 까닭은 각 철학자들이 처한 시대적 공간적 지역적 상황이 제각기 다양하기 때문에 발생하는 운명적인 제약의 소치라고 인정해야 할 것이다. 각각의 상황이 그토록 다양하였으므로 그것은 철학사의 흐름을 발생시켰고, 또 동시대의 철학도 각축의 긴장관계를 유지하였다. 그러나 그것들이 철학으로 불릴 수 있는 사유라면 모두 진리라고 할 만하다.

김형효(2003 : 16-18)는 세 가지 진리의 대 범주를 사실성事實性, 현실성現實性, 그리고 이상성理想性으로 분류하여 제시하고 있다. 동서고금의 철학사를 구조적 유형으로 음미하면 결국 진리 자체가 아니고 하나의 어떤 진리전체 자체가 아니며, 하나의 어떤 전체로서의 모든 선철先哲의 사유는 사실성의 진리, 현실성의 진리, 그리고 이상성의 진리 중에서 선택적으로 어느 것을 자득하려는 그런 구도求道의 과정인 것처럼 보인다. 즉 철학사는 상기의 세 가지 대범주들이 서로서로 선택적으로 순환해 나가든지, 아니면 서로 유기체로서 병립하기도 하는 그런 역사의 흐름인 것으로 보인다.

이경명(1990 : 186)은 『철학적 무예인의 길』이라는 저서에서 태권도에 입문하게 되면 예시예종礼始礼終의 정신바탕에서 기본동작을 익히게 되고, 다음으로 태극품새를 수련한다고 주장하였다. 이런 내용들은 여러 학자들에게 검증을 통하여 수련생 지침으로 사용이 가능할 것으로 보인다. 또한 이창후(2000a : 39-42)는 태권도철학의 조건으로서 정체성 조건, 포괄성 조건, 생산성 조건 등을 제시하고, 이상의 세 조건을 모두 갖추기는 어렵겠지만 소극적인 입장에서는 최소 2가지 조건만 갖추어도 충분히 괜찮은 이론으로서 성립할 수 있다고 주장하였다. 이처럼 지속적인 연구자의 시도와 노력이 태권도철학의 정체성확보에 일익을 담당하게 될 것이다. 이를 위한 세부적인 개념과 확보방안을 자세히 살펴볼 필요가 있다.

1) 태권도정신

무술은 어떠한 형태이든 그 행위의 근저에는 사상적 근원과 문화적 배경을 갖추고 있다. 그럼으로써 유구한 전통성과 체계적 틀을 지니는 무술로 성립될 수 있는 것이다. 또한 사상적 근원과 문화적 배경은 무술

행위의 바람직한 지표와 이념을 표방할 수 있어 수련자에게 사상을 불어넣고 사회에 대한 존재 가치증대를 기대할 수 있다. 동양인에게 있어 신체와 정신은 하나이며, 이는 분리된 것으로 간주할 수 없었는데, 그것은 인간의 본성, 움직임의 본질은 단일하고 전체적이라는 동양적 사고체계에 기인한 것이다. 따라서 중국과 일본 등의 다른 무술들과 경쟁적 위치에 있는 태권도도 한국을 대표할 수 있는 무술로서의 역사성과 사상적 기반을 확립하고자 하는 과제가 필연적으로 대두될 수밖에 없었다(안용규, 2000 : 65-66). 이처럼 태권도정신의 확립은 주체성과 전통성의 확보라는 측면에서 필요한 과제이다.

태권도도 이러한 맥락에서 정신론의 확립을 도모해 왔으며, 더욱이 중국, 일본의 여러 무술과 사상적 기반의 구축에 대한 과제가 필연적으로 대두될 수밖에 없었다. 그럼에도 불구하고 태권도계는 조직기관의 정비, 경기의 활성화 및 세계화, 기술체계 재구성 등의 현실적 당면과제에 급급하다가 최근에 와서야 공인교본과 지도자 및 심판교육용 관련 지식의 필요성에 따라 정신론이 제기되는 듯하다(곽정현, 1998 : 24). D. Hume의 견해에 의하면, 행동 당사자의 판단이 행동의 도덕적 가치를 결정한다는 것이다. 그는 모든 행동에서 세 가지의 서로 다른 요소를 구분했다. 행동하는 사람 자신이 있으며, 그 모든 행동의 수신자가 있고, 이 행위의 관찰자가 있다고 하였다. 그리고 행위가 도덕적인지 아닌지를 결정하는 것은 당사자들이다. 그는 판단의 기초로서 미덕의 네 가지 범주를 선의, 겸손, 인간애, 관용, 공명정대, 신의, 정직 등 타인에게 유용한 특질, 근면, 인내, 끈기 등 행위자 자신에게 유용한 특질, 유머감각, 기지, 청결 등 타인에게 본능적으로 좋게 받아들여지는 특질, 낙관,

자신감, 자부심 등 자신에게 긍정적으로 느껴지는 특질 등(인성기 역, 2004 : 191)으로 구분하고 있다.

태권도는 예로 시작하여 예로 끝난다고 하는 예시예종礼始礼終을 으뜸으로 하고 있으며, 추한 언행을 삼가하고 태도를 명백히 하며 거짓은 말고 순간적인 기교를 부리지 말고 쓸데없이 많은 말을 하지 않고, 항상 누구에게나 예의를 표하도록 하는 것이다. 또한 충효정신을 바탕으로 건전한 정신, 고도의 기술과 함께 삶과 죽음을 초월하여 국가에 충성하고, 부모께 효도하는 정신을 기르도록 도와주는 것이다(곽정현, 1998 : 46).

국제태권도연맹 초대총재 최홍희

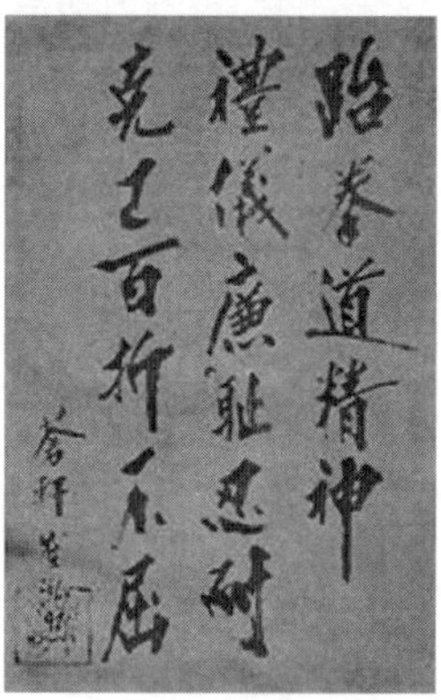

태권도정신

현재까지 태권도 관련기관에서 제시하는 태권도정신은 예의, 염치, 인내, 극기, 백절불굴 등이며, 이러한 정신은 태권도지도자들에게 활용되어져 왔음을 여러 문헌을 통해 알 수 있다. 최홍희(1983 : 15-17)의 저서 『태권도 백과사전』에 소개된 태권도정신은 『국기 태권도교본』국기원 편에도 수록되어 있는데 그 내용들을 요약하면 다음과 같다.

표 1. 태권도정신과 개념

태권도정신	정 의
예의禮儀	이는 인간이 지켜야 할 최고의 규범으로서 사람을 교화하는 수단이며, 또한 집단생활을 원활히 하기 위해 여러 성인 군자들이 정한 불문율이라 하겠다.
염치廉恥	옳고 그른 것을 판단할 줄 알아야 하며, 만약에 그릇된 일을 했을 때에는 비록 삼척동자나 하찮은 사람 앞이라도 스스로 부끄러움을 느껴 등골에 땀을 흘리는 양심을 말함.
인내忍耐	참는 것이 덕이요 또한 백번 참으면 그 가정이 평화스럽다는 옛말과 같이 참는 자에게 행복과 번영이 오는 것만은 사실이다. 고단자이건 완벽한 기술의 소유자이건 어떤 일을 달성하자면 먼저 목표를 설정한 다음 인내력을 가지고 끊임없이 그것을 향하여 매진함으로써 소원을 성취할 수 있다.
극기克己	도장 내외를 막론하고 자신을 억제한다는 것은 실로 중요한 문제이다. 가령 자유맞서기의 경우 어떠한 실수로 인하여 하급자나 동료로부터 맞았을 때 자신을 억제하지 못하고 감정으로 공격을 가한다면 그것은 곧 사고를 초래할 것이며, 또한 겸손하고 절제하며 분수에 맞는 생활을 하지 못하고 남의 것을 부러워하거나 허영심에 사로잡힌다면 무도인으로서의 위치를 잃게 되는 것이다.
백절불굴 百折不屈	올바른 태권도인이라면 평소에는 겸손하고 정직함은 물론이지만, 정의감에 입각한 사람이라면 그 상대가 누구이건 또한 그 숫자가 얼마든지 추호도 두려움이나 주저함이 없이 과감히 매진해야 하는 것이다.

최홍희에 의해 제정된 태권도정신인 '예의禮義' 와 '염치廉恥' 는 도덕교육적인 의미가 내포되어 있으며, 이는 사람이라면 마땅히 지녀야 할 기본심성이다. '인내忍耐', '극기克己', '백절불굴百折不屈' 은 수행修行으로써 인격도야를 위해 스스로 노력해야 얻을 수 있는 무도정신을 의미하는 것이다. 이러한 사상이나 이념을 기본원리로 하여 태권도정신이 정립되었다면, 태권도철학은 이러한 정신을 기본원리로 하여 품새의 의미나 철학이 완성되어야 할 것이다.

최홍희(1983)가 제정한 품새, 즉 틀*2의 내용은 주체인 사람은 만물의 지배자이며, 또한 모든 것을 자기의 뜻대로 결정하는 존재라는 주체철학적 사상, 다시 말하면 사람은 자연을 자기의사에 복종시키며 자기운명은 자기가 결정한다는 사상으로서 이는 배달민족의 상징인 백두산에 뿌리를 박은 것이다. 그리고 연무선은 백두산을 의미한 것이라고 주장하고 있다. 이처럼 최홍희의 틀에는 민족정신과 한국인의 사상이 포

북한태권도시범단 틀시연

*2 태권도의 품새를 뜻하며, 최홍희(국제태권도연맹)는 이를 '틀' 이라고 칭하였다.

함되어 있는 것이다. 이러한 과거의 태권도정신을 그대로 인정하는 것도 한 방법이긴 하나, 현대사회의 상황과 조화를 이룬 맥락적인 접근도 필요한 과제라고 볼 수 있다. 그리하여 결국 태권도정신의 명확한 정립은 국기원과 대한태권도협회가 연구하여야 할 숙명적 과제인 것이다.

사람의 본성에서 우러나오는 네 가지의 마음씨를 사단四端이라 부르는데 이는 맹자에서 유래한 것으로서 인仁, 의義, 예禮, 지智로 나눈다. 이러한 마음씨는 동양무도의 수행을 통해 내면적 세계를 바라보는 힘을 길러내는 지표로 삼아도 무방할 것이다.

> 세부적으로는 인仁에서 우러나오는 측은지심(惻隱之心 : 불쌍히 여겨 언짢아하는 마음), 의義에서 우러나오는 수오지심(羞惡之心 : 옳지 못함을 부끄러워하고 착하지 못함을 미워하는 마음), 예禮에서 우러나오는 사양지심(辭讓之心 : 겸손히 남에게 사양하는 마음), 지智에서 우러나오는 시비지심(是非之心 : 옳고 그름을 가릴 줄 아는 마음) 등으로 구분하고 있다.

이창후(2003c)는 태권도정신을 정립해야 할 때 네 가지 요소로서 "첫째, 태권도정신의 정립은 세계적인 보편성을 그 안에 담아야 한다. 둘째, 태권도정신의 정립은 한국적 문화의 장점을 살린 내용이어야 한다. 셋째, 태권도정신의 정립은 지나치게 많은 내용으로 구성되어서는 안된다. 넷째, 태권도정신의 정립은 태권도수련과 일치되어야 한다." 등으로 주장하고 있다. 또한 안용규(2000 : 65-68)도 태권도의 필요성은 태권도 역사정립과 함께 태권도 발전의 중심에 위치하며 그의 정립이 요청된다고 밝히면서 세 가지의 과제를 "첫째, 태권도계에서 공인된 정신의 요청에 부응하기 위해 필요하다. 둘째, 태권도정신은 태권도의 외연적 발전과 더불어 그를 이끌어 갈 수 있는 목표를 설정해 주며, 확고한 가치의 설정을 위해서 필요하다. 셋째, 태권도정신은 태권도교육에 있어서 근거를 제공하는 데 필요하다." 등을 제시하고 있다. 그러나 이를 실현하기 위한 과제는 아직까지 명확하지 못하다고 했다.

2) 강유론剛柔論과 삼재강유론三才剛柔論

강强과 유柔, 즉 강함과 부드러움은 운동의 양태나 사물의 속성, 또는 사람의 성격 등을 서술하는데 사용되고 있는데, 원래 강과 유는 풀과 나무가 싹을 띄우고 자라나면서 나타내는 상태에 대한 표현이라 한다(배영상 등, 2002 : 156). 이에 이승환(2006)은 태극권은 '부드러움柔' 을 추구하는 도가사상道家思想 특유의 요소를 강하게 지니고 있어서 '전기치유(傳氣致柔, 기를 전일하게 모아서 부드러움에 이름)' 와 '이유극강(以柔克剛, 부드러움으로 굳센 것을 이김)' 등의 수련방식을 통하여, 최종적으로는 정精 · 기氣 · 신神의 합일이라는 철학적 목표를 지향한다고 하였다.

최홍희가 창안한 창헌류의 틀에서 호흡법을 살펴보면 공격할 때는 숨을 뱉어 내면서 힘을 모으고, 방어할 때는 숨을 들어 마시면서 몸에 오는 충격을 완화시키려고 한다. 이것은 무도의 '강유론剛柔論' 에 적절하게 표현할 수 있는 방법으로 생각된다. 전통무예는 몸의 훈련이나 단련을 의미하는 것이 아니라, 몸과 마음을 닦아 참다운 인간이 되는 길임을 보여주고 있는 것이다.

또한 '숫자 3' 은 우리 겨레의 터전인 국토의 삼면이 바다이며, 삼천리 금수강산이고, 시조로 일컬어지고 있는 단군의 신화에 환인, 환웅, 환검의 삼신, 천부인 세 개 등 모든 부분에 깊이 관련돼 있어 한국인들에게 있어서 절대적인 성수聖數이다. 우리가 일상적으로 먹는 기본적인 간장, 된장, 고추장 등도 삼장이며, 아침, 점심, 저녁의 삼시 세 끼니로 먹고 사는 것과도 숫자 3과 숙명적인 인연이 있다. 이에 대해 김부찬(2006 : 257)은 원래 우리의 전통사상을 좀 더 자세히 구분한다면, 원圓 · 방方 · 각角으로 표현 할 수 있는데 원圓은 하늘, 방方은 사람, 각角은 땅을 뜻한다고 하였다. 이는 삼원사상을 나타내고 있으며, 삼재三才는 천天, 지地, 인人, 삼신三神은 환인, 환웅, 단군 등으로 설명하고 있다. 그리고 예만기(2006 : 49)는 삼원철학은 모든 만물이 하나에서 비롯되어 세 갈래 천天, 지地, 인人으로 나누어진다는 천부경天符經에 그 바탕을 둔 한국 고유의 조화철학을 말한다고 하였다.

유교에서는 '지 · 인 · 용' 을 삼달덕三達德이라 하여 강조하고 있으며, 도교에서는 '검 · 지 · 겸' 을 말한다. 즉 검소하고 자애로우며, 겸손할 것을 강조하고 있는 것으로 볼 수 있다. 불교에서는 '불 · 법 · 승' 이라 하여 이것 역시 세 가지 점을 강조하고 있다. '불' 이란 부처님을 말하는 것으로서 불교의 교육적 인간상을 말하고 있다. 불교에 있어서는 궁극적으로 모든 사람들이 도통 해탈하여 마침내 '부처님(불)' 이 되기를 기약하고 있는 것이다. '법' 이란 불교의 진리를 가리키는 말이다. 그리고 '승' 은 불교도의 집단인 '승가' 僧伽를 말하는 것이다. 이렇듯 불교에서는 '불 · 법 · 승' 의 세 가지를 강조하고 있다. 또한 기독교에서는 '신 · 망 · 애' 를 말하고 있다. 믿음 · 소망 · 사랑이 그것이다. 이와 같이 유교 · 도교 · 불교 · 기독교의 교리는 하나같이 '세 가지 이념' 을 강조하고 있음을 알 수가 있다. 이 '3의 철학' 을 잘 나타내는 형상이 무엇이겠는가? 사각형이겠는가? 아니다. 삼각형인 것이다. 그래서 인간 의식 세계의 구조를 삼각형으로 할까 하는 생각이 들기도 하였던 것이다(한기언, 2001 : 282).

숫자 3은 모든 운동 경기에서도 등위를 결정하는 기준으로 적용되고 있다. 스포츠의 제전인 올림픽의 공식표어는 '보다 빠르게, 보다 높게, 보다 강하게' 로 스포츠정신을 세 가지로 요약 강조하고 있고, 올림픽종목으로 정착된 '태권도' 명칭에서도 세계태권도연맹 규약에서 경기의 이상을 '빠르게, 강하게, 정확하게', 그리고 경기시간을 3분 3회전 등 3과 관련되고 있다. 특히 태권도에서 신체의 구분을 얼굴, 몸통, 아래 3등분으로 한 목표를 기본으로 하고 있고, 기술에서 막기, 지르기, 차기 등으로 분류되는 세 가지 기본기 등 3숫자와 궤를 같이 하고 있다. 한 동작의 구성은 서기, 손발에 의한 공방의 수행 및 집중력 등 '하나(한)' 로 집약된다(이경명, 2000 : 50-51).

또한 삼재란 무엇인가? 하늘 · 땅 · 사람을 가르켜서 '삼재' 라 한다. 그리고 강유란 무엇인가? 굳셈과 부드러움을 가르켜 '강유' 라 부른다(이창후, 2000a : 49). 강유剛柔는 타 무도에서도 많이 사용되는 개념이다. 삼재강유론을 간단히 설명해 보면, 태권도정신은 근본적으로 삶의 안쪽으로의 초월로 규정되고 이 과정에서 태권도인은 태권도를 수련하게 된다. 이 수련의 안쪽에서, 즉 수련자의 내면에서는 경敬의 정신으로 자신을 절제하고 이로 인하여 중용中庸을 지향한다. 이러한 수련은 그 외면에서는 곧 성실한 마음으로 바른 것을 추구하여 수신, 즉 자신을 갈고 닦음으로써 드러나는 것이다. 이를 토대로 태권도인의 마음은 옳지 않은 것에 대하여는 정의감義을 일으켜 이와 맞서 싸우며, 한편으로는 예법禮에 따라 모든 일을 행하여 세상과 다투는 일이 없도록 하는 것이다. 그리고 이러한 의義와 예禮의 마음을 조합하여 모든 일을 처리하며, 수련을 통하여 느껴지는 것을 가지고 철학을 정립해야 한다(이창후, 2003c : 85).

협회 제정형 중 태극 품새의 진행선은 괘의 형태와 유사하게 임금 왕王자 형태로 되어 있으나, 각 괘에 따르는 동양철학적 관점에서의 수 개념이나 진행의 방향이 무의미하다(안근아, 문원재, 안용규, 2001 : 51). 그러나 품새를 새로운 내용으로 변경하는 것은 많은 어려움이 동반될 것이다. 지도자들의 재교육과 철학적 바탕 없이 무의미한 동작으로 구성된 품새의 제작은 신중해야 하는 것이다. 물론 태권도나 가라테류의 품새가 갖는 보편적 가치와 장점들은 분명히 있으며, 이 품새 체계들이 다른 어떤 무술의 품새 체계들에 비해서 특별히 열등한 것도 아니다. 그러나 우리 품새가 역사적 맥락에서뿐만 아니라 현장의 기술적 요구라는 측면에서도 어차피 개량과 확장이 필요한 시점에 와 있다는 점을 생각할 때, 그 방향성의 설정이 역사문제와 밀접한 관련이 있다는 점을 재인식해야 할 것이다. 또한 우리 품새의 가라테적 요소에 대해 분명한 해석을 하지 않은 상태에서 또 다른 새로운 품새를 모색하는 것은 태권도철학의 정립에 있어 더욱 큰 혼란을 유발할 수 있다.

태권도철학이라는 말은 저자들에 따라 각기 다른 의미로 추상적으로 사용되고 있는데 스스로도 잘 설명이 되지 않는 불명확하면서도 겉만 화려한 글이 반복되어서는 안 될 것이다. 공허한 개념정의에 대한 비판도 있어야 하고, 그 비판을 통해서 태권도철학이 정립되어야 한다. 그리고 품새, 겨루기, 격파, 태권체조, 호신술 등은 각 영역의 장점들이 상호관계를 의식하면서 전체적인 소통을 통하여 문화적으로 책임지는 태권도철학이라는 대명제에 융합되어야 할 것이며, 눈앞의 이익보다는 태권도의 미래를 생각해야 할 때다.

2. 태권도의 정체성

태권도의 정체성을 확립하기 위해서는 과거사와의 이통理通을 익히면서 그것이 새로운 상황의 아픔을 치유할 수 있는가를 음미하고, 사유하고, 숙고하는 주체적 사유를 익혀야 한다. 그런 사유의 탐구는 한갖 우연히 선택하여 접하는 사람들의 태도와는 다르다. 태권도 정체성도 철학적 사유의 탐구 속에서 과거와 현재의 이통理通을 온고溫故하면서 그 철학과 진리를 시대화 · 자기화 · 세계화하는 구원적 변화를 통하여 나름대로 독특한 위치를 확보 할 수 있다. 과연 본질적인 주제영역의 탐구가 제대로 수행되어지고 있는가에 대한 회의가 많다.

모든 학문의 발전은 정체성에 대한 고민으로부터 시작했고, 그 정체성의 고민은 관심영역을 본질로 회귀시키려는 노력이었다. 따라서 태권도의 정체성에 대한 고민 없이 태권도의 세계화를 도모하는 것은 뿌리 없는 나무에 물을 주는 격이다. 이를 위해서는 우선 태권도계 3대 기구인 국기원, 세계태권도연맹, 대한태권도협회 등이 주체가 되고, 태권도계의 학자들로 구성된 학회나 태권도철학의 정립을 위한 조직체가 구성되어 이에 대한 논의가 본격적으로 이루어져야 할 것이다. 지금까지는 과학적이고 객관적인 시각보다는 민족주의를 내세운 감상적 시각이 앞서서 맹목적이고 국수주의의 틀을 벗어나고 있지 못하고 있는 경향이 농후하다. 태권도의 정체성 찾기에 대한 과정은 교육제도나 주변 환경을 탓하기 이전에 태권도와 관련된 모든 문제는 태권도인에게 있음을 전제로 태권도의 위기를 극복하기 위한 실마리는 현재성, 대중성, 주체성에서 찾아야 할 것이다.

소홍렬(2004 : 87)은 “철학은 고유의 인식론이 기존의 믿음을 비판하기 위한 것만이 아니라, 진리탐구라는 적극적 사유를 위한 것이기도 하다는 인식의 변화를 가져와야 한다. 진리를 지향하는 것이 인식론적 사유의 목표라는 뜻”이라고 하였다. 이는 태권도의 정체성은 경제적 의미의 시장 경쟁력이 아니라, 우리민족의 문화적 의미에서의 정체성으로 연결되어야 하는 것이 중요함을 의미하는 것이다. 태권도정신에 대한 제안은 예의, 염치, 인내, 극기, 백절불굴 등으로 요약되곤 한다. 이는 최홍희(1983)가 저술한 『태권도 백과사전』에서 발췌한 내용으로서 국기원이 펴낸 『국기태권도 교본』에도 수록되어 있는 내용들이다. 태권도정신이 시대에 동떨어진 내용이라면 과감히 수정하여 정신적 밑거름이 될 수 있는 태권도철학으로 승화시켜야 한다. 사상이나 이념을 기본원리로 하여 태권도정신이 정립되었다면, 다음은 이를 기본원리로 하여 태권도철학과 품새의 의미를 완성시켜야 하는 것이다. 끊임없는 학문적 연구와 토론, 보안작업을 병행하여 새로운 도약을 준비해야 한다.

탁석산(2000b)은 변화, 지속, 동일함을 다루는 것이 정체성의 과제이고, 이는 전통적으로 형이상학의 문제라는 지적을 했다. 그에 의하면, 어떤 사물이 변화를 겪으면서도 여전히 그 사물로 인식되거나 존재할 수 있다면, 즉 우리가 변화된 사물을 변화를 겪기 전의 사물과 동일한 것으로 파악한다면 그것이 바로 전통적인 정체성의 문제인 것이다. 이러한 관점으로 태권도에 있어서 정체성의 문제는 '과거로부터 지금까지 태권도를 태권도로 인식하게 해 주는 것', '아무리 시대가 바뀌더라도 절대 변할 수 없는 태권도의 성질' 이 바로 그것이다.

이창후(2003c)는 태권도정신을 정립할 때 고려해야 할 요인으로 세계적인 보편성, 한국적 문화, 간결한 내용, 태권도수련과의 일치 등을 제시하였다. 또 이경명(1990 : 186)은 그의 저서 『철학적 무예인의 길』에서 태권도에 입문하게 되면 예시예종禮始禮終의 정신을 바탕으로 기본동작을 익혀야 한다고 주장하였다. 이러한 내용들은 학자들의 검증을 통하여 수련생의 행동지침 또는 윤리강령으로 이용할 수 있을 것으로 본다. 탁석산(2000b : 17)은 한국의 정체성을 판단하는 기준으로 현재성, 대중성, 주체성 등을 제안하였다. 이 장에서는 태권도정신에 대한 재정립이 필요한 시점에서 그가 제안한 현재성, 대중성, 주체성의 정신을 태권도에 결합하여 태권도의 정체성을 찾아보고자 한다.

1) 현재성 : 포용

탁석산(2000b : 103)은 정체성은 개성이고, 개성은 고유성과 창의성의 합이라고 본다면, 고유성과 창의성 판단의 기준을 마련하는 것은 곧 정체성 판단의 기준을 마련하는 것과 같다고 하면서, 고유성의 기준과 고유성 판단의 기준은 다르다고 하였다. 그것은 척도의 기준이 '자' 인 것과 '자의 기준' 이 서로 다른 것과 마찬가지다. 길이가 얼마인가를 재는 기준은 자가 될 수 있지만, 좋은 자의 기준이 무엇인가는 전혀 다른 문제라고 했다. 이는 정체성의 판단기준이 현재성에 있음을 의미하는 말이라고 볼 수 있다.

우리 민족 고유무예인 태권도는 지금의 형태로는 영원히 존재할 수 없을 것 같다. 어쩌면 태권도는 우리민족이 행하는 무예에 붙은 고유명사라고 보는 것이 더 맞을 수도 있다. 전통적 방식으로 존재해 왔든 아니든 우리 민족 고유무예를 현대화의 물결 속에서 스포츠화 시키는 데 성공했고, 시대의 흐름에 따라 변화되어야 쇄신하는 무도로 영존할 것이다. 이러한 쇄신의 주체가 우리민족이라고 하는 데에 누구도 이의를 제기할 수 없다면 가라테의 아류라는 말은 더 이상 하지 말아야 한다.

씨름과 유사한 몽골의 '버흐бөх 또는 부흐Buh' 와 일본의 '스모Sumo, 相撲', 한국의 '씨름' 과는 어떠한 관계가 있을까? 일본씨름이 역사적으로 백제로부터 전해져 지금의 '스모' 로 발전하였다면, 현재 우리의 '씨름' 은 어디서 발생하여 어떻게 변화했단 말인가? '씨름' 과 '스모' 의 문제는 고유성과 정체성을 바탕으로 논의되어야 한다. 우리 문화가 중국으로 전파되었든, 일본으로 전파되었든 그 나라의 문화로 성숙되었다면, 그 고유성과 정체성은 인정해야 하는 것이다. 이는 태권도의 정체성 문제의 탐색에 있어서도 예외가 될 수 없다. 이에 대해 깊은 전통성은 없지만 현재 한국에서 널리 사용하고 있는 것이 있다면 이것을 한국의 것이라고 할 수 있을까? 이는 바로 창조적 수용에 대한 물음이다. 이 또한 어느 정도의 역사성을 가지고 있고, 현재 한국에 모든 사람들이 사용을 하고 있으며, 앞으로도 한국사회에서 통용될 수 있다면 한국의 것으로 인정되어야 한다. 문명의 발달로 급변하는 문화의 주기가 점점 빨라지는 현실에서는 더욱 인정할 수밖에 없다.

안근아 등(2001 : 51)은 태극 품새 제작의 방향은 철학적 의미가 내재되어 있는 품새, 태권도의 기술체계 모두를 공유할 수 있는 품새, 급별 난이도와 동작수가 괘의 특성과 의미에 어울리는 품새, 타 무술의 장점을 수용한 한국적인 품새이어야 한다고 하였다. 이러한 면에서 보면, 품새에서 나타난 발차기와 겨루기에서 사용하는 다양한 발차기가 기초동작으로 이루어진 품새에는 거의 등장하지 않는 것은 큰 문제점이 아닐 수 없다. 경기위주로 태권도가 발전하여 무도의 본질을 무시한 채 메달 경쟁에만 집착해 품새와 겨루기가 이원적 성향을 나타내고 있는 점도 정체성이 상실되는 요인이 될 수 있다.

그럼에도 불구하고 품새의 내용을 개편하거나 보완하는 작업은 신중을 기해야 할 문제이다. 지도자에 대한 재교육과 정립된 철학을 기저로 시도되어야 하기 때문이다. 태권도는 물론 가라테류의 품새도 보편성과 장점을 갖추고 있으며, 이들의 품새 체계가 다른 무술에 비해서 열등한 것도 아니다. 우리 품새가 기술적 측면에서 개량과 확장이 필요한 시점이라고 하더라도 그 방향성의 설정이 역사적 맥락과 밀접한 관련이 있다는 점을 인식해야 한다. 또 우리 품새의 가라테적 요소에 대한 정립된 관점 없이 변화만 추구하면 결국 새로운 품새도 여전히 그 틀 속에서 크게 벗어나지 못할 위험이 있다. 품새, 겨루기, 태권체조, 호신술 등은 각 영역의 장점들이 상호관계를 의식하면서 전체적인 조화의 관계를 찾아가야 한다. 이는 태권도철학이 되기 위한 조건으로 볼 수 있을 것이다.

이와 함께 태권도의 정체성 탐구를 위해 전제되어야 할 점은 태권도계의 부족한 부분에 대한 반성과 비판이 따라야 한다는 것이다. 이는 과거의 현상이나 사태를 고찰의 주 대상으로 하려함이 아니라 해석과 변화의 바람이 현대적 감각을 강조하는 현재성에 기반하여 도모되어야 그 생명을 연장할 수 있음을 의미하는 것이다. 즉 태권도의 정체성에 대한 논의는 현재와 과거 간의 소통을 통하여 관련성을 찾는 데서 시작되어야 한다. 현실을 바라보면서 새로운 현실에 대비해야 하고, 시장경제의 요구에 응하면서 새로운 시장경제에서의 비전을 제시하여야 태권도의 정체성, 즉 무도성이 유지될 수 있을 것이다. 가라테를 비롯한 타 무도와의 융합을 도모하고, '전통무도' 와 '경기화' 라고 하는 이원적 사태를 현실로 수용하는 태도가 현재성에 입각한 태권도의 정체성 찾기라고 볼 수 있다.

2) 대중성 : 技

탁석산(2000b : 107)은 "현재성만으로는 정체성을 판단할 수 없다. 왜냐하면 현재의 것에는 여러 가지 종류가 있으므로 어떤 조건이 추가되어야 하기 때문이다. 대중성이 그 다른 조건 중 하나가 된다." 고 하였다. 대중성은 대중 속에 풍부하게 잠재되어 있어 만인이 공감하는 정서를 대변할 수 있어야 한다. 지식이나 문화는 이러한 대중성을 획득함으로써 생명력을 얻게 되는 것이고, 이는 존재에 대한 본질적인 가치를 획득하게 되는 것이다. 예를 들면 고유 한복이 생활과 더불어 변하지 않았을 때 한복자체는 소멸되었을 것이다. 현재는 다변화되어 개량한복으로 변화했다. 이러한 모습을 생각하면서 태권도의 정체성은 과거의 역사와 문화를 되돌아보고, 미래에 어떻게 살아야 하는지에 대한 가능성을 과

공중연속 앞차기

거에서 찾아 실현시키려는 노력은 대중성에서 출발해야 한다는 것이다.

나영일(2006 : 7)은 민속경기와 전통무예라는 신체문화를 후손들에게 물려주기 위해서는 옛날 그대로의 모습으로 고착화되어서는 곤란할 것이라고 하였다. 현재의 민속경기와 전통무예에 대한 비판정신이 상실된 상태에서 전통문화를 보존하고 전수할 때 그것의 생명력은 상실될 수밖에 없다. 그런 의미에서 민속경기와 전통무예를 생활 속에 접목시키기 위한 방법과 노력이 필요하다고 하였다. 그러한 면에서 우리는 '과연 우리나라에 대중적인 것은 무엇인가' 라는 의문을 갖게 된다. 또 '태권도는 대중적인 것인가? 아니면 아동들에게만 태권도가 대중적인 것인가?' 하는 것도 문제가 된다. 그리고 '태권도장은 태권도가 존속할 수 있는 뿌리이며, 태권도 교육의 시원으로서 역할을 충실히 하고 있는가?' 도 의문이다.

이와 함께 '태권도장에서 수련하는 품새와 엘리트선수들의 승부겨루기 중 어느 것이 태권도의 정체성확보와 관련하여 우선적으로 고려되어야 할 대상인가?' , 또 '어느 것이 태권도의 대중화에 기여하고 있는가?' 하는 의문도 대두된다. 이와 관련하여 최홍희와 황기(수박도)는 태권도의 3대 요소를 품새, 겨루기, 격파 등으로 분류하면서 그 중 한 부분인 겨루기만으로 승부를 가리는 것은 잘못된 것이라고 주장하였다. 반면에 태권도의 세계화를 주장하는 측에서는 경기태권도를 통하여 대중화가 이루어졌다고 보고 있다. 품새가 더 비중 있다고 생각하는 태권도장의 수련생이 있는가 하면, 경기태권도가 더욱 한국적인 것으로 평가하는 학자도 있는 것이다.

그러나 분명한 것은 태권도의 정체성과 태권도계의 앞날을 위해서는 대중성이 확보되어야 한다는 점이다. 이는 스포츠와는 다른 동양적인 수련의 의미에서 스포츠화로의 전환은 동양무도 수련의 일부분만을 수용한다는 측면에서 단점으로 지적되지만, 시대가 변해가는 과정에 따른 스포츠의 특성을 접목시켜 합리화된 것이다. 일례로 유도는 동양무도 중 먼저 올림픽 정식종목으로 채택되었고(1964년 東京올림픽대회), 서구인들에게 이미 19세기말에 보급되기 시작한 종목인데도 국내 수련층 대부분은 학교팀과 실업팀이 전부이며, 우리 주변에 유도장을 찾기 힘든 이유는 도장운영의 어려움 때문이다. 지도자들이 도장개관을 회피하는 요인은 바로 대중성의 상실로 보아야 할 것이다.

경기화 된 태권도가 세계화에 큰 역할을 하였고, 발차기의 혁신을 가져온 것만은 사실이다. 그리하여 태권도는 세계의 대중화에는 성공했다고 볼 수 있으며, 이러한 풍토를 문화적으로 책임지는 태권도철학이 필요한 시기이다. 그러나 이의 정착을 위해서는 현재의 모습을 되돌아보는 논의가 있어야 한다. 시대의 변화에 따라 외형적으로는 많은 변화를 가져 왔지만 내실을 다지는 데는 성공했다고 보기 어려운 점이 있는 것이다. 태권도동작과 에어로빅댄스가 융합되어 '태권무', '태권체조' 등이 개발되었으나, 이론적 배경이 미약한 것 같다. 또한 품새 대회가 생기면서 일반 품새와 '창작 품새' 등에 많은 변화가 왔으나, 품새와 체조에 공감대를 형성할 수 있는 제도의 구축에는 태권도인의 자발적 참여가 부족한 현실이다.

1983년에 경희대학교에 태권도학과가 개설된 후 여러 대학이 우후죽순 격으로 태권도학과를 신설하였으나, 2007년 현재 관련학회는 없는 실정이며, 태권도지도자연수원도 현재의 방식으로 교육을 수행해서는 태권도의 미래가 밝다고 보기는 어려울 것 같다. 송복(2004 : 31)은 "학문의 세계에서 응용학문은 기초학문 없이 만들어질 수는 없다. 만들어 질 수 없을 뿐 아니라, 발전할 수도 없다."고 하였다. 그러한 면에서 보면 태권도라고 하는 응용분야가 발전하기 위해서는 국기원 · 세계태권도연맹 · 대한태권도협회 등에서 기초학문적 영역을 개척해 나가는 노력이 있어야 함에도 불구하고, 현실적으로 어느 기관도 태권도학 혹은 태권도교육에 대한 지침이 없거나 부실한 것은 태권도의 대중화를 위한 수련체계의 정립에 있어 큰 허점이 아닐 수 없다.

또한 배움이 과거지향적인 '온고溫故'이고, 사유가 미래지향적인 '지신知新'이라 한다면, 배움을 심화시키는 계기로서의 물음은 과거지향적인 물음이고, 사유를 심화시키는 계기로서의 물음은 미래지향적인 물음이다. 과거지향적인 물음은 우리에게 주어진 문화적 전통에 대한 물음으로서 그것을 더 잘 익히고자 하는 데서 비롯되며, 미래지향적인 물음은 변해가는 삶의 상황 속에서 끊임없이 출현하는 새로운 것에 대한 물음으로서 그것을 더 잘 이해하고자 하는 데서 비롯된다(한형조,

2003 : 98). 따라서 국기원은 교육목표를 확고히 수립하고 정체성을 지닌 태권도문화를 창출하는데 예산과 노력을 투입해야 할 것이다. 또 대학의 태권도학과 교수, 대학태권도연맹, 태권도 지도층(국기원 · 세계태권도연맹 · 대한태권도협회) 등이 참여하는 대화와 토론의 장을 마련하여야 할 것이다. 이를 위해서는 태권도의 철학적 토대가 마련이 되어야 하고, 전통적인 무예의 문화적 보존과 육성이 필요한 시기이다.

태권도의 대중화는 '경기화' 가 그 기반이 될 수 있다. '수련으로서의 태권도' 가 일선도장을 중심으로 수련인의 확대로 대중화에 기여한다면, '경기로서의 태권도' 는 볼거리 제공이라는 홍보효과에 의해 태권도의 대중화에 기여하게 된다. 그러나 대중화의 폭을 고려할 때, 태권도의 대중화는 화려한 기술을 축으로 하는 '경기로서의 태권도' 에서 찾는 것이 보다 합당할 것이다.

3) 주체성 : 道

탁석산(2000b : 111)은 현재성과 대중성 외에 고유성과 창의성에 대한 판단의 기준이 하나 더 있다면, 그것은 주체성이라고 했다. 그러면 주체성은 무슨 뜻인가? 그것은 표면적 현상이 아닌 현상을 대하는 태도를 말한다고 하였다. 고유성을 잃지 않으면서 창의성을 찾으라는 의미는 외국문화의 수용 시 그대로 수용할 것인가? 아니면 창조적 수용을 할 것인가? 하는 문제라고 볼 수 있다. 이는 태권도가 가라테에서 유입된 후 변형되어 창조적으로 발전된 것이라는 주장이 사실이라면, 이를 우리 것이라 할 수 있는가라는 문제로 이어진다. 그러나 주체성에 대한 이해는 쉽지 않다. 비록 눈에 보이는 객관적 사물을 통해 주체를 표현하고 있는 미술이나 음악, 시 등의 작품을 통해 창조자가 전하고자 하는 주체가 사물을 통해 쉽게 파악되지 않기 때문이다. 따라서 주체성에 대한 판단을 쉽게 내리지 못하는 것도 이러한 이유 때문이다.

태권도의 기원에 대해 '전통적 기원설', '가라테 유입설', '전통무도와 가라테 융합설' 등으로 분분하지만, 태권도가 우리나라에서 시작되어 전 세계에 전파된 사실만은 확실하다. 그렇다면 태권도의 주체성 문제는 우리가 해결해야 할 숙명적 과제이다. 그러므로 우리는 고유문화에 대한 주체성을 이어 나가는데 문제가 없는가를 점검해 보아야 한다. 또 민족의 주체성만을 강조하여 세계적으로 통용되는 용어를 지나치게 우리식 표현으로 변경하여 사용하는 경우는 없는가도 반성해 보아야 할 것이다. 태권도 용어의 선정이나 사용은 정체성 확보 문제로 이어지기 때문에 신중을 기해야 한다.

최홍희의 회고록(1998 : 15)에 의하면, 1961년에 대한태수도협회가 창립되었는데 이는 태권도의 '태'와 공수도의 '수'를 따서 '태수도'로 합의가 되어 협회가 창립된 것이다. 그 후 1965년에 대한태권도협회로 개칭되었다. '태권도'라고 하는 명칭이 탄생하기까지의 산고 외에 최근에는 '무도태권도', '경기태권도', '경기지도자 1세대' 등과 같은 무분별한 용어사용도 정체성에 혼란을 가중시키고 있다. 예를 들면 대학에 태권도학과가 설립되면 당연하게 품새 전공, 겨루기 전공, 격파 전공 등으로 분류할 가능성이 있으나 이러한 방식이 정당한 것인가에 대한 논의가 병행되어야 할 것이다. 그러한 식으로 분화가 이루어지면 '태권도'라고 하는 원조식 표현은 소멸될 수밖에 없다.

소홍렬(2004 : 65)은 “마음을 빼앗기는 체험은 긍정적인 의미를 갖지만, 영혼을 빼앗긴다는 것은 주체성을 상실하거나 자율성을 잃어버리는 부정적 의미를 갖는다. 자아의 상실을 뜻하는 부정적 의미를 갖는다.”고 주장하였다. 이러한 관점에서 보면, ‘태권도’의 표기는 ‘跆拳道’, ‘TAEKWONDO’ 보다는 한글의 ‘태권도’가 바람직한 방법이 될 수 있으며, 이는 태권도의 주체성 확립과 관련되는 문제이다. 순수한 ‘우리말’의 사용은 우리 민족에게 큰 의미가 있는 것이다. 세계태권도연맹에서 사용하고 있는 품새, 겨루기, 격파 등의 용어를 국제태권도연맹에서는 틀, 맞서기, 모범맞서기, 위력 등의 용어로 사용하고 있다. 어느 용어가 주체성 확보로 이어질 수 있는가를 검토해 보아야 할 단계가 아닌가 한다. 태권도는 우리민족의 문화로서 무한한 발전 가능성을 지닌 무형의 재산이다. 태권도의 정체성과 관련한 용어정립, 경기규정개정 등은 현재성, 대중성, 주체성이라고 하는 요인을 근간으로 하여 논의를 진행하는 것이 한 방안이 될 수 있을 것이다.

‘경기로서의 태권도’는 승패를 가르는 스포츠로서의 태권도를 지향

제16회 아시아선수권대회
얼굴공격 장면

하지 않을 수 없기 때문에 기술의 발달, 즉 「技」가 가장 중요한 요인이다. 그러나 일선도장을 중심으로 한 '수련으로서의 태권도'는 전통무도로서의 태권도, 즉 「道」를 근간으로 하고 있다. 인간교육, 즉 교육성을 기반으로 하지 않을 수 없기 때문이다. 그리하여 태권도의 정체성 찾기 요인 중 '주체성' 문제는 '수련으로서의 태권도'와 더욱 깊게 관련된다고 본다. 그러나 더욱 중요한 것은 경기를 기반으로 하는 '대중성'과 전통무도의 맥을 소중한 것으로 보는 '주체성'은 양자택일의 문제가 아니라, 포용과 공존의 틀로 해석되어야 할 문제라는 점이다. 양자간의 끊임없는 조화는 태권도의 정체성 찾기 그 자체이다.

맺는말

태권도철학과 태권도의 정체성에 대한 논란은 여전히 풀기 어려운 난제이지만, 이에 대한 의문을 하나씩 풀어내는 노력은 태권도인, 나아가 체육학자들의 숙명적인 과제가 아닐 수 없다. 이처럼 우리 민족의 정신이 담겨 있는 태권도는 우리가 지켜가야 할 우리의 문화유산인 것이다. 따라서 이 장에서는 사회환경에 따라 변화하는 태권도의 위치와 정체성을 살펴보고, 태권도의 세계화 과정과 그에 따른 문제를 찾아 해결하는데 중점을 두었다.

이를 근거로 태권도철학은 태권도정신을 체계화하고 교육적 의미를 제공해주는 근거가 될 수 있으며, 태권도의 목표와 가치를 실현할 수 있는 배경이 된다. 이는 오늘날 태권도장의 위기와 교육방법의 한계를 극복할 수 있는 중요한 방법으로 인식될 수 있다. 또한 태권도교육의 이론적 토대가 될 수 있으며, 태권도의 부족한 전통성을 보완해주고 교육적 기능을 더욱 확대시킬 수 있는 토대가 될 수 있으며, 신체교육, 정신교육 등의 근거를 명확하게 설명해 줄 수 있을 것이다. 나아가 태권도철학은 태권도의 기술적인 측면을 상징화할 수 있을 것이다. 즉 태권도의 기술에 의미를 부여할 수 있는 기초자료가 될 수 있다는 것으로서 중요한 역할을 담당할 수 있다는 것이다. 이처럼 태권도철학은 태권도의 미래를 보장해 줄 수 있으며, 태권도의 정신세계를 확고하게 정립할 수 있고, 나아갈 방향을 제시함으로써 현재의 부작용을 최소화하고 수정해 나가는 기준으로서의 역할을 담당할 것이다.

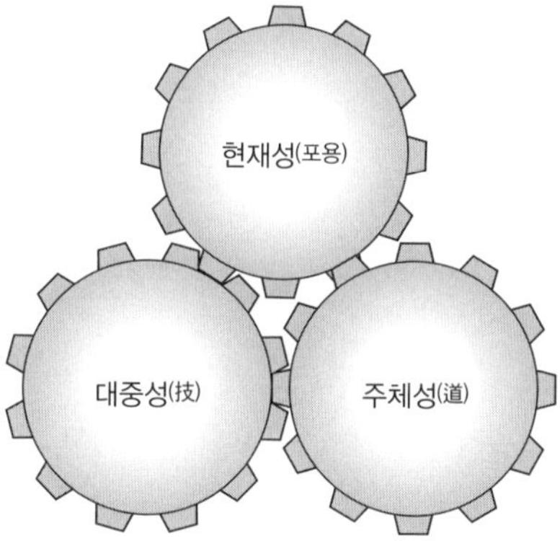

태권도 정체성의 판단 기준

태권도의 정체성과 관련하여서는 세 요인으로 접근되었는데, 먼저 '현재성'은 가라테를 비롯한 타 무도와의 융합을 도모하고, 전통무도와 경기화라고 하는 이원적 사태를 현실로 수용하는 태도에 의한 태권도의 정체성 찾기라고 볼 수 있다. 그리고 '대중성' 은 태권도의 대중화는 폭에 있어 경기화가 그 기반이 될 수 있다고 본다. 수련으로서의 태권도가 일선도장을 중심으로 수련인의 확대로 대중화에 기여한다면, 경기로서의 태권도는 스포츠화와 볼거리 제공이라는 홍보효과에 의해 태권도의 대중화에 기여하게 되는 것이다. 또한 '주체성' 은 경기로서의 태권도는 기술의 발달, 즉「技」가 가장 중요한 수단이나, 수련으로서의 태권도는 전통무도로서의 태권도, 즉「道」를 근간으로 하고 있어 '주체성' 문제는 수련으로서의 태권도와 더욱 깊게 관련된다고 본다. 결론적으로 태권도의 정체성을 확립하는데 있어서 가장 중요한 과제는 경기를 기반으로 하는 '대중성' 과 전통무도의 맥을 소중한 것으로 보는 '주체성' 은 양자택일의 문제가 아니라, 포용과 공존의 틀로 해석되어 접근되어야 한다는 점이다.

●참고문헌

곽정현(1998). *태권도정신의 철학적 정립을 위한연구*. 미간행 석사학위논문. 경희대학교 대학원.

김부찬(2005). 한국 전통무예 철학으로서 '무도(武道)' 에 대한 고찰. *한국스포츠리서치*, 16(2), 927-936.

김영선(1995). 태권도 정신론 정립을 위한 모색. *대한태권도협회 계간지*.

김용옥(1990). *태권도철학의 구성원리*. 서울 : 통나무.

김형효(2003). 한국 철학을 위한 자유평론. *정신문화연구*, 26(2), 3-29.

나영일(2006, February 25). 민속경기와 전통무예, 대중 속에서 생활화되어야. *국민생활체육*. 6-7.

배영상, 송형석, 이규형(2002). *오늘에 다시 보는 태권도*. 서울 : 이문출판사.

소홍렬(2004). *누가 철학을 할 것인가*. 서울: 이화여자대학교출판부.

송　복(2004). 우리는 살아남을 수 있을까? : 국가정체성 위기와 人文學의 정립. *한국논단*, 24-35.

송형석(2003). '무도' 의 개념에 관한 연구. *한국사회체육학회지*, 20, 119-136.

안근아, 문원재, 안용규(2001). *태권도 태극 품새의 문제점과 제작 방향*. 한국체육철학회 춘계학술대회논문집, 45-58.

안드레아스 드로스테크 지음, 인성기 역(2004). *철학자, 경영을 말하다*. 서울 : 을유문화사.

안용규(2000). *태권도 역사 정신 철학*. 서울 : 도서출판 21세기 교육사.

양진방(1997). 태권도 사관정립과 태권도 정신 도출을 위한 세미나 발표문.

예만기(2006). *한국인의 정체성에 관한 연구*. 미간행 석사학위논문. 국제평화대학원대학교.

이경명(1990). *철학적 무예인의 길*. 부산 : 비전.

이경명(2000). *태권도의 바른 이해*. 서울 : 도서출판 상아기획.

이승환(2006). *무예수련의 수양론적 의미*. 한국체육철학회 추계학술대회논문집, 1-9.

이창후(2000). *태권도의 철학적 원리*. 서울 지성사.

이창후(2003a). *태권도 교류 확대와 태권도 철학의 발전 방향*. 제5차 태권도세계화포럼.

이창후(2003b). *태권도의 삼재강유론*. 서울 : 도서출판 상아기획.

이창후(2003c). *태권도의 현대사와 새로운 논쟁들*. 서울 : 도서출판 상아기획,

정연택(2002). *태권도 활성화 방안에 관한 연구*. 미간행 석사학위논문. 세종대학교 교육대학원.

최홍희(1983). *태권도 백과사전*. 조선 · 평양 · 외국문 종합출판사 인쇄공장.

최홍희(1998). *태권도와 나 2*. 서울 : 다움.

탁석산(2000a). *한국의 주체성*. 서울 : 책세상.

탁석산(2000b). *한국의 정체성*. 서울 : 책세상.

탁석산(2003). *철학을 읽어주는 남자*. 서울 : 명진출판사.

탁석산(2004a). *오류를 알면 논리가 보인다*. 서울 : 책세상.

탁석산(2004b). *한국의 민족주의를 말한다*. 서울 : (주)웅진닷컴.

한기언(2001). *21세기 한국의 교육학*. 파주 : 한국학술정보(주)

한형조(2003). 途上의 思惟로서의 한국철학. *정신문화연구*, 26(2), 81-109.

Andreas, D. 인성기 역(2004). *철학자, 경영을 말하다*. 서울 : 을유문화사

*위 내용은 김기홍 · 김동규의 논문 "태권도의 기원과 정체성 탐색"(움직임의 철학 : 한국체육철학회지. 제13권 2호)의 일부분을 수정 보완한 것임.

04 체육 및 태권도 진흥정책

군인정신이 가미된

체육행정 · 정책의 성향은 투철한 충성심이 기반이 되었으며, 그리하여 태권도는 전통문화의 우수성과 민족의 자주성을 살릴 수 있다는 전제하에서 군사문화시절에는 적극적으로 지원되었다. 그 후 태권도는 '86 아시안게임 정식종목, '88 서울올림픽 시범종목으로 채택됨으로써 세계화에 초석이 되었다. 문민 국민 참여정부는 올림픽 정식종목의 채택을 기반으로 하여 '햇볕정책'으로 불리는 대북포용 정책의 일환으로 남 북한 태권도 시범단의 상호방문을 성사시켰고, 부산아시아게임 및 대구유니버시아드대회에 북한선수단과 응원단의 참가를 이끌어 내었다. 국책사업으로 추진하던 태권도공원 부지를 '무주'로 선정하기도 하였다.

04

1970년대 이후 한국은 정치 · 경제 · 문화 등 전 분야에 걸쳐 급격한 성장을 이루었으며, 스포츠에 있어서도 괄목할 만한 성과를 이룩하였다. 특히 올림픽종목으로 선정된 태권도는 전 세계인의 스포츠로 깊게 각인되어 한국의 전통문화를 세계인에게 자연스럽게 소개할 수 있는 기회를 가짐으로써 국가홍보 역할을 수행하고 있다. 이러한 배경으로서 제5공화국 전두환 정부의 체육정책이 직접적인 공헌을 했다면, 그 기저에 제3공화국 박정희정부의 체육정책이 깔려 있다고 볼 수 있다.

체육정책은 국가목표와 지도자의 의지에 따라 입안된다. 따라서 체육정책도 국가가 내세우는 다른 정책과 동일한 모양의 유기적인 형태로 짜 맞추어져 있고, 그 나라의 역사 · 정치 · 경제 · 문화 · 사회적인 형성과정의 배경에 따라 다양하게 강화되어져 왔다(김종희, 1999 : 43). 국가는 자주 스포츠를 정치에 이용하기도 하는데 이는 국가가 의도적으로 정치효과를 도모하는 경우, 국가의 체제를 구제하기 위한 목적의 경우, 체제 우월성의 과시를 위한 국제 정치적 목적의 경우 등이 주류를 이루고 있으며, 상황에 따라서는 비정치단체가 의도하지 않았어도 결과적으로 국제적인 영향을 미치는 수도 있다(모창배, 1990 : 125).

이 장에서는 국가체육정책 중 박정희 · 전두환 정부의 태권도 정책을 탐색하려고 한다. 전통 무도의 발명이라는 태권도 진흥정책에 대한 박정희 및 전두환 정부의 역할과 태권도 진흥정책의 결과는 어떻게 발현되고 있는가 하는 점에 논의의 초점이 맞추어져 있다. 또 부정적 시각이 있다면 그것은 무엇이며, 그의 해결점은 어디에서 찾을 것인가 하는 데에도 논의의 동기가 있다. 이러한 작업은 태권도 종주국으로서의 면모를 다지는 일이기도 하고, 한편에서 보면 한국의 체육정책에 대한 반성적 자각이 될 수도 있을 것이다. 태권도사와 그 배경에 대한 논란은 여전히 풀기 어려운 난제이지만 태권도사에 대한 의문을 하나씩 풀어 나가는 노력은 태권도인, 나아가 체육인들의 숙명적 과제가 아닐 수 없다.

'체력은 국력' 이라는 슬로건과 함께 '88 서울올림픽의 유치, 그리고 태권도 세계화를 위한 시범단 파견, 세계태권도연맹 창설, 한국전통무도의 단일화와 용어정리 등이 강력한 국가주의 체육정책의 예라고 볼 수 있다. 따라서 이 장에서는 박정희 · 전두환 정부가 구사한 강력한 중앙집권체제 하의 체육정책의 특성을 확인하고, 다음으로 태권도와 관련된 진흥정책을 살펴보고자 한다. 이는 박정희 · 전두환 정부의 태권도 진흥정책의 장단점을 파악하고, 향후 태권도의 발전을 이끄는 지향점이 탐색되는 작업으로 이어질 것이다.

1. 군사정부 시대

1) 박정희 정부

박정희 정부는 '체력은 국력' 이라는 슬로건을 내걸고 이전의 체제들과 달리 국가 주도로 스포츠제도의 정비와 사업을 시행하였다.

(1) 체육관련 법률의 제정 및 엘리트스포츠의 강화

제3공화국 박정희 정부에서 시도된 체육행정제도의 강화는 오늘날에 있어서도 시금석이 되고 있다. 체육행정제도와 관련하여 당시 이루어진 정부조직의 기능강화로는 체육행정 조직의 정비, 체육행정 관련 부서의 주요 기능으로서 민간조직 기능강화와 민간체육단체에 대한 예산지원, 그리고 민간체육단체의 활성화 등이 거론될 수 있다.

첫 번째 체육정책으로서 박정희 정부는 1961년 8월12일 법률 제681호로 중 · 고등학교 및 대학의 입학에 관한 임시조치법을 제정하여 입학시험에 체능검사를 시행 배정함으로써 교육과정에 체육을 삽입하여 전인교육의 효과를 높이는 계기를 마련하였다. 이의 시행을 위한 체육행정 강화방안으로서 정부는 10월 12일 이전까지 문교부 '문화국 체육과' 에 소속되어 있던 체육행정을 '체육국' 으로 승격 독립시켜 체육국 내에 '국민체육과' 와 '학교체육과' 를 두는 조치를 취함으로써 체육행정체계가 확장되고 강화되었다. 그리고 1962년 9월 17일에는 국민 체위향상體位向上과 국민체육진흥정책의 법률적 뒷받침을 위해 국민체육진흥법을 제정 · 공포하였다. 그 내용으로서 체육의 날과 체육주간 설정, 지방체육 진흥, 학교 및 직장체육 진흥, 직장 운동경기부 설치, 선수 보호 및 육성, 체육용구 생산장려 및 면세조치, 체육행사를 주관하는 지방자치단체에 대한 보조 등의 조항을 명시하였다.

청소년체육과 관련하여서는 특수체육활동을 장려 보급하기 위해 1963년 5월 31일 문교부 훈령 제118호로 특수체육관리위원회를 구성하여 체육 및 과학교사들에게 강습을 실시하여 학생들에게 지도하도록 지시하였다(김종탁, 1994).

— 제44회 전국체육대회 대통령 치사(1963년 10월 4일) —

혁명정부는 지난 2년 동안 제약된 시간과 여건 속에서 〈체육진흥법〉을 제정 · 시행하고, 정부의 체육기구를 확대 강화하는 한편, 체육의 국제적 교류와 우수선수의 확보 등 실로 이 나라 체육진흥을 위하여 전례 없는 노력을 경주하였다(대통령비서실, 1973 : 539).

박정희 정부는 국위선양을 위해 국제경기에 출전하는 엘리트선수단에 대한 지원과 운영을 적극적으로 시행하였다. 1962년 10월부터 東京올림픽에 대한 대책으로 '우수선수육성훈련계획'을 준비하고, 1963년 1월 31일부터 1964년 9월 27일까지 대한체육회에서 우수선수 강화훈련단을 운영하여 제18회 東京올림픽대회에 출전시켰다. 이 대회는 224명의 선수단을 파견하여 이전의 대회와는 달리 사상 최대 인원이 참가하였다. 이는 북한에 대한 경쟁적 의미가 짙다고 볼 수 있다. 즉 북한과의 이데올로기 경쟁과 남한의 정체성을 위한 외교적 측면이 강하게 배여 있었던 것이다. 또한 박정희 정부는 한국이 주최가 되는 국제경기를 개최하였다. 그 중 1963년부터 시행된 박정희장군배 동남아 여자농구대회가 있다.

— 체육상시상식 대통령 치사(1963년 4월 25일) —

오늘 체육이 지닌바 의의와 맡은 바 그 사명은 … 국위를 선양하고 우리민족의 우월성과 역량과 의지를 해외만방에 과시한다는 점에서 체육은 국가적으로도 극히 중요한 분야라 말하지 않을 수 없습니다. 뿐만 아니라 국민체위는 국력의 강약에 직결됨은 물론, 국민의 건전성과 애국적 민족정신의 함양에도 크게 작용합니다(대통령비서실, 1973 : 417).

(2) 스포츠의 제도화 및 국위선양의 목표

박정희 정부의 체육정책에 있어서 민간 스포츠단체에 대한 방향에서도 민족주의적 성향이 짙게 드러나는데, 이는 체육정책에 있어서 국가개입이 강하게 작용하였다고 볼 수 있다. 1961년 체육회의 재건을 위해

국위를 선양한 태권도선수단 격려

수습위원 11명을 임명하고, 체육회의 정관개정을 시행하였으며, 체육회의 재정도 지원하였다(대한체육회, 1973). 또한 대한체육회장은 이미 해방 이후부터 유력한 인사들이 맡아 왔는데, 군사혁명 이후에도 혁명의 주역들이 역임하면서 적극적인 정책을 펼쳐나갔다. 즉 19대 회장에 김동하, 20대 회장에 이주일, 그리고 1964년부터 집권 공화당 국회의원 민관식이 맡아 한국체육의 적극적인 확장과 비약적인 발전을 도모하였다.

— 시립 장충체육관 개관 대통령 치사(1963년 2월 1일) —

더욱이 벅찬 혁명대업을 완수하기 위하여 온 국민이 한 덩어리가 되어 총 진군하고 있는 오늘날 이 나라의 국위를 온 세계에 과시해 온 스포츠한국이란 빛나는 전통을 길이 이어가기 위하여 체육인 여러분은 더욱 굳센 발걸음을 내디뎌 주기를 바라는 바입니다(대통령비서실, 1973 : 372).

박정희 정부의 체육에 대한 정책은 스포츠가 국위선양과 민족의 우월성을 세계에 과시할 수 있고, 건전한 국민성과 애국 · 애족의 민족정신 함양에 큰 역할을 할 수 있기 때문에 국가의 지원정책으로 중요한 부문으로서 인정하였다. 이는 19세기 유럽의 독일이나 스웨덴, 덴마크 등의 국가에서 일어난 스포츠내셔널리즘과 접근방식에 있어서는 차이가 있음에도 불구하고 그 방향과 목적에 있어서 일맥상통하는 조치라고 볼 수 있다. 이 같은 내용은 체육인들에게 올림픽과 같은 국제경기에서 개인의 명예보다 국위를 널리 만방에 선양하고 국가의 명예를 드높일 것(대통령비서실, 1973)을 강조하는 것이다. 뿐만 아니라 조국근대화라는 역사적 과업을 위해 체육인이 강건한 국민정신의 함양과 국민체위의 향상을 위해 노력할 것(대통령비서실, 1973 : 89)을 주문하는 정책이었다.

박정희는 국제스포츠대회, 즉 박정희장군배 쟁탈 동남아여자농구대회의 치사(1963년 2월 2일)를 통해 국제적 反共이데올로기를 주입하여 강한 한국의 민족주의 체육정책을 암시하였다.

> 오늘 반공 민주우방인 자유중국과 일본의 여자농구단 일행을 맞이하여 … 이 대회의 의의가 … 선수 여러분들이 이번에 맺었던 우정을 길이 간직하고, 또 여러분 국민에게도 널리 전파함으로써 반공 아세아의 정신적 유대강화에 더욱 기여해 주기를 본인은 기대하는 바입니다(대통령비서실, 1965 : 271).

(3) 스포츠정책의 전개

박정희 정부의 체육정책에서 무엇보다 중요시 한 것은 일관성이었다. 박정희는 국가 재건기와 조국 근대화기에 있어서 스포츠 진흥정책을 통해 국민들에게 강건한 정신력, 근면한 생활, 그리고 단결력과 인내력을 심어주려 했고, 국제대회의 우수한 성적을 통해 민족의 전통성과 자부심을 안겨주는 계기를 마련하여 조국근대화 작업의 기틀을 공고히 하려했다. 이와 관련한 박정희 정부의 체육진흥정책은 다음과 같이 정리할 수 있다.

① 엘리트스포츠 정책의 지원

박정희 정부는 제18회 東京올림픽, 제19회 멕시코올림픽, 제4 · 5회 아시아경기대회, 유니버시아드대회 등 국제대회의 대비훈련 및 참가에 많은 재정지원을 하였다. 이는 1965년부터 시작된 체육부흥을 위한 6개년 계획에 맞추어 진행된 시도였고, 1966년에는 우수선수들의 보다 집약적이고 조직적인 강화훈련을 위한 종합훈련장으로 태릉선수촌을 건립하였다. 비록 당시에는 선수숙소로밖에 이용될 수 없었지만, 이후 계속된 확장공사에 의해 체육관, 테니스장, 400m 육상트랙, 트레이닝장, 수영장, 스케이트장 등을 연속적으로 완공시켰다.

또한 박정희 정부는 국제체육대회에서 선수들을 독려하는 방편으로 1963년도부터 정부주도로 처음으로 체육상을 시상하였고, 1966년 2월 7일에는 체육지도자 및 선수에게 체육상을 수여할 수 있도록 국민체육진흥법 시행령을 개정하였으며, 11월 26일에는 '체육상' 시상규정을 제정 · 공포하였다. 그러나 규정상으로는 상장과 기타 부상을 수여하도록 되어 있었지만, 대상이 아마추어 선수였음에 의해 부상으로 금품을 수여하지는 않았다. 또한 정부의 전폭적인 지원으로 체육인들의 염원이던 새로운 체육회관을 1966년 6월 완공하였다.

② 학교체육의 활성화 및 체육단체의 통합

박정희 정부는 학생들의 체력을 증진시키기 위해 1967년 3월 30일 체격, 체질, 체능검사를 매년 정기적으로 시행토록 규정한 학교보건법을 제정 · 공포하였고, 1970년 1월 국민체위 향상과 체육인구의 저변확대 및 우수선수 양성을 위해 종합체육진흥심의위원회를 국무총리 소속으로 설치하였다. 8월 31일에는 사회체육국 산하에 소속되었던 '체육과' 를 국민체육과와 학교체육과로 구성된 '체육국' 으로 승격시켰다. 또한 체육회 소속이던 체육심사위원회를 국무총리 직속기관으로 개편하였다.

1966년 1월 박정희 정부는 체육정책의 일원화를 지시하여 대한체육회, 한국올림픽위원회KOC, 대한학교체육회로 분리되었던 체육단체를 1968년부터 대한체육회로 통합시켰다. 그리고 1966년 서울신문사 주최로 대통령기쟁탈 전국단체대항 태권도대회의 개최와 1971년 박대통령배 국제축구대회의 개최를 시행하였다.

이러한 박정희 정부의 스포츠 진흥정책에 힘입어 1966년 5월 장창선이 세계아마추어레슬링대회 우승, 12월 제5회 방콕 아시아경기대회 종합 2위, 1967년 4월 프라하 세계여자농구선수권대회 준우승, 1968년 제2회 아시아탁구선수권대회 여자단체 1위, 1969년 제5회 아시아농구선수권대회 남자우승, 제2회 킹스컵축구대회 우승, 1970년 제6회 방콕 아시아경기대회 종합 2위, 제4회 아시아 아마추어복싱선수권대회 1위, 제10회 아시아탁구선수권대회 여자단체 1위, 메르데카배 축구대회 우승, 1971년 제31회 세계탁구선수권대회 여자단체 3위 등의 성과를 거두었다.

(4) 국제경기대회의 창설과 지원

박정희 정부의 체육정책은 이전 시기와는 달리 적극적인 지원을 통해 국제경기의 대회입상을 강조하였다. 이러한 정책에 의해 전 국민에게 체육의 활성화를 권장하였다. 이를 분류하여 보면 다음과 같다.

① 국민체조의 보급 및 엘리트선수 양성을 위한 체육학교 설립

1972년에 들어서면서 박정희 정부는 학교체육의 강화방안과 경기력 향상을 위하여 체육진흥 5개년 계획을 수립하여 시행하였고, 1977년에는 대한체육회가 기존의 신세기체조를 국민체조로 개량하여 전 국민에게 보급하는 차원에서 학교와 직장, 그리고 마을회관에 이를 시행하도록 하였다. 그리고 1972년부터 소년을 위한 체육대회를 '스포츠소년대회(1975년 제4회 대회부터 소년체육대회로 명칭 변경)'로 명명하여 전국체육대회와 분리하여 개최하였고, 1973년부터는 전국체육대회를 국내외적으로 성대한 민족의 제전이 되도록 하기 위해 해외동포선수단의 참가를 허용하였다.

국민의 체육활성화에 대한 재정지원을 위해 박정희정부는 1971년 1월 국민체육진흥법을 개정하여 기금설치의 근거를 마련한 후, 1972년 8월 국민체육진흥기금에 관한 법률을 공포하였다. 기금설치방법의 예를 들면, 1972년부터 담배포장지를 이용한 광고수익금, 1974년부터 전국체육시설 입장료의 10% 부과, 1976년부터 정부출연금 매년 10억 원, 그리고 국유 및 공유재산의 무상사용으로 인한 수입금 및 기금의 운영으로 발생하는 이자 수입금 등이다(체육부, 1983 : 139-140).

이와 함께 박정희 정부는 우수한 선수양성을 위해 1971년 서울체육중학교를 필두로 1973년 부산, 충남, 전북, 전남, 경북의 5개도에 체육중학교를 설립하고, 재정지원을 위해 시도교육위원회가 담당하도록 지시하였다. 또한 1969년부터는 대학에 체육 관련학과의 신설을 독려하였고, 1976년 국립대학으로서 한국체육대학이 박정희의 체육전문학교 신설 지시에 따라 설립되었다. 이러한 지원정책으로 인하여 우수한 엘리트선수가 양성되었고, 1975년부터 선수강화훈련 4개년 기본계획이 이루어지게 되었다.

② 국제스포츠대회의 유치 및 태권도의 지원

박정희 정부는 스포츠 국제경기가 민간외교이며, 메달획득은 곧 국위선양이라는 정책목표를 가지고 국제대회의 유치에 많은 투자를 하였다. 이의 일환으로 1971년에 Park's Cup International Football Tournament(대통령배 국제축구대회)를 신설하였다. 또한 국제대회에서의 입상을 위해 엘리트스포츠 선수에 대한 인센티브제도, 즉 1973년부터 체육특기자에 대해 보충역에 편입시킬 수 있는 병역의무의 특별규제에 관한 법률의 제정과 함께 대한체육회가 1974년에 국제대회 입상자의 병역면제를 추진하였다.

1972년 경기력 향상 연구기금인 유공 경기인에 대한 연금을 위한 재단설립을 시행하였고, 1974년에 올림픽경기, 세계선수권대회, 아시아경기대회 메달리스트에 대한 종신연금 계획을 확정하였다. 이러한 제도는 엘리트선수, 즉 국제경기대회의 메달리스트를 독립운동가와 같은 국가유공자나 애국자처럼 여기게 하였다고 볼 수 있다. 이러한 시도는 '스포츠의 애국적 동기'를 심고, '우수한 스포츠인은 국민영웅'이라는 이미지를 구축하여 선수들로 하여금 국제대회에서 보다 많은 성과를 가져오게 하는 계기를 마련하였다. 이에 즈음하여 1973년 유고 사라예보 세계여자탁구대회에서의 단체 우승, 1976년 몬트리올 올림픽의 레슬링종목에서 양정모의 첫 금메달 획득, 1979년 서독 세계양궁선수권대회에서 김진호 우승, 황선애의 배드민턴 세계재패, 프로복싱에서 유제두, 염동균, 홍수환, 박찬희, 김성준, 김태식, 김환진 등의 타이틀 획득이 성취되어 체육진흥정책의 결과로 이어진다.

박정희 정부는 민족주체성의 함양을 위하여 한국의 전통 무도인 태

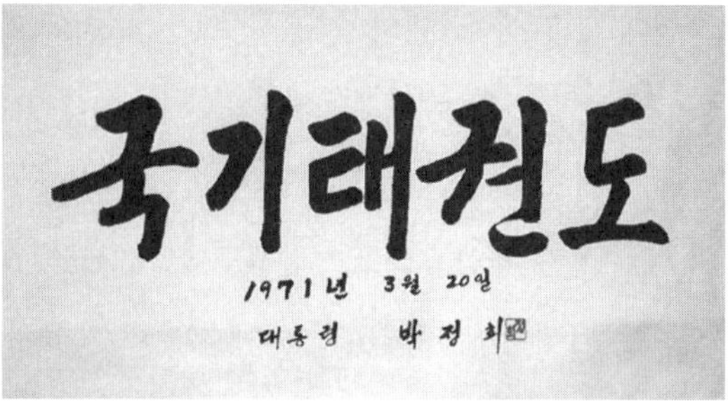

태권도 휘호

권도에도 심혈을 기울였다. 1972년 태권도 상설 기관인 국기원의 건립과 1973년 세계태권도선수권대회의 서울 개최 및 세계태권도연맹의 창설, 1974년 아시아태권도선수권대회 등을 개최하였다. 이러한 시도에 의해 태권도는 한국을 국제무대에 알리는 좋은 기회가 되었으며, 국위선양에도 중요한 기여를 하였다. 즉 박정희 정부는 태권도를 통해 국민의 민족자긍심을 고양시키는 계기를 마련하고자 하였고, 조국 근대화와 민족중흥사업의 성과를 입증하는 중요한 수단으로 사용하였다. 그리고 북한과의 대치적 상황에서 박정희 정부의 민족적 정통성을 부여하는 데에도 태권도는 무시할 수 없는 한국의 전통스포츠였다.

③ 박정희 정부(1960~1979)의 체육관련 정부조직

1961년 5 · 16혁명에 즈음하여 한국체육은 일대변혁을 가져왔다. 박정희 정부는 국민의 체력증진정책을 추진하고 전 국민에게 체육의 중요성을 강조하였다. 1961년 10월 2일 정부 조직법에 근거하여 문교부 직제를 4국 14과로 대폭 개편하면서 종래의 문화국 소속의 '체육과'를 '체육국'으로 승격시키고, 국민체육과와 학교체육과를 설치하였다(한국교육연감, 1962 : 233 ; 한광걸, 김동규, 2001에서 재인용). 그리고 국가의 발전은 국민의 건강한 신체와 건전한 정신을 바탕으로 이룩된다는 점에서 1962년 9월 17일 국민체육진흥법을 제정하여 체육 · 스포츠 행정을 더욱 적극적으로 추진할 수 있는 법적인 근거를 마련하였다. 그러나 정부의 적극적인 체육 · 스포츠정책도 한때 체육국이 1963년 12월 16일 문교부 직제개편에 의해서 문예체육국의 체육과로 격하되어 5 · 16혁명 이전의 문교부 기구로 환원되기도 하였다(한국교육연감, 1964. 한광걸 등, 2001에서 재인용). 그 후 1968년 7월 24일 문화예술 행정이 문화공보부로 이관되었고, 문예체육국은 사회교육국으로 개편됨에 따라 체육과는 사회교육국 산하에 소속되었다(김종길, 1970 : 95).

1970년대에 들어서면서 엘리트스포츠는 다시 활기를 띠게 되었다. 조국근대화와 승공통일의 이념이 국정정책에 반영되면서(행정백서, 1970 ; 13 한광걸 등, 2001에서 재인용) '국민체력의 향상이 국가발전의 기본이다' 라고 하는 체육 · 스포츠정책의 목표와 불가분의 관계에 놓이게 되었다. 따라서 체육 스포츠 행정조직은 1970년 8월 31일 대통령령 제5320호에 의해 '체육과' 가 '체육국' 으로 승격되었다. 이후 문교부 직제는 1979년 3월 19일까지 13차례나 개정되었으며, 문교부장관의 자문기관인 체육심의회가 국무총리 직속의 국민체육심의위원회에 소속되어 조직이 강화되었다. 또 각 지방에는 도지사 소속의 지방 체육심의위원회가 구성되었다(김동규, 2000). 아래 〈표 2〉는 박정희 정부의 체육관련 조직개편 과정이다.

표 2. 박정희 정부(1960~1979)의 체육관련 조직개편과정

1961년 10월	문화국 소속의 '체육과' → '체육국' 으로 승격 (국민체육과 · 학교체육과 설치, 국민체육진흥법 제정)
1963년 12월	체육국을 문예체육국의 '체육과' 로 격하 (문교부 기구로 환원)
1968년 7월	문예체육국 → 사회교육국으로 개편 (체육과는 사회교육국 산하에 소속)
1970년 8월	'체육과' → '체육국' 으로 승격

〈표 2〉에서 나타나듯이 박정희 정부는 체육관련 조직의 개편을 통하여 체육발전의 획기적인 기틀을 마련하였으며, 국위선양을 위한 우수선수 양성은 물론 국민체육정책에도 노력을 기울여 괄목할만한 성과를 이룩하였다.

2) 전두환 정부

(1) 국가보위비상대책위원회의 태권도 감사 및 개혁

1980년 전두환 군사정부가 들어선 뒤 태권도계는 또 한 차례 시련을 겪는다. 국보위 내 사회정화위원회가 체육계 정화차원의 일환으로 가장 먼저 태권도계를 지목했는데, 당시 태권도계 임원들의 구조적 비리 등 부패구조가 만연했기 때문이다. 사회정화위원회의 사정司正은 교육부 체육국을 통해 국기원 · 세계태권도연맹 · 대한태권도협회 등 태권도 3대 기구와 각 관 중앙관장을 위시한 임원(기술심의회)들의 일괄사퇴

를 종용했다.

이에 따라 3개 기구 임원들은 자의가 아닌 강압에 의해 일괄 사퇴서를 제출하였으며, 그 뒤 김운용 회장과 강원식 전무이사의 사표만 반려되고 나머지 대다수 임원들의 사표는 수리하면서 태권도인이 아닌 사회인사들로 새롭게 임원진을 구성하였다. 비록 군사정부의 공권력에 의한 강제행위이긴 했지만 태권도계가 바른 길로 가기 위한 어쩔 수 없는 방편이었다는 게 당시 대다수 태권도인의 정서였다. 〈표 3〉은 전두환 정부의 체육관련 조직개편과정이다.

표 3. 전두환 정부(1980~1987)의 체육관련 조직개편과정

1981년 11월	「체육국」→「체육국제국」으로 개편
1982년 3월	「체육부」신설 3국 9과(3국 : 체육진흥국, 체육과학국, 국제체육국)

당시 대한태권도협회는 40여개 경기단체 중 가장 방대한 조직을 갖고 있었기 때문에 원활한 협회운영을 위해서 이사회는 재력 있는 사회계 인사들로 선임되었고, 기술심의회만 순수 태권도인으로 구성되었다. 실무를 담당해야 할 임원들이 사퇴하면서 업무공백이 발생하자 강원식 전무이사는 운영부장이던 황춘성을 사무국장으로 승진 발령시켜 협회업무를 맡기고, 자신은 겸임으로 국기원 부원장직을 맡아 국기원 업무를 총괄하게 되었다.

당시 비리에 연루돼 쫓겨났던 임원들과 각 중앙 관장들은 이남석 관장 사무실로 출근하면서 과거 이합집산과 이전투구를 일삼던 모습에서

벗어나 인위적이나마 모처럼 화합의 장을 여는 계기를 마련할 수 있었다. 그러나 차츰 협회가 기술심의회를 보강시키면서 이들이 1년 만에 복권되기 시작하는데, 이 과정에서부터 그들은 이후 김운용총재의 눈치를 봐야하는 기구한(?) 운명에 놓인다. 반면 헤게모니의 중심에 서 있던 강원식 전무이사는 강직한 성품 탓에 올곧은 주장을 굽히지 않다가 결국 김운용 총재의 눈 밖에 나면서 자의반 타의반으로 현직에서 물러나는 불운을 겪기도 했다.

1980년대 초 김운용 총재가 태권도의 3대 기구를 장악하자 그의 독주체제를 경계해 오던 유럽 쪽의 한인 사범들이 전두환 대통령 동생이자 권력가인 전경환을 내세워 김운용 총재를 축출하고자 했으나 무위로 끝나는 사건이 발생하였다. 이후에도 반대세력에 의해 김운용 총재는 몇 차례 국기원 원장직을 내놓을 위기에 처했지만 탁월한 처세로 난관을 극복했는데, 국기원 원장명의로 나가는 단증을 한때나마 세계태권도연맹 총재 명의로 발급했던 것도 이와 무관하지 않다. 해외사범들이 자신을 축출하려는 움직임에 당황한 김운용 총재는 당시 국기원 부원장이던 홍종수의 동의를 얻어 해외 단증에 한해 세계태권도연맹 총재 명의로 바꿔 발행했으나, 1년여 만에 해외 태권도인들의 강력한 항의에 의해 국기원 원장 명의로 다시 환원시켰다. 이 사건은 한국이 태권도종주국이라는 의미 자체를 소멸시킬 수 있는 조치일 수 있었다.

(2) 태권도 지원정책

전두환 정부의 체육청소년부 태권도정책은 엘리트스포츠 육성, 생활체육진흥, 체육교류, 스포츠과학, 체육행정과 재정 등의 전 부문에 걸쳐 있다. 우선 태권도의 세계화 추진사업을 보면, 태권도 시범단 파견, 홍보용 비디오테이프와 교본의 제작 및 배포, 순회 세미나 등이 포함되어 있다. 특히 북한이 주도하고 있는 국제태권도연맹ITF과의 통합을 위한 여건을 조성하고, 남·북한 태권도 교류의 활성화를 도모하는 차원에서 상호 시범단이 남·북을 왕래하면서 교환시범을 정례적으로 개최할 수 있는 여건조성에 주력하였다. 태권도 교류의 지속은 남·북한 화합의 장을 자연스럽게 마련하는 계기가 된다는 점에서 의미가 있다고 볼 수 있다.

정부 차원의 태권도 외교는 아프리카, 중동지역에서 제3세계 비동맹 중립국과의 외교강화 정책의 일환으로 1969년 이래 외무부가 주관하여 추진하여 온 사업이다. 이 사업은 1991년 4월 외무부 산하 기관인 한국국제협력단이 설립되면서 시행되어 왔는데, 한국국제협력단법 제1조를 보면 동 법의 목적으로서 「대한민국과 특정 협력대상 지역과의 우호협력관계 및 상호교류를 증진시키고, 이들 지역의 경제 사회발전을 지원하기 위하여 한국국제협력단을 설립하여 각종 협력사업 및 해외협력 사업을 수행하게 함으로써 국제협력의 증진에 이바지함」으로 되어 있다(이동섭, 2000 : 53). 한국국제협력단은 태권도사범의 파견 외에도 국제협력을 위한 각종 의료단, 전문가, 청년봉사단 등을 파견하며 해외이주 및 취업관련 사업도 수행하고 있다(동법 7조).

(3) 태권도 진흥정책의 성과와 비판

제5공화국은 제3공화국에서 추진되어 온 '한국 전통무도로서의 태권도'를 스포츠로 변천시켜 '세계인의 스포츠무도'로 확대시켰다. 제5

공화국은 이를 토대로 태권도가 '86아시안게임과 '88서울올림픽경기의 시범종목 및 정식종목으로 채택되는 기반을 마련하였다. 그리고 세계 200여 개국 6,000여만 명의 태권도 애호가들을 확보하는 밑거름이 되었다. 이는 태권도와 관련한 제5공화국 체육진흥정책의 가장 큰 실적이라고 볼 수 있다. 그럼에도 불구하고 제5공화국 시절에 세계태권도연맹과 국제태권도연맹이 이원화되었음은 태권도 종주국인 한국으로서는 큰 불명예라 할 수 있다. 스포츠화로의 지향과 무도화 지향이라는 두 목표를 어떻게 조화시키느냐가 향후 시급히 해결해야 할 태권도 종주국인 한국의 과제라고 할 수 있다. 이러한 문제의 발생은 제5공화국의 태권도정책과 깊은 관련이 있다.

국제태권도연맹이 세계태권도연맹과 통합을 제의한 첫 번째 회의는 1982년 4월에 캐나다에서 이루어졌다. 통합회의의 주된 내용은 통합단체명, 요직안배, 기술 및 형의 상호인정 등이었다. 이들의 통합조건으로 첫째, 통합명칭은 김운용이 총재로 있는 세계태권도연맹WTF으로 하고, 둘째, 국제태권도연맹ITF 측은 부총재직과 심사위원장 및 유럽연맹 회장직을 안배 받는다. 셋째, 세계태권도연맹의 재편성은 동등한 비율로 하고, 넷째, 도복 · 경기용구 · 기술 등 경기문제는 세계태권도연맹 측을 따른다고 제시했다.

제2차 통합제의는 1985년 4월 9일 새로 구성된 국제태권도연맹 통합위원회 위원장 윤영구의 명의로 세계태권도연맹에 서신발송이 대신했다. 통합제의 내용은 세계태권도연맹과 국제태권도연맹의 실체를 유지하고, 제3의 통합 단체명을 사용하며, 양 단체가 동일한 수로 통합위원회를 구성하자는 제의 등이었다. 이에 세계태권도연맹은 사무총장

명의로 국제스포츠계에서 세계태권도연맹의 위상을 설명하고, 세계태권도연맹은 문호개방 정책을 의사를 밝히는 회신을 했다(강원식 등, 1999 : 186).

3) 노태우 정부

1988년 2월 25일 제13대 대통령에 취임함으로써 제6공화국을 출범시킨 노태우 정부는 취임 이틀 후 시국사범에 대해 사면복권을 단행해 국민통합에 적극성을 보였다. 또한 남북동포 교류추진 등 대북정책 6개항 특별선언인 7 · 7선언을 발표하였으며, '중공'을 '중국'으로 공식 호칭하기로 하였다. 대북관계를 포함하여 대외관계 개선에도 많은 노력을 기울였다. 그 해 가을부터 1989년 봄까지 정국의 초점은 5공 청산 문제였다. 전 국민의 시선을 TV 앞에 끌어 모았던 국회청문회는 당시의 정치적 상황을 보여주는 단면적인 예일 것이다.

이러한 정치상황에도 불구하고 노태우 정부의 태권도정책은 전두환 정부의 연속선상에 있었다고 볼 수 있다. 즉 특별한 제도나 기구의 개편, 그리고 정책의 입안이 없었던 것이다. 그리하여 이 장에 논의하려고 하는 노태우 정부의 태권도정책은 체육의 전반적인 상황과 정책을 소개하는 것으로 대신하고자 한다. 즉 노태우 정부는 전두환 정부에서 추진하고 개최를 준비했던 제24회 서울올림픽이 9월 17일 개막되었으며, 그 대회에서 한국은 금 12개, 은 10개, 동 11개로 종합 4위를 차지한 가운데 10월 2일 폐막되었다. 서울올림픽을 올림픽사상 최대성공작으로 만드는데 주역을 맡았던 서울올림픽조직위원회SLOOC가 1989년 4월3일

해체됨으로써 민족사에 찬란히 빛나는 발자취를 남긴 서울올림픽도 영원한 역사의 장에 묻히게 되었다. 〈표 4〉는 노태우 정부의 체육관련 조직개편과정이다.

표 4. 노태우 정부(1988~1992)의 체육관련 조직개편과정

1988년 6월	청소년국 신설(청소년국의 기능 확대)
1990년 12월	「체육부」 → 「체육청소년부」로 개편 3국 2부 15과(3국 : 체육진흥국, 체육지도국, 국제체육국)

한국이 선진국대열로 뛰어드는 마지막 도약대로 평가됐던 서울올림픽은 북방정책의 기틀을 마련하였다. 정치 · 외교 · 경제 · 문화 · 사회 등 각 분야에 걸쳐 엄청난 파급효과를 가져옴으로써 국가와 사회발전의 결정적인 계기를 마련했다. 올림픽대회를 유치할 때는 국내외에 팽배했던 우려와 불안들을 말끔히 씻고 세계 속의 한국으로 발전할 수 있는 기틀을 마련한 것으로 볼 수 있다. 또한 스포츠강국으로서의 위상은 물론 스포츠정책의 획기적인 전환점이 되었으며, 엘리트스포츠와 생활체육의 중요성이 병행되는 시기로 볼 수 있을 것이다. 〈표 5〉는 1990년 체육부 대통령 업무보고에서 1980년대에 대한 평가와 반성에 관한 것이다. 이를 근거로 해서 노태우 정부는 스포츠정책의 전환을 시도한 것으로 볼 수 있다.

표 5. 1980년대 평가와 반성

체육부문	• 서울올림픽유치로 국가발전 도약의 계기 마련 – 올림픽사상 가장 경제적이고 과학적인 대회 개최 – 올림픽 종합4위를 차지하여 스포츠강국으로 부상 • 체육부 창설로 체육발전의 획기적 전기 마련 – 꿈나무 발굴육성사업으로 경기력의 비약적 향상 • 체육이 북방외교 개척의 선도적 역할 수행 – 서울올림픽 '벽을 넘어서' 가 동구민주화의 기폭제 • 세계한민족체육대회의 개최로 민족의 대화합 계기조성 – 세계사상 최초로 500만 해외동포에게 만남의 광장 제공 • 체육재정자립을 위한 국민체육진흥기금의 획기적 조성 – 목표 5,000억 원 중 1989년까지 3,764억 원 조성 • 국민의 생활체육에 대한 열기확산에는 다소 미흡 – 시 도생활체육과설치, 체육시설관리의 일원화 등 추진
청소년부분	• 청소년육성법 제정으로 청소년 건전육성 기틀마련(88. 5) – 시 도 청소년과 신설, 청소년연구원 설치, 기금조성 • 취약계층 청소년 실태조사 및 청소년 육성 종합계획 수립 추진 • 12개 유관부처 청소년업무의 총괄적 기능수행 상 어려움

출처 : 대한체육회(2000년 2월 15일). 체육부 대통령 업무보고. 월간체육.

노태우 정부는 서울올림픽의 성공적인 개최로 얻은 우리 민족의 긍지와 영광을 선양하며, 올림픽의 이념인 인류화합과 세계평화구현에 이바지하기 위해 '서울평화상' 을 제정하여 1990년부터 시행하기로 하고, 국가 · 인종 · 종교 · 이념을 초월하여 전 세계적으로 스포츠와 관련하여 인류의 화합과 세계평화에 크게 이바지한 개인 또는 단체를 선정해 2년마다 서울평화상을 수여하기로 했다. 그리고 1989년 9월에는 세계한민족체육대회가 민족의 동질성 확인과 해외동포 사기진작에 크게 기여했다고 평가하고, 민속경기를 중심으로 한 체육문화와 예술의 종합축제로 발전시켜 나가기로 했다.

이와 함께 노태우 정부에서는 국민생활체육진흥의 내실화와 청소년들의 건전한 여가를 위하여 1990년부터 1992년까지 3년간 '호돌이 계획' 을 수립하였다. 전국 읍 · 면 · 동의 고수부지, 도시공원, 등산로 등 유휴공간을 활용하여 150개의 마을단위의 소규모 체육시설을 설치하고, 체육의 생활화 운동을 전개하는 한편, 각종 생활대회를 연중 개최하여 13개 국민경기종목을 전국적으로 보급했다. 그리고 1991년 국민생활체육협의회가 대한체육회 특별가맹단체로 탄생되었다. 설립취지문을 보면 '2000년대 건민복지국가 건설의 요체가 되는 국민생활체육을 범국민적으로 확산시키는 것이 이제는 시대적 요청으로 받아 들여 지고 있고, 생활체육을 통한 지역주민이나 직장인, 나아가 일반 국민의 건강증진에 일익을 담당 하겠다' 라고 밝혔다. 이는 현시점에서 보면 대중체육 활성화의 교두보로 볼 수 있다.

노태우 정부는 스포츠와 관련한 대북교류에 있어서도 업적을 보여주고 있다. 1990년 11월부터 1991년 2월 사이에 걸쳐 '남북체육교류 및 국제대회 단일팀 구성참가' 와 관련한 4차례의 남북체육회담에서 1991년 4월 24일부터 5월 6일까지 Japan Chiba에서 열리는 제41회 세계탁구선수권대회와 그해 6월14일부터 30일까지 포르투칼에서 열리는 제6회 세계청소년축구선수권대회에서 분단사상 처음으로 탁구와 축구경기에서 남북한 단일팀이 탄생되었다. 이러한 남북관계의 진전으로

1991년 9월 16일 남북한이 만장일치로 유엔에 동시 가입하는 등 대북정책의 큰 성과가 나타났으며, 1992년 8월 24일에는 중국과도 역사적인 국교수립이 이루어져 82년 만에 양국관계가 공식적으로 회복되었다.

스포츠와 정치성의 결합의 핵심인 골프와 관련하여 6공화국은 '골프 공화국' 이라고 불리어 지고 있다. 그 이유는 노태우 정부 당시 135개의 골프장이 허가되었다는 결과에서 알 수 있다. 이와 관련하여 배경록(1992 : 91)은 최근 우리 주위에 골프장이 눈에 띄게 늘어나면서 골프장은 '있는 자' 들에게는 운동을 겸할 수 있는 휴식처 또는 산지이용의 최적수단으로 인식되고 있지만, '없는 자' 들에게는 위화감 조성의 근원지 또는 생활터전의 파괴수단으로 평가되고 있다고 하였다. 노태우 정부는 1989년 7월1일 '체육시설의 설치이용에 관한 법률' 을 만들어 골프장의 개념을 바꾸었다. 골프는 사치성 오락이 아닌 대중체육이고 골프장은 관광시설이 아닌 체육시설로 규정되게 되었다. 이처럼 노태우 정부는 남북스포츠교류, 생활스포츠의 활성화란 측면에서 긍정적으로 보일 수 있지만 골프장 건설과 관련하여 스포츠의 정치성을 이용한 부분에 있어서는 부정적으로 해석할 수 있을 것이다. 〈표 6〉은 1990년 체육부 대통령 업무보고에서 1990년대의 전망과 시책에 관한 것이다.

표 6. 1990년대의 전망과 시책

전망	• 도시화, 산업화에 따른 사회환경의 변화 예상 – 도시인구의 증가 및 사회 환경오염으로 건전한 여가생활 위협 • 사회병리현상의 계속적 증가는 국가발전의 한계 초래 – 국민의 건강 및 체력의 저하, 인간성의 결여, 비행청소년 증가 – 비생산적인 여가증대는 건전한 국민정신 파괴 • 체육 청소년문제가 국가발전의 중요한 과제로 대두 – 풍요로운 복지사회건설을 위한 국민의 건전한 여가증진 필요
시책	• 국가발전 차원에서 체육 청소년시책을 중점적으로 추진 – 국민의 건전한 여가활동이 지속적인 국가발전의 관건 – 강건한 후계세대의 육성이 국가미래를 결정 • 생활체육시책의 적극추진과 지속적인 경기력향상 – 모든 국민이 손쉽게 이용할 수 있는 체육시설 설치 – 누구나 즐길 수 있는 생활체육참여운동의 전개로 건전 여가생활 유도 – 우수선수 양성으로 국위선양 • 건전한 청소년문화 정착으로 2000년대 후계세대 육성 – 청소년 선도를 위한 범국민 참여운동 전개 – 어려운 환경의 청소년 등 취약계층 청소년 보호 지원 – 청소년시설 확충 기금조성으로 건전 활동 여건 개선

출처 : 대한체육회(2000년 2월 15일). 체육부 대통령 업무보고. 월간체육.

2. 문민, 국민, 참여정부 시대

1) 김영삼 정부

1993년 2월 25일 김영삼이 제14대 대통령으로 취임하여 자신의 정부를 최초의 '문민정부' 로 규정하고, '신한국 창조' 라는 국정지표를 바탕으로 광범위한 개혁을 추진하였다. 개혁의 과제로서 첫째, 부정부패의 척결, 둘째, 경제회생, 셋째, 국가기강의 확립 등을 들고 있다. 그는 1993년 2월 27일 자신의 재산을 공개하고 일체의 정치자금을 받지 않겠다고 선언하였으며, 공직자 윤리법을 개정하여 1급 이상 공직자의 재산공개를 의무화 하였고, 금융 실명제를 실시하면서 돈 안 드는 선거를 위해 '공직선거 및 선거부정방지법'을 비롯하여 정당법 · 정치자금법, 군내사조직인 '하나회' 등 정치개혁을 실행하였다. 또한 12 · 12사태와 대통령 비자금 사건에 대한 책임을 물어 전두환 · 노태우 두 전직대통령을 구속수감하기도 하였다.

체육부분에 대한 문민정부의 개혁작업은 작은 정부의 실현을 위한 행정기구축소 차원에서 적용되었다. 문민정부는 출범 직후인 1993년 4월 20일 대통령 직속으로 행정쇄신위원회를 설치하고, 대통령의 위로부터의 개혁을 제도적으로 뒷받침하게 했다(개혁백서 : 75).

〈표 7〉은 김영삼 정부의 체육관련 정부 조직개편내용이다.

표 7. 김영삼 정부(1993~1997)의 체육관련 조직개편내용

1993년 3월 6일	「체육청소년부」→「문화체육부」로 개편. 3국 9과(3국 : 체육정책국, 체육지원국, 국제체육국)

행정쇄신은 정부조직·기능·인력의 대폭 축소·폐지를 목표로 설정하고, 4차에 걸친 정부조직개편에 착수했는데, 체육부분은 행정쇄신위원회가 설치되기도 전인 1993년 3월 6일 정부조직법 중 개정법률 제4541호에 실시된 제1차 개편작업 대상이 되어 문화부와 체육청소년부의 통합으로 문화체육부를 발족시켰다. 문민정부 개혁성과를 정리한 '문민정부 5년 개혁백서' 는 이 부분에 다음과 같이 밝히고 있다. 당초 '88서울 올림픽의 성공적 수행이라는 특정목적을 가지고 설치된 체육청소년부를 과감히 폐지하여 조직의 낭비적 요소를 제거하고, 이 과정에서 체육행정을 종래의 국가체육엘리트 중심에서 생활체육·사회체육 위주로 전환하는 계기를 마련하였다(개혁백서 : 105).

체육진흥정책으로는 세계화를 지향하면서 민족문화육성의 기틀을 마련하고 문화체육외교의 전략적 추진으로 자긍심을 높이며 사기를 진작시킨다는 대전제 아래 세계화에 대응하는 능력배양과 국제교류 강화, 특히 주요 국제대회의 유치를 통한 체육강국 위상제고와 국위선양을 위한 우수선수의 과학적 양성을 목표로 하였다.

1993년 7월 문화체육부가 밝힌 '새 문화·체육·청소년 진흥 5개년계획' 에서 이민섭 문화체육부장관은 문민정부를 이끌어 나갈 근간이 되는 문화체육을 보다 효과적으로 추진해 국민 누구나 건강한 삶을 누리도록 하는데 정책의 근간을 두겠다고 밝혔는데, 이러한 목표를 배경

으로 문화체육부가 제시한 구체적인 세부계획은 엘리트스포츠의 발전 기반을 구축하고 예산상 어려움을 겪고 있는 각 급 학교 운동부의 안정적 육성을 위한 학교운동부 육성기금 조성, 상대적으로 소외되고 있는 농어민들을 위한 농어민 문화체육센터를 건립하고, 국제스포츠경기에서 우수한 성적을 낸 선수들에게 지급되는 포상금의 '연금제도의 개선'을 통해 선수 상호간의 위화감을 완화하고, 대중들의 스포츠 욕구충족을 위한 프로스포츠의 진흥을 위해 농구*1 · 배구의 프로화를 추진하겠다고 하였다.

그러나 엘리트 스포츠 정책은 여전히 국위선양 목표로만 되어 있고 세계화를 향한 공동체 문화형성이라는 지극히 추상적이며 관념적인 문화중심 시책에 묻혀버린 느낌이다. 문화부와의 통합으로 위축된 스포츠의 세계화 의욕과 열기에 부정적인 영향을 미친 것으로 생각된다.

또한 김영삼 정부는 국가주도형 체육정책으로부터 시장주도로 바뀌게 되는 시발점을 이루었다. 이 시기는 세계적으로 신자유주의 흐름이 세계를 휩쓸면서 선진국들이 국가운영 목표로 작은 정부, 민영화와 규제완화 등을 설정하고, 이를 통해서 자본시장의 유치, 경제 활성화를 추진하려던 시기로서 한국의 김영삼 정부도 이러한 경제논리를 도입하여 사회 전반에 영향을 주었고, 스포츠정책 또한 국제 경제적 요인으로부터 직접적인 영향을 받았던 시기였다(서재하, 2004 : 81). 이처럼 신자유주의라는 경제적 조류에 의하여 작은 정부 구현을 국정목표로 삼고 문화

*1 KBL(Korean Basketball League) 1996년에 7개구단이 설립되어 1997년 2월에 출범하였다.

시드니올림픽 태권도
시상식 장면

부와 체육청소년부를 통합하여 1993년 3월 6일 정부조직법 중 개정법률 제4541호에 의거 문화체육부를 발족시켰다.

태권도는 2000년 시드니 올림픽 정식종목 채택이라는 한국 체육사에 빛날 획기적인 쾌거였다. 1994년 9월 5일 제103차 IOC총회 및 Congress에서 IOC위원 85명의 만장일치로 마침내 2000년 시드니 하계올림픽 정식종목에 채택된 것이다. 태권도가 올림픽에 채택된 것은 여러 가지 의미를 지닌다. 경기적인 측면만을 보면 태권도는 '64 동경올림픽 때 채택된 유도에 이어 동양무도가 두 번째로 올림픽종목이라는 입지를 구축하였으며, 고정적인 올림픽 금메달 확보는 한국의 대외적인 이미지 상승이다. 이는 우리말이 올림픽언어 영어, 불어, 일본어에 이어 네 번째의 공식 언어가 되었다.

문화체육부는 그 후인 1994년 12월 23일 직제를 조정하여 체육관련기구를 축소 · 조정하여 체육지원국은 없애고, 대통령령 제14442호로 체육정책국과 국제체육국으로 개편하였다. 김영삼 정부의 체육부 폐지와 문화관광부 신설에 따라 체육정책의 관리업무에도 많은 조정이 병행되었다. 즉 체육정책국은 생활체육진흥과 체육시설 확충 및 관리를 주 업무로 하여 그 산하에 체육기획과, 생활체육과, 체육시설과를 두었고, 선수육성과 관리, 체육단체 지원, 체육과학 진흥을 주로 담당한 체육지원국은 산하에 체육과학과, 해외협력과를 두어 체육교류추진, 국제경기대회 파견 및 개최, 체육진흥 협력업무 등을 담당하였다. 따라서 문화체육부 출범 당시에는 비록 문화부와 통합되면서도 구조상으로는 별다른 변화 없이 체육청소년부 체제하의 기능을 그대로 유지할 수 있었다. 그러나 1994년 12월 23일 체육지원국이 폐지되면서 스포츠과학의 육성과 체육지도자 양성 및 우수선수 육성을 담당하는 행정기능이 사라지는 큰 변화를 초래하였다.

또한 중앙정부의 권한은 지방정부로 일부 이관되었다. 지방정부는 1982년까지는 체육을 담당하는 부서가 없었고, 학교체육에 관한 업무만을 교육청에서 담당하고 있었다. 학교체육에 관한 업무도 전국체육대회와 관련된 것이 대부분이었으며, 지방정부에서는 전국체육대회를 대비하여 한시적인 조직을 운영하고 있었다. 특히 체육부 신설 이후 지방정부에서도 체육담당 부서가 신설되었으며, 대부분 문화체육국에서 업무를 담당한 이후에 지방정부는 중앙정부의 축소 지향적 체육정책과는 달리 지역별 문화와 지리적 여건 등을 고려하여 지방정부 나름의 체육진흥을 위한 체육담당 조직을 설치하였다.

이러한 과정의 조직개편을 거쳐 김영삼 정부의 체육정책은 중앙정부와 지방정부가 분담하는 과정으로 나가게 된다. 중앙정부의 체육정책기구는 1993년 3월 6일 국무회의의 심의를 거쳐 대통령령 제13869호로 '문화체육부'로 재발족하였으며, 문화 · 예술 · 체육 및 청소년에 관한 사무를 담당하였다. 특히 이 시기의 체육정책은 외형적으로는 엘리트스포츠보다는 국민의 여가생활을 중시하며 문화와 체육의 생활화, 대중화를 지향한다고 하였으나 작은 정부의 구현, 세계화라는 이름아래 체육정책 기구는 1994년 당시 문화체육부 내에 2국 7과로 축소되면서 엘리트스포츠를 비롯한 체육정책 전반에 대한 정부의 관심이 축소되는 계기가 되었다.

2) 김대중 정부

김대중의 당선은 건국 50년 만의 첫 여야 정권교체라는 역사적 의미를 갖고 있다. 1998년 2월 25일 제15대 대통령으로 취임해 자유민주연합과 공동정부를 구성한 그는 국민의 정부를 표방하고 민주주의와 시장경제의 병행발전을 국정지표로 삼았다. 그는 대통령 선거운동과정에서 공언한 '준비된 대통령' 답게 과감한 경제개혁에 착수해 지난 정부로부터 물려받은 외환위기를 조기에 극복하는 한편, 기존의 완강한 대북 흡수통일론을 배격하고, 이른바 '햇볕정책' 으로 불리는 대북 포용정책을 꾸준히 견지함으로써 얼어붙은 남 · 북한관계의 돌파구를 마련했다.

1998년 문화관광부 자료에 의하면 체육정책의 방향으로는 첫째, 국가발전 촉진의 능동적 수행으로 국가발전 극대화, 둘째, 평생체육활동 정착으로 삶의 질 향상과 체육복지 사회실현, 셋째, 균등한 체육활동 기회부여, 넷째, 체육활동을 통한 성숙하고 건강한 시민사회 건설, 다섯째, 공급자 중심에서 수요자 · 소비자 중심 등으로 변화를 촉구했다. 체육정책의 목표는 첫째, 생활체육참여의 활성화 및 지역공동체중심의 체육활동여건조성, 둘째, 세계상위권 경기력 유지, 셋째, 국제체육계 위상강화 및 민족화합, 넷째, 2002년 월드컵의 성공적 개최, 다섯째, 체육산업 국제경쟁력 강화, 여섯째, 과학화, 정보화, 전문화로 체육부문 선진화 등을 이룩하는데 초점이 맞추어져 있었다. 〈표 8〉은 김대중 정부의 체육관련 정부 조직개편내용이다.

표 8. 김대중 정부(1998~2002)의 체육관련 조직개편내용

1998년 2월 28일	「문화체육부」→「문화관광부」로 개편. 1국 4과(1국 : 체육국)

김대중은 2000년 3월 베를린자유대학교에서 행한 연설에서 한반도 냉전구조 해체와 항구적 평화, 남북간 화해와 협력에 관한 '베를린 선언' 을 발표한 데 이어 2000년 6월 13일부터 15일까지 김정일 국방위원장의 초청으로 평양을 방문해 분단 사상 55년 만에 첫 남북정상회담을 갖고 역사적인 6 · 15 남북공동성명을 이끌어냈다. 이에 대해 강기석(2001 : 347)은 북한 올림픽위원회위원 겸 북한 체육부부상(차관)이던 장웅은 남북 정상회담 당시 대한체육회장 자격으로 참석한 김운용에게 '태권도로 손을 잡을 일이 있다' 고 말했고, 시드니 올림픽 북한선수단장 윤성범도 '우리 민족이 만들어 낸 태권도 종목도 통일 팀을 구성했으면 좋겠다' 며 남북 태권도 교류에 관심을 나타냈다고 주장하였다. 이는 2000년 시드니올림픽과 2004년 아테네올림픽에서도 태권도가 정식종목으로 채택됨으로써 국제태권도연맹과 북한태권도계의 위기의식이

점프 뒤차기

주요 원인으로 작용하였다고 볼 수 있다.

이 봉(2003 : 17)은 2000년 12월 16일 평양에서 개최된 제4차 남북장관급회담에서 북측은 태권도 교류를 제의하였고, 이에 따른 세부조치로 2001년 1월 조선태권도위원회와 대한태권도협회는 남북태권도 교류를 위한 실무접촉에 착수하였다. 그러나 2001년 9월 미국에서 발생한 9 · 11테러의 여파로 조성된 국제적 긴장관계의 영향 등으로 실행되지 못하였다. 이후 제7차 남북장관급회담에서 부산아시안게임의 북한 선수단과 응원단의 참가와 태권도 시범단 교환문제가 거론되었다. 이 회담에서 남측 시범단이 9월 중순에 평양을 방문하고, 북측 시범단이 10월 하순에 서울을 방문하기로 결정하고 관계단체들 간의 실무적 주선을 하기로 하였다. 주요 체육정책의 내용 중 일부분인 남북스포츠교류를 통하여 민족적 이질성을 극복하는 데에 주력하였다. 햇볕정책과 맞물려 부산아시안게임에서는 북한선수단과 응원단의 참가라는 성과를 이루었다.

2002년 한 · 일 월드컵대회는 우리에게 역사적인 4강 진출과 함께 기대 이상의 성과를 거둠으로써 많은 변화와 발전을 거두었으며, '붉은 악마'의 응원문화와 1,000만의 길거리 응원문화도 세계인에게 놀라움을 주었다. 월드컵대회는 세계인의 관심이 올림픽대회를 능가하는 최대 규모의 스포츠행사로서 최고 기량의 축구선수가 4년마다 한자리에 모여 국가의 명예를 걸고 벌이는 축제이며, 국제축구연맹FIFA, Federation Internationale de Football Association이 주관하여 개최국의 축구협회가 대리인 자격으로 대회를 조직, 운영, 책임을 진다. 단일종목의 경기이지만 세계적인 관심도는 올림픽을 능가하며, 국제축구연맹은 IOC에 가입된 회원국보다 많은 205개의 회원국을 두고 있다. 월드컵은 그 일정 면에서도 15일 정도인 올림픽 개최기간의 2배인 1개월 동안 대회가 펼쳐진다는 점에서도 세계적인 축구 대제전이라고 할 수 있다.

태권도시범단 남북한 상호방문

남북스포츠교류의 일환으로 한국 태권도 시범단 50명이 2002년 9월 14일부터 17일까지 평양을 방문하였고, 북한 태권도 시범단 41명이 2002년 10월 23일부터 26일까지 서울올림픽공원 내에 있는 역도경기장에서 시범을 실시하였다. 대한태권도협회 구천서 회장의 환영사가 있었으며, 이어 조선태권도 위원회 황봉영 위원장은 "우리민족의 기상과 넋이 어려 있는 태권도에 깊은 관심을 갖고 북한 태권도 시범단의 시범 공연을 관람하기 위해 온 서울시민 여러분들에게 우리 북녘동포들이 따뜻한 인사를 드리며, 북 · 남 태권도 시범단 교류를 통하여 태권도의 발전에 기여하며 나아가 우리민족의 숙원인 조국통일을 이룩하기 위한 성원에 함께 손잡고 나아가게 되기를 기원한다."고 답사를 하였다. 남 · 북한 교류, 햇볕정책 등 한반도의 평화분위기는 지속적으로 유지되었고, 이는 2000년 시드니올림픽 개막식 공동입장을 이끌어 내었으며, 2003년 하계 유니버시아드대회의 개막식 공동입장도 성사시켰다. 이제까지 스포츠교류는 축구, 탁구, 농구 등에 국한되었다. 그러나 우리 민족이 태동시킨 태권도가 교류의 주 대상으로 포함되면서 민족의 이질감 해소와 동질성 회복이라는 체육교류의 명분을 더욱 강화하는 계기가 되었다. 이외에도 여러 가지의 요인이 있겠지만 이로 인해 김대중은 한국 최초의 노벨평화상을 수상하는 영광을 안았다.

김대중 정부는 국가주도 체육정책에서 시장주도로 전환하는 차별적인 체육정책을 시도하였고, 대북포용 정책과 스포츠정책을 연계하여 '부산 아시아경기대회' 에 북한 선수단과 응원단의 참가를 이끌어내는데 성공함으로써 남 · 북한 스포츠교류의 활성화를 통한 민족 동질성 회복에 커다란 기여를 하게 되었다. 이처럼 '국민의 정부' 를 표방하면서 1998년에 출범한 김대중 정부는 몇 가지 측면에서 이전 정부와 달리 민주적 정통성을 확보한 정부였다.

그러나 정권교체가 갖는 의미는 그보다 더 큰 경제사적 사건인 한국이 국가부도 사태의 위험에 처하여 국제통화기금IMF, International Monetary

Fund의 관리체제 아래 놓여 있던 한국정부는 1997년 12월 3일 210억 달러에 달하는 차관협약을 체결하여 구제금융을 지원받는 대가로 IMF로부터 통화 환율 재정 등 거시분야의 경제정책에서부터 금융 · 기업구조조정 정책 등에 이르기까지 이행조건conditionality을 부과 받게 되었다. 따라서 김대중 정부는 대통령 당선과 더불어 IMF 위기관리라는 과제에 매달리게 되었고, 출범과 동시에 경제개혁이 최대 과제이자 외부로부터 주어진 조건이었다. 그러므로 김대중 정부는 '민주주의와 시장경제는 동전의 양면이고, 수레의 양 바퀴' 라는 논리에 입각하여 '민주주의와 시장경제의 병행발전' 이라는 국정철학을 중심적 가치로 설정하게 된 것이다.

서재하(2004 : 83)는 김대중 정부는 시장경제에 적용되었던 민주주의 원리를 사회조직, 특히 체육 NGO의 조직에 적용시키고자 하였다. 이는 민주주의에서의 경제 및 사회와의 관계는 민주주의 정치체제를 지향하는 정부와 그 정부의 정책의 관계는 상호 밀접한 관련이 있음을 알 수 있다. 이러한 '민주주의 정치체제' 를 지향하는 김대중 정부는 그의 체육정책에도 큰 영향을 미쳤음은 주지의 사실이다. 1998년 국민의 정부가 출범할 당시에는 '체육' 이 정부의 명칭에서 없어지고 조직도 대폭 수정되었는데 이는 국민의 정부가 작은 정부와 효율성을 강조한 맥락과 일맥상통한다고 볼 수 있다. 그리하여 결국 국민의 정부에서 내세운 스포츠정책의 목표는 생활체육 활성화에 중점을 두고 추진하겠다고 표방한 이전의 정부와 별 차이가 없는 것이었다.

3) 노무현 정부

노무현 정부가 내놓은 체육부문 공약사항 중 가장 눈에 띄는 것은 전국체전과 종목별 대회를 남한과 북한이 매년 돌아가며 교차 개최하는 방안이다. 또한 남한과 북한이 아닌 제3국에서 열리는 각종 단일종목 국제대회에도 단일팀을 출전시키거나 여의치 않을 경우 공동입장을 추진하겠다는 등 그 어느 정부 때보다 남북 스포츠협력에 주안점을 두고 있어 남북스포츠 교류가 활성화 될 것으로 보인다.

■노무현 정부의 체육공약

- 학교-생활-엘리트체육의 균형발전
- 2010년 동계올림픽 유치 및 남북체육교류 확대
- 스포츠산업 육성
- 체육시설 확충 및 학교체육 정상화

■노무현 정부의 문화예술 공약

- 지역문화 기반시설확충
- 문화예술인의 창작활동에 대한 지원 강화
- 창작 스튜디오와 공연공간을 확충

스포츠 평론가인 조동표(2004 : 8)는 '88 올림픽 때처럼 스포츠 진흥책 마련 시급' 이라는 논제에서 아테네올림픽의 성과에 나타난 중국과 일본의 약진에 놀라면서 "다시 강력한 스포츠 진흥책을 써서 한국의 경기력을 '88서울올림픽' 당시처럼 향상시켜야 한다고 생각한다. 한국이 올림픽사에서 두각을 나타내기 시작한 것은 1984년의 제23회 LA대회부터"라고 주장하였다. 이는 한국이 올림픽에서 성적이 급상승한 것은 '선 체력 후 기술'의 슬로건 아래 태릉선수촌에서 대표선수들이 피나는 훈련의 결과들이며, 이에 대해 외국의 언론들은 태릉선수촌을 '금메달 제조공장'에 비유하기도 했다. <표 9>는 노무현 정부의 체육관련 조직이다.

표 9. 노무현 정부(2003~)의 체육관련 조직

2006년 7월 25일	체육국 : 체육정책팀, 생활체육팀, 스포츠산업팀, 국제체육팀, 장애인체육팀

출처 : http://www.mct.go.kr

1986년 서울에서 열린 제10회 아시안게임에서 한국은 금메달 93개를 얻어 94개의 중국을 1개 차로 종합 2위를 하였으며, 태권도종목의 채택, 양궁 거리별 종목의 채택 등 개최국에게 유리하게 작용한 점도 있었지만, 복싱 같은 종목은 12개 전 체급이 우승하는 등 선수들이 선전하였다. 그리고 '88서울올림픽에서는 탁구, 양궁, 복싱, 유도, 레슬링, 핸드볼 종목 등이 선전한 결과 12개의 금메달을 획득 4위의 성적을 거두었다.

2004년 아테네올림픽에서 아시아권인 중국의 경우 금메달을 32개 획득하여 2위를 했으며, 세계 최강의 스포츠대국인 미국은 35개의 금메달을 획득하여 1위를 차지했다. 중국은 종합성적에서 비록 2위였긴 하였으나 종목별 최고의 기술 수준까지 근접해 가고 있음을 확인할 수 있었다. 그리고 일본 또한 금메달 16개로서 5위를 차지하여 비약적인 발전의 모습을 보였다. 반면 한국은 9개의 금메달만을 획득하여 부진의 늪에서 헤어나지 못하였다. 일본 수준을 따라잡고 능가하려면 1980년대로 되돌아가 서울올림픽대회에서 최대의 성과를 올리기 위해 흘린 땀을 생각하며 초심으로 돌아가야 가능할 것이다.

김대중 정부 때부터 국책사업으로 추진하던 '태권도공원' 부지선정 작업이 2004년 12월 30일 태권도공원후보지로 '무주' 가 최종 확정되었다. 이대순 태권도공원조성추진위원회 위원장은 '부지선정 평가결과 전북 무주군 설천면 소천리 산 101-9 일대가 1위로 평가됐다' 고 공식 발표했다. 태권도공원 부지선정은 태권도계, 체육계, 관광계, 도시계획 및 환경분야 등의 민간전문가로 구성된 '태권도공원조성추진위원회 위원 19명' 및 '실무위원회 위원 13명' 이 자치단체에서 추천한 17개 후보지를 대상으로 1단계 심사평가를 실시하여 3개 우수후보지(강원 춘천시, 전북 무주군, 경북 경주시)를 선정한 후, 3개 우수 후보지를 대상으로 프리젠테이션을 실시, 현장실사 등을 거쳐 2단계 종합 심사 평가를 실시하여,

무주 태권도공원 조감도

1 · 2단계 총 1,000점 배점 중 합산점수 순위를 정하여 평가결과를 문화관광부에 제출한 것이다. 1000점 만점(1단계 900점, 75개 항목 : 2단계 100점, 4개 항목)에 831,53점을 얻어 경북 경주 823,87점과 강원 춘천 809,0점을 따돌리고 조성부지로 확정됐다고 밝히고 있다.

이와 관련하여 한상우(2005 : 114)는 문화가 가지는 교육적 가치는 자국민을 대상으로 할 뿐만 아니라 다른 나라 국민을 대상으로 하여도 큰 중요성을 가진다. 특정국가의 문화재는 그 국가의 문화성과 문화의 독창성을 다른 국가에 알리는 훌륭한 수단의 역할을 가진다고 주장하였다. 국민에게는 자국의 문화와 역사를 실제적으로 보여주고 인식시키는 유무형 교육도구로서의 활용이고, 이러한 가치를 적극적으로 활용하기 위하여 국가적인 차원에서 보호 육성해야 한다. 그리고 우리는 태권도공원이 세계인들에게 사랑받는 태권도문화를 창조할 수 있는 교육의 장이 되도록 노력해야 할 것이다.

맺는말

이상의 논의를 토대로 군사정부와 문민, 국민, 참여정부의 시대별 성과를 살펴보고자 한다.

박정희 정부 태권도 진흥정책의 성과를 보면, 북한과의 경쟁에서 태권도 종주권의 확보, 국제교류 및 외교적인 기반확보, 민족중흥과 조국근대화의 추구, 그리고 국방체육의 강화 등이라고 볼 수 있다.

전두환 정부 태권도 진흥정책의 성과를 보면, 태권도의 세계화, 태권도를 통한 남북체육교류 활성화 및 북방외교정책의 구사, 한국 전통성의 홍보, 그리고 국방체육의 유지 · 발전 등이라고 볼 수 있다. 이에 대해 한광걸, 김동규(2001 : 358)는 "한국의 체육 스포츠진흥 정책은 박정희 · 전두환 정부에 의하여 본격적으로 추진되었으나 「군국주의적 성향」이라는 오점을 남겼다" 고 하였다.

노태우 정부 태권도 진흥정책의 성과를 보면, '88 서울올림픽 시범종목의 채택 및 올림픽 정식종목의 채택을 위한 기반조성이라고 볼 수 있다. 이와 함께 대한태권도협회 회장 김운용이 IOC 라디오 · TV 분과위원장, IOC 부위원장을 맡아 국제올림픽운동의 행정전반을 관장했다는 점도 이 시기의 성과로 볼 수 있다. 이에 대해 한광걸, 김동규(2001 : 358)는 "청소년에 관한 업무수행의 확대를 위하여 「체육부」를 「체육청소년부」로 개편하였으나 교육부와의 역할 갈등이라는 부작용을 낳았다" 고 주장하였다.

김영삼 정부의 태권도 진흥정책을 보면, 우선 태권도가 올림픽의 정식종목으로 채택된 점이 두드러진다. 이는 비록 전두환 · 노태우 정부의 노력에 의한 귀결이라고 볼 수 있으나 올림픽의 정식종목으로의 도약 자체는 김영삼 정부에서 이루어진 결과이고, 이를 통해 태권도의 세계화는 더욱 본격화 되는 계기가 되었다는 점은 부인할 수 없을 것 같다. 그럼에도 불구하고 김영삼 정부는 정부의 체육전담 기구를 축소하여 한국 엘리트스포츠의 기반을 붕괴하는 시발점이 되었다는 책임이 있다.

김대중 정부의 태권도 진흥정책을 보면, 우선 남 · 북한 태권도 시범단의 상호방문이 두드러진다. 이는 햇볕정책과 맞물려 부산아시안게임에 북한 선수단과 응원단의 참가라는 성과를 이루었다. 그리고 김대중 정부는 태권도 공원의 조성에 기반을 마련하였다는 실적도 있었다. 그럼에도 불구하고 김대중 정부는 정부의 체육전담 기구를 문화체육부에서 문화관광부로 명칭을 변경하여 '체육' 이라는 용어 자체를 제거하고, 기구 또한 축소하여 한국 엘리트스포츠의 진흥이 더욱 둔화되게 하였다는 취약점이 있다.

노무현 정부의 태권도 진흥정책을 보면, 우선 태권도 공원 부지를 선정한 점이 두드러진다. 이는 비록 김대중 정부의 노력에 의한 귀결이라고 볼 수 있으나 태권도 공원을 무주로 선정한 자체는 노무현 정부에서 이루어진 결과이고, 이를 통해 태권도의 뿌리를 찾고 이론과 학문적으로 더욱 성숙하게 만들려는 계기가 되었다는 점은 부인할 수 없을 것 같다. 그럼에도 불구하고 노무현 정부는 엘리트스포츠의 진흥보다는 현상유지 혹은 축소화를 지향하고 있음이 부인할 수 없는 실상인 것 같다.

아래 〈표 10〉은 정부별 태권도 진흥정책의 성과들을 정리한 내용이다.

표 10. 정부별 태권도 진흥 정책의 성과

	박정희	전두환	노태우	성 과
군사정부	태권도 종주권 확보, 외교적 기반조성 및 국방체육의 강화	세계화 기반조성 및 남북 체육교류의 활성화	'88서울올림픽 태권도 시범종목 채택	태권도의 세계화 지향
	김영삼	김대중	노무현	과 제
문민 · 국민 · 참여 정부	태권도 올림픽 정식종목 채택	남북 태권도 시범단 상호방문 및 태권도 공원 부지 기반조성	태권도공원 조성의 실현	태권도의 무도성과 세계화의 공존

●참고문헌

강기석(2001). *태권도 반세기 인물과 역사*. 서울 : (주)케이디미디어.

강원식, 이경명(1999). *태권도 현대사*. 서울 : 보경사.

김종길(1970). *교육행정의 이론과 실제*. 서울 : 교육과학사.

김중탁(1994). *한국체육관련기관의 변천과 문제분석*. 미간행 석사학위논문. 영남대학교 대학원.

대통령공보비서실(1965). 박정희 대통령연설문집 1.

대통령비서실(1973a). 박정희 대통령 연설문집 1. 군정편.

대통령비서실(1973b). 박정희 대통령 연설문집 2. 제5대편.

대통령비서실(1976). 박정희 대통령 연설문집 5(상). 제8대편.

대한체육회(1973). 체육청서.

대한체육회(1988, July 15). 기획 I /서울올림픽시범 · 전시종목 : 올림픽동참 한몫 해낸다. *월간체육*. 32-35.

대한체육회(2000, February 15). 체육부 대통령 업무보고. *월간체육*. 12-15.

배경록(1992, April 15). 6공과 골프공화국. *월간사회평론*. 91-93.

서재하(2004). 김대중 정부의 체육정책에 관한 연구. *한국체육교육학회지*, 9(1), 80-92.

이 봉(2003). 남북태권도교류의 성과와 과제 : 2002년도 시범단 교류사업의 사례. *한국스포츠산업경영학회지*, 8(1), 17-29.

이동섭(2000). *한국의 대외관계와 태권도의 문화 외교적 역할에 관한 연구*. 미간행 석사학위논문. 고려대학교 정책대학원.

조동표(2004, November 15). 88올림픽때처럼 스포츠 진흥책 마련 시급. *월간체육*. 8-9.

한광걸, 김동규(2001). *스포츠의 사회학적 이해*. 경북 : 영남대학교 출판부.

*위 내용은 김동규 · 김기홍의 논문 "박정희 · 전두환정권의 태권도 진흥정책과 향후과제"(한국사회체육학회지. 제19권 1호)의 일부분을 수정 보완한 것임.

3. 체육단체의 구성과 운영

우리사회는 정치 · 경제 · 문화 등 모든 영역에서 빠른 속도로 변하고 있다. 그리하여 기존의 제도는 정기적인 검증을 실시하고, 문제점이 발견되었을 때 신속하게 대처하려는 의지가 전제되어야 한다. 공정성과 투명성을 중시하는 현 시점에서 체육단체도 이에 부응하지 않으면 체육행정 및 경영정책은 시대에 뒤떨어질 수밖에 없는 것이다. 그러한 면에서 대한체육회와 시 · 도체육회에 가입된 가맹단체의 규정은 여러 군데에서 모순점이 발견된다.

우선 각 경기단체에 있어서 대의원의 구성과 역할이 제 기능을 발휘하지 못하고 있다. 현재 55개의 가맹단체가 가입되어 있는 대한체육회나 시 · 도 체육회의 경우에는 가맹단체가 40개 이상이어서 대의원회에서 이사회를 견제할 수 있는 기능이 있다. 그러나 각 가맹단체의 경우는 대의원이 적게는 5명, 많아야 10명 정도로 구성되어 있다. 이러한 구조로는 대의원회가 이사회를 견제할 수 있는 기능이 원초적으로 불가능하다. 체육회 가맹단체의 규정에 '대의원의 수는 15~30인 이내로 둘 수 있으나, 단 단체의 실정이 15인 이하일 경우는 본회의 승인으로 인원 및 구성을 조정할 수 있다' (4장 7조 2항)로 되어 있기 때문에 대의원회는 적당한 구성에 적당한 운영이라고 하는 현상을 유발하지 않을 수 없는 것이다. 그리고 각 경기단체가 수익사업을 전개하지 못하고, 구성원들이 재정 부담을 거의 하지 않는 상태에서 회장단 및 고문단에 지나치게 재정을 의존하고 있으니 이러한 현상은 더욱 만연할 수밖에 없다.

국민생활체육협의회도 이러한 현상은 체육회와 대등소이하다고 볼 수 있다. 국민생활체육협의회는 각 시 · 도의 보조금과 경륜 · 회장단의 찬조금으로 사업을 운영하고 있는데, 감사가 이사회에서 추천을 받아 대의원 총회에서 승인을 받는 형태이니 감사가 제 기능을 발휘할 수 없음은 자명한 이치이다. 상위법을 우선해야 한다는 논리를 펴나 '지방분권화 시대' 에 있어서 이러한 규정은 개선되어야 한다.

체육단체와는 구조적으로 상이점이 있으나 D노동조합 총연맹의 경우를 보면, 노동조합은 순수하게 노조원들의 회비로 운영되고, 열린 행정과 회계전반에 대해 인터넷 공개는 당연한 것이며, 정책에 대한 전반적인 업무는 위원장이 책임을 지고 있다. 이 기구에는 위원장을 견제할 수 있는 대의원의 수가 확보되어 있음은 물론 의결기관과 집행기관이 철저하게 분리되어 운영되고 있으며, 노조원의 관심이 집중되어 있다.

또한 총선에서 10명의 국회의원을 배출하면서 제3당으로 국회에 진출한 민주노동당의 경우에도 이러한 점은 동일하다. 얼마 전까지만 해도 많은 국민들의 뇌리에 사회주의 집단체제였던 민주노동당은 '강성집단' 이라는 점만이 부각되고 있었다. 그러나 최근 민주노동당의 국회진출에 대해 국회도 이제 깨끗하게 운영될 것이라는 얘기들을 하고 있다. 이는 '강성집단' 이라고 하는 부정적 평가 못지않게 그들의 운영시스템이 투명하고 공정하다고 보기 때문일 것이다.

'개혁' 또는 '열린 행정' 은 '지방분권화 시대' 에 발맞추어 체육회의 가맹단체에서도 유념하여 성사시켜야 할 태도이며, 실천과제이다. 그러므로 체육단체의 구조와 운영은 개선되어야 한다. 형식적이고 보수성으로 대변되는, 말하지 않는 것이 선善이라고 하는 구조의 틀을 과감히 탈피하여야 국민을 위한 체육프로그램의 마련이 가능하고, 국민의 혈세를 낭비하는 기관이라는 질타를 피할 수 있다. 이 장은 그러한 취지하에서 기획되었다.

1) 체육회 가맹단체의 구성

(1) 체육회 가맹단체의 대의원총회 규정

어느 단체의 경우에도 대의원총회는 최고의 의결기관이다. 그럼에도 불구하고 체육단체의 대의원총회는 그러한 기구로서 회계 및 행정에 대한 의견을 제시하고 있는가 하는 염려가 있다. 다음은 D시의 체육회 규정 중 가맹 경기단체규약준칙이다.

제 7조(임원의 종류 및 정수)

2. 대의원 : 15인 이상 30인 이내

단, 단체의 실정이 15인 이하 일 경우는 본회의 승인으로 인원 및 구성을 조정할 수 있다.

제 14조(대의원의 선출방법)

1. 단체등록을 주로 하는 경기단체

사회단체 군에서 약간인, 대학 단체군 에서 약간인, 남자중·고등학교 단체 군에서 약간인, 남·녀 초등학교 단체 군에서 약간인, 도장 또는 구락부 군에서 약간인, 다만 각 군에서 해당하는 수는 최하 1인으로 하고 팀 수에 비례하여 당해 단체 실정에 맞도록 선출하며, 각 단체군의 대표자 회의의 소집은 당해경기단체의 회장이 한다.

2. 개인등록을 주로 하는 경기단체
   경기단체 실정에 따라 자격기준을 정하여 그 해당자 회의에서 약간 인을 선출하되 그 수는 해당 경기단체 이사회가 이를 정하며 회의 소집은 당해 경기단체 회장이 한다.
3. 집행부에서 선출되는 대의원은 다음과 같다.
   당해 경기단체에서 4년 이상 집행부 임원을 역임한 지식, 경험 및 덕망이 있는 지도급인사 중에서 총회를 소집하는 이사회에서 추천 선출하되 그 정원은 1, 2호 대의원수의 4분의 1을 초과할 수 없다.

우리나라 시 · 도의 체육회 규정은 대부분 D광역시와 유사한 형태라고 볼 수 있다. 구 · 군이 많은 대규모의 시 · 도는 적은 규모의 시 · 도보다 일방적인 의사결정이라는 폐단은 적을 수 있으나, 대의원으로 지명된 자의 의견이 전 회원의 뜻을 반영하기 어려운 구조라는 점은 대의원의 수와 관계없이 동일하다고 볼 수 있다. 예를 들어 D광역시 T연맹의 경우를 보면, 약 620명의 지도자들로 구성되었는데 각 구 · 군에서 파견된 8명의 대의원과 학교 대의원 1명, 지명대의원 2명으로 대의원총회가 구성되어 있다. 그러하니 대의원총회의 의결사항을 전 회원의 뜻으로 받아들이기에는 한계가 있는 것이다. 국민생활체육협의회 D광역시의 규정도 체육회의 규정과 유사하다고 볼 수 있다. 국민생활체육협의회 T연합회의 규정은 구 · 군에 가입된 동호인 클럽 수에 따라 대의원수(20개 클럽 당 1명, 예를 들면 31개 클럽일 경우에는 2명)를 정하고 있다.

이러한 점을 보완하기 위해서는 우선 대의원의 수를 늘여 대의원총회가 이사회와 회장을 실질적으로 견제하는 세력으로 활동할 수 있도록 하고, 대의원총회를 연 2회 이상 개최하도록 규정화시켜야 한다. K도 체육회 가맹단체에 대한 규정은 D광역시와 유사하나 K도의 T가맹단체의 경우를 보면, 지명 대의원 제도를 폐지하고 각 시 · 군으로부터 1명의 대의원을 추천받아 19명으로 구성하고 있다. 이는 D광역시 체육회의 경우보다 합리적인 방식이라고 볼 수 있다. 기득권을 지키기 위해 악용되는 지명대의원 제도를 K도 T가맹단체는 스스로 포기 한 것이다. 이렇게 된 데에는 물론 K도에 시 · 군이 많다는 점이 크게 작용하였으리라 본다.

이와 함께 예산, 특히 연간 예산 수억 원을 집행하는 연맹이라면 회계에 대해서 철저하게 열린 행정을 하고, 인터넷을 통하여 공개하는 것을 원칙으로 해야 한다. 사무국 직원에 대해서는 신원보증을 받아 금전사고를 예방하고, 사고 시에는 변상조치를 할 수 있는 제도를 강구해야 한다. 예산집행에 있어 '간이 영수증 불가' 라는 원칙을 철저히 지켜야 한다.

체육회 산하 각 가맹단체의 대외비(정보비) 지출명목도 보다 선명하게 처리할 필요가 있다. 이는 많은 부분 전국체육대회나 심판, 우수선수를 보내 준 대학, 일반부 선수 등에 이용되고 있다고 보는데, 이러한 부분이 인터넷상으로 결산서를 공개하지 못하는 이유 중의 하나라고 본다. 경기장에서 '편파 판정', '경기장 폭력' 등이 발생하고, 학부모 입에서 욕설이 오가는 것은 체육회 및 가맹단체에서 상위입상에 연연하기 때문임은 물론이다. 어떻게 보면 이러한 문제들을 정비하는 일이 선결과제일 것이다.

(2) 노동조합의 대의원총회 규정

체육회 가맹단체의 대의원총회의 합리적인 방안을 찾기 위해 민주노동자 총연맹의 대의원 규약을 살펴보고, 그 산하에 가입된 방송노동조합과 자동차노동조합의 대의원회 규정을 참고할 필요가 있다. 다음은 방송노동조합의 규약에서 발취한 내용이다.

대의원 선거관리규정 운영세칙

제6조(대의원 정족수)

1. 대의원 정족수는 조합원 20명당 1명씩 선출하며, 단수 11명일 때는 1명을 추가한다.
2. 단위 선거구역의 조합원수가 19명 이하일 때는 타선거구역과 병합 할 수 있다.

H자동차 노동조합규약 중에서 대의원에 관한 사항을 발췌한 것이다.

제22조(총회의 구성 및 소집)

1. 총회는 조합최고 의결기구로서 조합원으로 구성하며 정기 총회는 정기 대의원대회로 대신할 수 있다.
2. 정기 총회(정기 대의원대회)는 매년 1월중에 개최한다.

제23조(총회구성 및 기능)

1. 총회는 최고기관이다. 따라서는 의결 및 결정이 중복되는 경우 총회의 의결 및 결정을 따라야 한다. 단, 총회의 의결 및 결정을

번복하는 경우는 예외이다.(19개의 항으로 세분화 되어 있음)

2. 조합은 총회에 갈음하는 대의원대회를 둘 수 있다.

단, 다음의 사항은 반드시 총회의 의결을 거친다.

1) 회계감사를 제외한 임원을 간선으로 선출하는 내용의 규약 변경 사항

2) 회계감사를 제외한 임원의 선출 및 징계, 불신임 결의사항

제25조(대의원의 선출)

1. 대의원 선출은 부서별로 조합원 100명 단위로 선출하되 『71~170명일 때 1명, 171~270명 일 때 2명, 271~370명 일 때 3명…』등으로 배정한다. 단, 부서 특성상 중선거구 제도를 둘 수 있되 중, 소선거구 채택결정은 부서 대의원들의 의견을 최대한 반영하여 최종 상무집행위에서 결정한다.

2. 대의원은 조합원의 직접, 비밀, 무기명 투표에 의하여 선출한다.

3. 대의원의 임기는 1년으로 하며 차기 정기대의의원에 참석할 대의원의 선출전일까지이다.

5. 대의원이 궐위되었을 때에는 단위 선거구별로 즉시 보궐선거를 실시한다. 단, 전임자의 전임기간이 3개월 미만일 때에는 실시하지 않는다.

제26조(소위원회 구성 및 역할) 조합 활동을 효율적으로 수행하기 위하여 소위원을 둔다.

1. 대의원 1인당 3~10 이내의 소위원을 둔다.

2. 대의원을 보조하며 쟁의 발생 시나 기타 각종 행사에 대의원 불참시 대의원 역할을 대리수행 한다.
3. 대의원 궐위 시 보궐 될 때까지 수임자가 대의원의 임무를 대신할 수 있다.
5. 소위원 선출은 각 선거구 대의원 선출 후 최소한 30일 이내에 선출해야한다.
6. 위 2, 3항의 경우 대의원대회의 표결권은 없다.

제27조 (대의원 대회의 기능)

대의원 대회의 기능은 총회에서만 처리하기로 한 사항을 제외하고는 총회와 같은 기능을 한다.

제29조(구성과 임기)

1. 운영위원회는 조합임원과 대의원대표로 구성한다. 단, 회계감사*2는 표결권이 없다.
2. 대의원대표 선출은 대의원 당선 확정 공고된 날로부터 10일 이내에 전임대표가 주관하여 선출한다.
3. 대의원대표는 각 사업부별 대의원 결의로 선출하며 대의원20명 단위로 1명씩 선출하되, 단수11 명이상 일 때에는 1명을 배정한다.(단 사업부별 단수 11명 미만이 통합하여 대표 1명을 배정한다)

---

*2 노동조합의 회계감사는 대의원총회에서 구성원 중에서 선출하고 있으나 대의원총회에서 표결권이 없음.

5. 대운영위원회는 조합임원과 대의원대표, 본부장, 지부장으로 구성한다.

방송노동조합은 약 7,000여 명의 조합원으로 조직되어 있으며, 대의원은 354명으로 구성되어 있다. 이와 함께 운영위원회, 시 · 도지부장회의, 대의원회가 있으며, 회계감사위원회가 있다. 회의가 지나치게 많아 위원장이 소신 있는 정책을 펼쳐가기에는 힘든 부분이 있음에도 불구하고 행정이 비교적 합리적으로 진행되고 있다. 대의원은 임기가 1년이며, 대의원의 선출은 조합원의 직접선거에 의한다. 이에 비해 체육회 가맹단체의 규약에는 회원이 대의원을 직접 선출하는 것은 불법으로 간주하고 있다.

자동차노동조합의 경우에는 4만 명의 조합원으로 구성되어 있으며, 판매본부, 정비본부 등으로 나누어져 있고, 안건에 대한 의결과정이 투명함을 자랑으로 삼고 있다. 총회(조합원, 398명의 대의원 총회), 중앙운영위원회, 상무집행위원회, 회계감사위원회 등이 있다. 중앙운영위원회는 조합임원과 대의원대표로 구성하여 운영되고 있으며, 체육회 가맹단체의 이사회와 유사하나 특이한 점은 대의원 대표들이 운영위원 자격으로 참석하여 이사회에서 집행하는 과정을 수행하고 상무집행위원회의 상정안 처리를 맡고 있다는 점이다. 한 안건을 집행하려면 노동조합은 상무집행위원회와 중앙운영위원회를 거쳐 처리되며, 결산공고는 조합원 총회를 개최하여 이루어진다. 이에 비해 체육회 가맹단체에서는 일반회원에 대한 결산서 공개가 사실상 이루어지지 못하고 있다.

회계감사에 있어서도 "조합비 회계의 적정여부는 회계감사위원이 3

개월마다 1회씩 감사하여야 하며, 회계감사위원은 회계감사 보고서를 작성하여 감사결과를 위원장에게 통보하고, 위원장은 그 시정 결과를 총회(대의원대회)에 보고하여야 한다."라고 되어 있다. 이에 비해 체육회 가맹단체는 회계감사를 연 1회 정기총회 전에 실시하여 대의원총회에 보고하고 있다. 전문성과 주변 상황의 고려 없이 체육회 가맹단체가 민주노동조합의 규정을 무조건 모방할 수는 없으나, 회계의 투명성 부분에 있어서는 재론의 여지가 없다고 본다. 특히 연맹의 사업이나 단체회비 등에 의해 재정이 대규모인 단체에서는 더욱 선명하게 회계감사가 이루어져야 할 것이다.

(3) 대의원 제도의 유형

민주노총이 현대그룹노동자총연맹을 무시하지 못하는 것은 그들이 금속산업노동조합연맹이 만들어지는 발판을 기초했기 때문이다. 현대중공업 사태는 어떻게 보면 민주노총이 상위단체로서 하부조직으로 있는 현대중공업 노조를 제명한 것으로 보이지만 다른 각도에서 보면 현대중공업이 민주노총을 제명한 결과라고도 볼 수 있다. 민주노총의 투쟁사나 현대그룹의 노동운동사는 '노동운동의 최정예 투사' 라고 하였다. '골리앗 투쟁' 으로 수많은 닉네임과 사기업에서 얻을 수 없는 부분이라고 생각했던 '퇴직금 누진제' 를 성립시켰던 '최정예 사단' 의 조합원 주장도 무조건 파업이라는 것은 이제 옛이야기가 되었다.

노동조합에서 이러한 변화가 이루어지는 가운데 체육회 가맹단체의 대의원총회는 여전히 제자리에서 맴돌고 있다. 가장 큰 문제점은 회장단 출연금 문제와 회장 추대과정에 있다. 지지 세력들의 헤게모니 싸움이 끊이질 않고 있는 것이다. 어느 체육단체의 행정 분야 감사 지적사항에 "임원 월례회 개최 시에 보다 많은 임원이 참석하여 이사회가 집행기관으로서의 역할과 기능을 충분히 발휘하여야 된다고 생각 합니다."라고 되어 있다. 이는 체육단체 임원들의 무관심을 반영하는 지적이 아닐 수 없다. 임원의 평가제도, 임기의 축소도 이러한 무관심을 해결하는 하나의 방법이 될 수 있다. 결론적으로 체육관련 단체의 대의원 제도가 반드시 불합리한 제도들 만이라고 단정할 수는 없으나, 각종 노동조합의 대의원 제도를 연구하여 이를 일정 부분 체육단체에 도입하는 것은 심도 있게 검토할 때가 되었다.

2) 체육회 가맹단체의 운영

체육회 산하 가맹경기단체의 구성과 관련하여 위에서 많은 논의가 있었다. 그러나 심층적으로 분석해 보면 대부분의 문제들이 예산의 확보와 그의 투명한 집행에 초점이 맞추어져 있다. 어떠한 방식으로 예산을 조달하고, 그 예산을 어떠한 사업에 투자할 것인가가 주요 이슈였던 것이다. 이러한 문제의 해결을 위해서는 각 가맹단체가 우선 사업을 전개하겠다는 의지가 전제되어야 한다. 예산확보를 위해서도 그렇고, 체육단체가 경기인은 물론 일반인들에게 체육활동의 기회를 제공해야 한다는 측면에서도 이는 매우 중요한 문제이다. 아무런 자체 사업 없이 회장의 기부금이나 산하 조직의 회비와 심사비 등에 의존하여 예산을 집행하기만 해서는 자생력 있는 단체일 수 없는 것이다. 이러한 경향은 지방의 가맹단체에서 특히 두드러지는 현상인데 현실적인 어려움은 있더라도 이는 반드시 실천에 옮겨야 할 문제이다. 다음에 제시하는 내용은 체육회 산하 가맹단체가 자생력을 갖추기 위해 수행해야 하는 몇 가지 사업들이다.

(1) 지역 예선제의 활성화

체육행사의 지방분산 개최는 아마스포츠의 발전을 위해 가장 중요한 문제이며, 체육회 산하 가맹단체가 시급하게 해결해야 할 과제이다. 이의 실현을 위해서는 대학스포츠부터 정립되어야한다. 대학스포츠가 선진국형인 지방분산 대회 운영방식을 정착시키지 않는 한 스포츠의 지방분권화는 이루어 질 수 없다. 가장 큰 변화는 대회 운영방식을 '홈 앤드 어웨이home and away' 식으로 전면 개편해야 한다는 점이다. 이와 함께 체육단체에서는 대회 수를 줄이는 대신 한 대회의 기간을 늘여 모든 경기가 주말 혹은 방학을 이용토록 하는 조치가 있어야 한다. 또 아직은 시설미비에 의해 현실적인 어려움은 있더라도 대회장소를 지역의 학교 운동시설을 이용토록 하는 장기적인 안목이 필요하다.

학생들의 입시와 관련하여 좋은 성적을 거두어야 하는 오늘날의 현실은 여러 가지 부작용을 잉태할 수 있지만, 이는 제도적인 장치로써 극복 할 수 있는 과제이다. 예를 들어 각 학교의 입시전형에서 시 · 도 대회도 일정부분 수용하면 전국대회의 필요성은 축소될 것이다. 이와 함께 또 하나 관련된 문제는 프로 팀의 지역연고를 강화하여 각 지역의 아마스포츠 팀들과 긴밀한 유대를 가져야 하는 점이다. 지역주민과 함께 하는 스포츠 팀이 되어야 프로스포츠도 발전하고, 지방분권화 정책에도 일익을 담당할 수 있으므로 체육회 산하 가맹단체에서는 이러한 사업의 최전방에 서야 한다.

(2) 권역별 훈련시스템의 구축 및 권역별 대회 개최

권역별 선수발굴 및 훈련시스템의 구축은 태릉선수촌을 거점으로 하여 권역별 트레이닝 센터와 종목별 트레이닝 센터의 개설로부터 시작된다. 이는 지방분권에 있어서 필요한 조치이며 해결해야 할 과제가 아닐 수 없다. 그리고 지방에 대한 자율과 책임 혹은 지방 체육단체가 권역별 경쟁을 통해 발전할 수 있는 계기가 될 것이다. 권역별 체육의 활성화는 경제적, 시간적인 절약이 가능하고, 무엇보다 지방 체육단체의 수익사업으로 연결될 수 있다는 장점이 있다.

엘리트스포츠와 대중스포츠의 가장 좋은 모델은 스포츠를 좋아하는 사람들이 모여 즐기다가 열정 있고 재능 있는 사람이 고도의 기술과 테크닉을 습득하여 클럽 · 학교 팀의 대표선수가 되고, 더 나아가 국가대표로 선발되어 실업 팀이나 프로 팀에서 선수로 활약을 하는 것이다. 이들은 선수 은퇴 후 노하우를 살려 다시 동호회나 팀 지도자가 되어 일생동안 그 종목과 더불어 생활할 수 있을 것이다. 이는 양분되어 있는 엘리트스포츠와 대중스포츠가 하나로 통합될 수 있는 길이기도 하다. 이의 뿌리는 권역별 대회를 통하여 내리게 되며, 체육회와 체육회 산하 가맹단체는 바로 이러한 일에 앞장 서야 한다.

(3) 체육시설 운영에 참여

체육예산은 국가재정에서 차지하는 중요도가 낮기 때문에 외부에서 작용하는 정치적 · 정책적 · 재정적 요인, 그리고 내부의 제도적 · 인적 측면으로부터 민감한 영향을 받고 있다. 뿐만 아니라 체육예산의 특수성이 인정되지 않고 일반예산에 준하여 편성되기 때문에 건전한 체육예산의 확보에 어려움이 따르고 있다. 따라서 체육정책의 원활한 집행에 있어서의 기본은 재정적 자립이다. 과거처럼 체육진흥기금이나 기타 목적세를 통한 재원확보는 국민적 반감을 일으킬 수 있으므로 체육과 관련한 사업에 대한 수익금 배분을 조정하는 노력이 필요하다.

현재 각 시 · 도의 체육회는 시 · 도 예산으로, 경기단체는 회장 및 임원의 찬조 등으로 재정을 확보하고 있는 실정이다. 이로 인해 체육행정의 자율성 확보가 미흡하고, 항상 수직적 구조 속에서 의사결정과 인사가 이루어진다. 이제 체육회와 가맹단체는 스스로 재정을 확보하려는 의지와 노력이 필요하다. 재정확보에 필요한 사업을 실시하고, 수익을 창출할 수 있도록 노력해야 자립할 수 있는 기틀이 마련된다.

체육회 및 가맹단체들은 자치단체의 체육시설의 확충과 운영권을 확보하여 재정수입을 확보하고, 협회 차원에서 엘리트교육과 일반인들을 대상으로 하는 교육 프로그램을 개발해야 한다. 이와 같은 체육재정의 자립을 위한 여건조성과 행정체계의 구축은 지방분권화 시대의 체육행정에 핵심적 요소로 작용할 것이다. 체육재정의 확보를 위하여 자치단체의 체육회와 가맹단체들은 시설운영에 민간기업의 경영기법을 도입해야 한다. 체육행정에 경영이 갖는 의미는 체육행정도 공익사업이면서 서비스사업이라는 입장에서 고객만족의 목표를 구현하기 위해 경영의식과 기법을 활용하여 행정전반의 쇄신과 능률 향상을 도모하고, 경영전문가의 활용으로 행정비용을 절감하고 생산성을 증대시키는 것이다.

체육단체들은 기부금의 비중이 줄어들면서 자체사업과 스폰서 확보에 눈길을 돌리고 있다. 수익사업의 모델로서 레슬링 · 씨름협회가 돋보이며, 유도 · 태권도 등의 종목은 승단제도를 도입하여 대중화와 수익을 동시에 추구하고 있다. 그리고 배드민턴 · 롤러경기연맹은 엘리트 선수층은 약하지만 인라인스케이트의 대중화 추세에 맞추어 마라톤대회와 비슷하게 5km, 10km 구간대회를 개최하는 일종의 수익성 모델을 전재하고 있다.

향후 과제

변하지 않는 체육회 가맹단체의 세습문화는 심판매수, 판정시비, 특기자 비리, 가맹 단체장 선거비리 등을 양산할 수밖에 없다. 아직도 체육현장이 불공정한 행정과 담합들이 판을 치고 있다면 생각 있는 체육인들의 양심과 인간성은 어디에서 찾을 것인가? 또 체육단체가 축소된 정치판이나 다름없고, 개혁을 부르짖는 소신파들이 사라져가고 있으며, 주요 임원들도 4년의 임기를 채우지 못하고 떠나는 경우가 허다하다면 이는 누구의 책임인가? 한쪽은 울타리를 지키느라 안간힘을 쓰고, 또 다른 한쪽은 잃어버린 권력에 대한 집착을 앞세워 여기 저기 흠집 내기에 바쁘다면 우리 체육계의 미래는 어떻게 되는 것인가?

체육회 가맹단체들이 안고 있는 가장 큰 문제점은 첫째, 회장단의 기금으로 운영된다는 점, 둘째, 이사회의 기능이 열린 행정이 아닌 닫힌

행정으로 진행되고 있다는 점, 셋째, 대의원의 수가 적어 대의원총회의 기능이 제대로 수행되지 않는다는 점 등이다. 이에 대한 장기발전 전략과 방향을 설정하는 일이 시급하다.

체육회 가맹단체는 구조면에서 우선 지명 대의원제도를 개선해야 한다. 지명 대의원제도는 기득권을 행사하려는 관계자들에게 너무나 익숙해져 있는 제도이다. 어떠한 제도이든 장단점이 혼재되어 있지만, 대의원총회가 제 기능을 수행하기 위해서는 지명 대의원제도는 제고의 여지가 큰 것이다. 대의원총회는 대의원들이 1년에 한번 모여 거수기 노릇이나 하고 식사나 한 끼 하는 자리가 아니다.

회장 및 이사회와 감사(회계)에 대한 성과의 평가를 매년 실시하여 공개할 필요가 있다. 공식적인 평가방법은 공청회를 통해 마련하여 공개하고, 평가의 결과를 불신임으로 까지 이어질 수 있도록 해야 한다. 도덕적으로 건전하고 청렴하며, 일 처리가 합리적인 인사에 대해서는 격려하고, 그렇지 않은 경우에는 책임을 물을 수 있는 문화를 조성해야 한다. 따라서 이사회를 견제하는 세력으로서 대의원총회는 예산 및 업무의 집행과정을 철저히 분석하여야 한다.

체육회 가맹단체의 이사가 되기를 희망하는 사람은 운영과 정책에 공헌할 수 있고, 유용한 지식을 습득할 자세가 되어 있는 자이어야 한다. 단지 이사회에 참여하는 수준에서 이사의 역할이 끝난 것으로 생각해서는 안 되며, 그들은 적어도 이사회 안건을 숙지할 수 있는 시간과 정력을 할애할 수 있어야 한다. 그리고 이사회 내에 분과별 소위원회를 활성화시켜 역할을 분담함으로써 이사회의 정책결정에 보탬이 되도록 해야 한다. 체육단체는 대부분 스승과 제자, 선배와 후배의 관계로 구성되어 있기 때문에 합리적인 절차가 생략되는 경우가 허다하다. 그러나 인간관계의 벽을 넘은 열린 행정에 의해 체육단체는 성숙될 수 있다.

●참고문헌

규정집 대구광역시 체육회(2002. 2. 19 개정).

규정집 대구광역시생활체육협의회(1997. 3.14 문화체육부 개정).

김동규(1999). 한국 엘리트스포츠 정책의 사회철학적 진단과 발전과제. *한국체육학회지. 38(4).*

김병준(2002). 분권화 개혁의 현황과 과제. 강원발전연구원. 강원광장. 46권.

김주훈 · 조동진 · 김재현(2001). 한국 체육행정조직의 실태와 활성화방안. *한국스포츠리서치. 12(3).*

김창규(1997). 21세기 체육진흥정책 방향. 한세정책. 37.

대한체육회 가맹단체규정(2004. 2. 11 제정).

대한체육회 정관 (2002. 5, 16 문화관광부 승인).

대한태권도협회 규정(2003. 2. 7 개정).

문갑식(2004). 민노총이 勞組를 '탄핵' 하나. 조선일보(3월 30일).

선거관리지침서(1998. 10. 20 의결) 한국방송공사노동조합 중앙선거관리위원회.

소영진(2001). 지방분권의 주요과제와 실천방안. 분권과 혁신 4호. 대구 : 대구사회연구소.

운영세칙(1991. 4. 6 개정) KBS노동조합.

이상효(2001). 지방자치단체 체육예산편성의 문제점 및 개선 방안. *한국스포츠산업·경영학회지. 6(2).*

이창섭(2003). 신정부 스포츠·체육정책의 비전과 과제. 대통령직인수위원회.

장명수(2003). 지방분권과 지역발전 과제. 국토. 서울 : 국토연구원.

장주호(2000). 우리나라 스포츠정책의 과제. 스포츠와 법. 창간호.

제 9년차 정기대의원회 회의자료 민주노총 대구지역본부.

한국지방행정연구원(1990). 지방 자치행정 50년사. 서울.

현대자동차노동조합 규약집(2001. 8. 16 개정).

현행 체육단체규정집(1993. 3. 26 개정) 경상북도체육회.

홍준현(2001). 지방분권화와 지역격차의 상관관계. *한국지방자치학회보.* 13(1).

* 위 내용은 한국선의 논문 "체육회 가맹단체의 구성과 운영 : 고정수입이 확보된 단체의 경우"(제100회 스포츠사회철학회 세미나, 2004. 6. 12.)의 원고를 수정 보완한 것임.

05

태권도의 스포츠화 과정

태권도는 세계화를 통해 발전을 거듭하였으나, 더욱 진전하기 위해서는 남 · 북한 태권도, 즉 세계태권도연맹 · 국제태권도연맹이라는 이원화의 문제가 걸림돌로서 이의 해결이 우선 과제이다. 이와 함께 국내 태권도계의 복잡한 이해관계도 원만히 해결해야 할 문제이다. 태권도 세계화의 두 거두 최홍희와 김운용은 정치사적 평가와 개인적 행태 등과는 별도로, 그들이 추진한 태권도 세계화 전략을 심도 있게 연구하여 민족 전통무도인 태권도의 통합을 이루고, 종주국으로서의 면모를 재고하는 것이 보다 큰 의미가 있다.

05

태권도는 인쇄술과 함께 세계인에게 자랑할 수 있는 우리 민족문화의 한 축을 이룬다. 이러한 태권도의 세계화는 1959년 최홍희(1997)가 최초의 해외원정 시범단을 월남과 대만에 파견하면서부터라고 볼 수 있으며, 본격적인 보급은 월남 군사무술학교와 대만군에 태권도 지도사범이 정착한(강기석, 2001 : 186) 1960년대 중반부터라고 보는 것이 옳을듯하다. 그 후 태권도는 2000년 시드니올림픽에 정식종목으로 선정되면서 전 세계인이 선호하는 스포츠로 각인되고 있다.

현재 태권도는 세계 각국의 스포츠대회에 정식종목으로 채택되어 있다. 베트남의 경우에는 태권도의 수련이 신분상승의 기회가 된다고 한다. 그러나 태권도의 세계화는 동양무도의 정체성이 상실되고 경기적인 측면만 부각되고 있다는 염려가 있다. 그리하여 최근에는 태권도의 뿌리, 즉 태권도의 역사정립에 대하여 각계의 학자들이 관심을 가지고 연구를 진행시키고 있다. 연구 초창기에는 태권도의 원초적인 뿌리찾기에 대한 논쟁이 주류를 이루었으나 세계화된 오늘날에는 태권도의 역사성에 대한 논란이 학문적으로 접근되고 있다. 이러한 논쟁은 아직

미궁에 빠져있지만, 그 실마리를 풀 수 있는 한 방안으로 태권도인 최홍희에 대한 객관적 평가가 대두될 수 있다.

최홍희는 '태권도' 란 명칭에 대해 집요한 애착을 갖고 있었다. 그리고 그는 태권도경기가 '겨루기' 만으로 승패를 가리는 것은 너무 단조롭다고 여겨 '품새, 격파, 겨루기' 를 통하여 승패를 가리는 것이 무도의 본질이라고 주장하였다. 그가 창안한 창헌류 틀*1의 명칭과 내용을 살펴보면 한국의 전통무도를 고수하고자 한 민족사관이 엿보인다. 그의 회고록, 『태권도와 나』에서는 태권도의 명칭제정과 협회의 구성, 계파간의 갈등 등을 해소하는데 어려움을 겪은 후 비로소 오늘날의 모습을 갖추게 되었다고 하였다.

국기원 전경

이와 함께 김운용은 1971년 1월 17일 대한태권도협회 제7대 회장으

*1 세계태권도연맹의 '품새' 를 의미하며, 최홍희는 이를 '틀' 이라고 칭하고 있다. 다른 무도에서는 '형' 또는 '본' 이라고 한다.

로 취임하면서 태권도와 체육계에 인연을 맺게 된다. 그는 회장 취임 후 중앙도장인 국기원을 건립하였고, 세계태권도연맹(1973)을 창설하여 총재를 맡으면서 세계태권도선수권대회를 개최하였다. 그는 태권도가 1975년에 미국체육회AAU와 국제경기연맹연합회GAISF, 1976년에는 국제군인체육회CISM 등에 정식종목으로 채택되게 하였다. 1979년 김운용은 세계비올림픽종목연합회의 회장에 선임되었고, 1980년에는 세계태권도연맹이 IOC의 정식 승인단체가 되는 동시에 태권도 종목이 올림픽종목으로 채택되는데 주역을 담당하였다. 국제경기연맹의 가입과 아시안게임, 아프리카게임 태권도경기의 실시, 그리고 '88 서울올림픽 시범종목 후 2000년 시드니올림픽의 정식종목으로 채택되면서 태권도는 국제스포츠로 자리매김하였다. 그리하여 김운용은 세계적으로 성공한 사람, 국제전화를 가장 많이 거는 사람, 어떤 선거에도 지지 않는 동방불패 사나이 등의 수식어와 함께 수많은 스포츠단체의 수장을 맡았다(김동규, 2002 : 85).

최근 태권도의 종주국인 한국 태권도계는 혼란에 빠져 있다. 이는 태권도의 세계화를 주도한 김운용이 그의 공헌에도 불구하고 장기집권으로 인해 태권도계의 비리와 연루되었고, IOC 위원으로서의 역할론에 대한 의문 등이 제기되어 개인은 물론 태권도 종주국으로서의 입장이 손상되었기 때문이다.

이와 같이 최홍희와 김운용은 태권도의 보급과 세계화에 지대한 역할을 하였다. 그러나 다른 한편으로 보면 두 인물 모두 유종의 미를 거두지 못한 비운의 인물이라고 볼 수 있다. 최홍희는 정치적 견해와 독자적인 행로에 의해 반국가적인 인물로 각인되어 버렸고, 김운용은 장기집권에 따른 후유증에 의해 비참한 말로를 겪었다. 문제는 두 인물의 불행이 태권도의 발전과 세계화에 역류현상을 일으킬 수밖에 없다는 것이다. 그리하여 이제 태권도 혹은 태권도계는 변혁의 귀로에 놓여 있다.

세계화의 반석에 오른 태권도는 올림픽을 비롯한 국제 스포츠계에서 종주국에 걸 맞는 성적을 거두어야 하는 사명을 안고 있다. 그리고 태권도는 동양무도로서의 정체성을 확보하는 노력도 중대한 문제이다. 세계화와 정체성 확보는 선택적 요인이 아니라 공존되어야 할 난제인 것이다. 따라서 이 장에서는 태권도의 성립과정과 세계화의 두 주역, 즉 최홍희와 김운용을 대상으로 그들이 추구한 태권도철학과 정체성을 위한 노력, 그리고 세계화의 전략 등을 비교탐색 함으로써 향후 태권도 혹은 태권도계의 향방을 찾아보고자 한다. 대조적인 두 인물의 태권도철학과 세계화 전략은 태권도가 국내는 물론 국제적인 스포츠로 정착하고 시행착오를 줄일 수 있는 밑거름이 될 것이다.

1. 최홍희 : 무도성에 근거

1) 국군태권도 시범단

태권도는 국방체육의 한 분야로 붐을 이루어 한국전쟁 이후 그 필요성이 인식되어 급진적으로 발전하기 시작하였다. 1958년 이승만대통령의 초청으로 한국을 방문한 월남 N. D. Diem 대통령은 전방에 있는 익크사단*[2]의 태권도시범을 관람 후 1959년 3월에 한국군의 태권도 시범

태권도 오도관 제21회
심사기념(1962. 7. 7)

단*3을 공식 초청함으로써 월남과 대만에서 해외에 첫 선을 보인 순회 시범을 가져 태권도를 소개했으며, 월남전에 파견된 태권도시범단과 교관단의 활약과 한국군의 태권도 훈련모습은 월남전에 참전한 다른 나라의 군인들에게 태권도에 대한 새로운 인식을 심어주게 되어 태권도의 해외진출의 교두보 역할을 하였다(최홍희, 1997). 우종림은 1959년 3월 12일 여의도 비행장에서 괴성을 내는 공군 수송기를 타고 역사적인 길에 올랐다고 술회한다(강원식, 이경명, 1999 : 155).

최홍희는 대한태수도협회 제3대 회장에 취임하면서, 태수도에서 '태

---

*2 보병 제29사단 '익크사단'의 창설은 1953년에 이루어졌다. 익크는 29사단을 줄인 것 또는 부대의 강함을 알리는 것으로 알기도 하지만, 실은 신익희 선생을 존경하는데서 비롯된 것이다. 신익희의 '익희' 두 자를 연상한 것이며, 주먹은 9자를 의미하는 동시에 내 주먹으로 38선을 때려 부수겠다는 진의가 있었다(강원식 등, 2002 : 140).

*3 국방부는 최홍희를 단장으로 섭외는 김홍걸, 경리는 김경을, 지휘는 남태희, 단원으로 고재천, 우종림, 백준기, 곽금식, 한차교, 김복남, 김근택, 차수용, 윤종철, 김만호, 김복만, 이응삼, 김재룡, 이화석 외 3명 등을 주축으로 최초의 시범단을 월남과 대만에 파견하였다(하태은, 1999 ; 강원식, 이경명, 2002 : 266).

권도' 로 공식명칭을 개정, '태권도 구 · 아사절단' 의 파견 등 많은 업적을 남겼다. 동남아를 중심으로 태권도의 의욕적인 보급은 큰 성과를 거둘 수 있었고, 태권도라는 용어를 제정하고 창헌류라는 새로운 품새 24개의 틀을 창안하였으며, 말레이시아에서 태권도기술이 정립되었다고 말할 정도로 대사직 수행보다는 태권도 기술창안에 심혈을 기울이었다는 것은 널리 알려진 사실이다. 자신을 태권도 창시자라고 주장하면서 세계 각지로의 보급에 더욱 노력하는 한편, 각국에 진출한 한국태권도 지도자의 조직에 노력하여 국제태권도연맹을 창립할 수 있는 기초 작업을 이루었다.

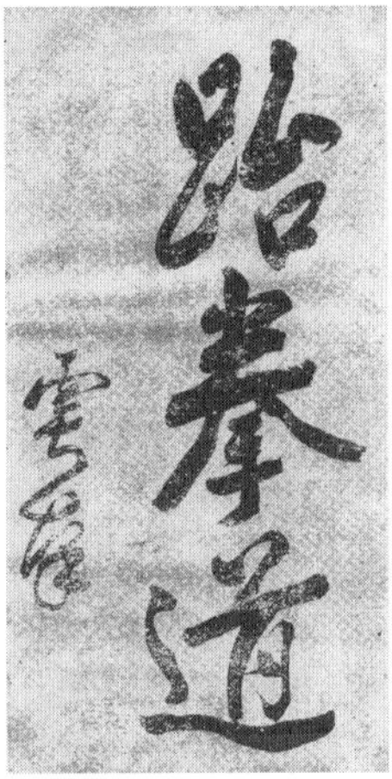
이승만 대통령 휘호

하태은(1999), 강원식, 이경명(2002 : 139)은 1962년 후반기 육군본부 방첩부대CIC에서 오도관 출신을 주축으로 10여명의 태권도 선수단(백준기, 남태희, 고재천, 우종림, 한차교, 차수영, 장태익, 이은상, 김길성, 최태윤 등)을 발족하여 오늘날의 국군체육부대식의 모체가 되었다고 하였다.

파병군인들의 태권도 시범

1965년 당시 맹호부대 군수참모 겸 태권도책임자였던 우종림은 "태권도교관단의 역할에 대해 군에 의한 태권도보급을 과소평가해서는 안된다. 월남 파병군은 월남전을 활용, 방대한 조직과 규모로 태권도를 보급시키고 태권도를 세계에 널리 알리는데 크게 기여했다." 며, 군에 의한 태권도보급에 자부심을 표명한 뒤 당시 채명신 장군은 태권도의 필요성을 깨닫고, 한국군이 강하다는 것을 월맹군 등 각국 군인들에게 보여주기 위해 태권도를 민간 사절사로 적극 활용했다고 술회했다.

초대 교관단장으로 월남에 파병된 백준기는 태권도의 우수성 · 위력을 알리는 데는 시범이 제격이라고 판단했다. 한국 대사관정원에서 펼쳐진 태권도 연무시범 때문에 월남에 파견된 각국의 언론기관원과 외교사절단 등이 몰려와 문전성시를 이루었다(서성원, 1997). 여러 가지 정황으로 보아 태권도사 입장에서 보면 태권도는 군에 의해 세계화의 기초가 다져졌다고 볼 수 있을 것 같다.

2) 국제태권도연맹 창설

1966년 3월22일 대한태권도협회의 동의를 얻어 최홍희는 그의 오랜 숙원이던 국제태권도연맹ITF, International Taekwondo Federation을 창설하였다. 즉 태권도 최초의 국제기구가 탄생한 것이다. 참가국은 월남, 말레이시아, 싱가폴, 서독, 미국, 터키, 이탈리아, 아랍공화국 등으로 국제기구를 만들고, 명예총재 김종필, 명예부총재 김완용, 김용채, 총재 최홍희, 부총재 이상희, 조하리(말레지아 상공부장관), 노병직, 사무총장 엄운규 등으로(외국에 배당될 5인 석의 이사선출을 보류 : 국제성 강조) 구성하였다(최홍희,

1998 : 88).

1968년에는 제1회 아시아태권도선수권대회를 홍콩에서 개최하여 29개국이 참가하였으며, 경기방식과 규칙은 일본의 가라테의 것과 비슷하게 진행되었다. 1970년대 초반까지는 사실상 태권도가 각국에 깊숙이 정착되기 시작하여 세계 100여 개국 1000여만 명에 달하는 수련생을 보유하게 되었다. 태권도의 경기화가 이루어지면서 종주국으로서의 위치를 확보하기 위한 대한태권도협회와 국제태권도연맹간의 갈등은 상당히 심각했던 것으로 보인다. 대한체육회에서 분규수습위원회를 설치하여 공평한 수습방안을 마련하였다. 이에 대하여 민관식 회장은 다음과 같은 수습방안을 제시하였다(최홍희, 1998 : 316; 강원식 등, 1999 : 165).

〈대한체육회 민관식 회장의 수습방안 : 1968년 9월 3일 양 단체에 보낸 내용〉

◉ 국제태권도연맹 : 국제간의 친선을 도모하는 업무와 건전한 국제경기를 관장

※국제태권도연맹은 산하도장을 갖지 못한다.

◉ 대한태권도협회 : 국내 도장설립과 감독, 국내대회 관장 및 선수양성 등의 업무 수행

그러나 대한태권도협회와 국제태권도연맹은 대한체육회의 타협 조정 역할에도 불구하고 고질적인 분규는 계속되었다. 대한체육회의 화해 노력에도 관계개선이 이루어지지 않은 채 대한태권도협회와 국제태권도연맹은 갈등은 증가되기만 한 것이다. 이는 태권도역사에 있어서

갈등의 역사가 시작된 것으로 볼 수 있다.

2. 김운용 : 경기에 근거

세계태권도연맹 창립 기념비

1973년에는 경기규칙을 개정하여 제1회 세계태권도선수권대회가 서울에서 개최되었고, 5월 28일에는 세계태권도연맹WTF, World Taekwondo Federation이 창립되고, 총재에 1971년 대한태권도협회장에 취임한 김운용이 겸임하게 되었다. 외교관 출신으로 어학에 매우 능한 그는 취임 직후부터 태권도의 올림픽 정식종목을 추진하여 태권도의 본격적인 스포츠화를 시도하였으며, 같은 해 7월부터는 국제태권도연맹에 국내등록을 취소하고, 해외공관에서도 세계태권도연맹만을 정식단체로 인정하게 하였다. 최홍희 주도의 국제태권도연맹은 캐나다에 본부를 두고 이때부터 친북 단체화 된 것으로 보인다.

태권도는 국제화를 위해 1973년 11월 시범단을 구성해 유럽, 중동, 아프리카, 동남아 13개국을 차례로 순방하며 시범을 보여 선풍적인 인기를 얻었다. 순회시범의 폭발적인 호응도에 고무된 국제태권도연맹은 1974년 11월 10명으로 구성된 시범단을 이끌고 도미니카, 콜롬비아 등

제1회 세계태권도 선수권대회 입장식

지에서 순회시범을 가졌고, 1978년 5월에도 스웨덴을 비롯하여 사회주의 국가인 폴란드, 헝가리, 유고 등에도 태권도보급에 힘썼다. 최홍희는 1980년 9월부터 북한에 태권도를 보급하고자 본격적인 접촉을 가졌다(강원식 등, 1999 : 184).

학자들의 관점에 따라 태권도 세계화 과정을 분류하고 있는 두 가지 예를 볼 수 있다. 하나는 국제태권도연맹과 세계태권도선수권대회의 시작이 세계화의 초석이 되었다는 입장이고, 또 다른 입장은 연도 별로 접근하여 각 단계에 따라 변화되었다는 주장이다. 전자의 경우에 대해 김광성, 김경지(1988 : 337)는 "세계화의 전개는 두 단계로 나누어 볼 수 있는데, 전기 1차 단계는 1960년대의 최홍희와 그를 중심으로 결성된 국제태권도연맹을 통한 것이고, 이러한 1차적인 국제적 진출의 기반 위에서 2차 단계의 세계화는 1973년 5월 2일 제1회 세계태권도선수권

제1회 세계태권도선수권대회 포스터

대회를 서울에서 개최하고, 같은 해 5월 30일 세계태권도연맹을 서울에서 결성함으로써 본격적으로 진행되기 시작했다." 고 보고 있다.

한편, 신창화(1994)는 태권도의 세계화 과정을 4단계로 구분하면서, 제1단계는 1940년대부터 1960년대 초반까지의 '해외침투 단계', 제2단계는 1960년대 초반부터 1970년대 초반까지의 '해외 정착단계', 제3단계는 1970년대 초반부터 1980년대 초반까지의 '세계화 완료단계'로 보고 있다. 이어 제4단계는 1980년대 초반부터 현재까지로서 태권도는 더 이상 한국만의 문화가 아닌 세계의 문화로서 세계 각국의 토착문화로 인식되면서 한국은 사실상 종주국의 위치를 상실해 가고 있어 '종주권 상실 초기 단계'라고 주장하고 있다.

1) 국제스포츠연맹총연합회GAISF 가입

태권도는 1975년 치열한 경쟁상대인 가라테를 따돌리고 국제경기연맹총연합회에 가입하는데 성공하였다. 이와 관련하여 강기석(2001 : 135)은 김운용에 대해 "지금까지 무도로서 인식되어 왔던 태권도를 단기간 내에 세계적인 스포츠로 도약시킨 인물로서 스포츠외교의 일등공신이며, 주먹이 아닌 머리로, 즉 능수능란한 수완과 뛰어난 어학능력으로 태권도를 오늘날의 모습으로 가꾸었고, 이를 바탕으로 귀족이나 재력가들로 이루어진 국제올림픽위원회IOC 위원들을 이끌며 세계체육계의 2인자가 된 입지전적 인물"이라고 평가하고 하였다.

세계태권도연맹은 1975년 10월 국제경기연맹총연합회에 가입하면서부터 태권도는 세계화에 중요한 첫발을 내디뎠다(강원식 등, 2002 : 146).

세계태권도연맹의 창설 후 국제경기연맹에 가입할 수 있었던 것은 김운용 총재의 오랜 외교관 활동으로 국제적 흐름을 파악하고 있었기에 가능했으며, 대한올림픽위원회KOC 부회장 겸 명예총무로 국제 업무를 담당했던 그는 태권도를 국제무대에서 공인받기 위해 IOC와 함께 세계스포츠 양대 기구인 국제경기연맹총연합회의 가입에 총력을 기울였다.

최문열(1999b)은 "국제무대에서 국제태권도연맹과 일본의 가라테 등과 주도권싸움에서 승리하기 위해서는 태권도의 국제경기연맹총연합회 가입은 중요한 사안이었다."고 하였다. 김운용과 당시 국제경기연맹총연합회 총회에 동행했던 이종우 전 세계태권도연맹 부총재의 증언에 따르면, 총회 6일 동안 김운용은 밤낮없이 위원들을 만나고 설득하러 다녔다. 그 결과는 마지막 날 나타났다. A. Chowdhry 국제아마튜어복싱연맹AIBA, Association of International Boxing Amateur 회장을 비롯하여, 탁구, 양궁, 레슬링 국제연맹 회장들이 나서 세계태권도연맹을 적극 지지하는 발언을 했다. 그리고 1976년에는 국제군인체육회CISM에 정식종목으로 인정되었고, 1980년 모스크바 IOC총회에서는 태권도가 정식 승인을 받게 되었다. 이처럼 태권도가 국제스포츠로서 눈부신 발전을 가져올 수 있었던 것은 김운용 총재의 탁월한 스포츠 외교력의 결과라 생각된다고 했다. 김대중 대통령 시절 남 · 북 정상회담 대표단으로 평양을 다녀오기도 한 김운용은 30여 년 동안 세계스포츠계의 인물들과 폭넓게 교류해왔으며, 젊은 시절 우여곡절도 많았지만 1970년대 이후부터는 오직 국제 스포츠외교에 승부수를 던졌던 것이다.

2) 아시안게임과 올림픽대회 정식종목으로의 참가

1981년 12월 9일 태권도는 '86서울 아시안게임의 정식종목으로 채택되었으며, 한국 태권도단은 그 대회에서 금메달 7개를 획득하여 효자종목이 되었다. 그 후 1990년 북경 아시안게임에서는 주최국의 우슈가 정식종목으로 채택되면서 태권도는 제외되었다. 그러나 1994년 히로시마 하계아시아경기대회에서 태권도는 다시 정식종목으로 채택되었고, '98방콕, '02부산, '06도하 아시아경기대회에서도 정식종목으로 참가하였다. 다음은 태권도의 아시안게임 정식종목 채택과 관련된 김운용의 활동일화를 소개한 것이다.

> 히로시마 아시안게임 때 일본이 태권도를 종목에서 제외시키고 김운용이 이에 대한 해결로 동분서주할 당시 아시아올림픽평의회 회장 쿠웨이트 세이크 아메드의 방문이 있었다. 국기원에 그의 부친이 생전에 활동하던 모습을 준비해 둔 김운용, 물론 세이크 아메드는 눈물을 흘리며 감회에 젖고… 며칠 뒤 히로시마에서 열린 총회에서 세이크 아메드는 태권도의 채택을 강력하게 지지하게 된다. 사람들을 자기편으로 만드는 법을 알았던 김운용, 즉 상대가 뭘 원하는지를 알고 그것을 줄 수 있었던 김운용만이 가능했던 일이다. (http://blog.naver.com에서 발취)

2002년 부산 아시안게임에서는 38개 경기종목 중 공수도, 우슈 등이 포함되어 있었다. 따라서 동양무도들이 스포츠화하고 세계화으로써 차

겨루기 장면

후 올림픽 정식종목으로 태권도가 유지되기는 만만치 않은 상태이며, 정식종목으로 확정된 2012년 런던올림픽 이후 대회부터 IOC총회에서 승인을 획득해야 하는 점이 부담이 아닐 수 없다. 이러한 정황을 극복할 수 있는 다각도의 방법이 연구되어야 할 것이다.

세계태권도연맹은 1980년 7월 17일에는 IOC 83차 모스크바 총회서 승인을 받았다. 태권도가 올림픽 정식종목으로 채택된 데에는 김운용의 개인적 역량에 힘입은 바가 크다는 사실은 아무도 부인할 수가 없다. 그리고 김운용의 힘은 1986년 10월 제91차 로잔회의에서 IOC위원으로 선출되면서 본격적으로 발휘되기 시작했다. 김운용은 사마란치의 후원으로 국내의 쟁쟁한 경쟁자들을 물리치고 IOC위원에 당선된 후 며칠 뒤 국제경기연맹총연합회 회장에 당선돼 국제 스포츠무대에서 막강한 영향력을 지니게 되었다. 또 1988년 9월에는 IOC위원으로 선출된 지 1년 11개월 만에 부위원장으로 당선되는 등 실력자로 급부상하였으며, 태권도도 올림픽 경기에 인상적인 모습으로 등장하기 시작했는데 그 첫 계기가 '88 서울 올림픽이었다.

처음에는 야구와 배드민턴이 시범종목으로 유력했는데, 김운용이 부위원장으로 활약했던 서울 올림픽조직위원회의 끈질긴 노력에 의해 배드민턴 대신 태권도로 바뀐 것이다. 또 '92 바르셀로나 올림픽에서는 스페인이 자랑하는 하이라이와 롤러하키를 시범종목으로 채택됐으나, 올림픽헌장에는 2개의 시범종목만을 규정하고 있어 태권도의 채택은 희망이 없는 상황이었다. 그러나 김운용은 바르셀로나 올림픽에서 시범종목으로 채택되지 않으면 2000년 안에 태권도의 올림픽진입은 불가능하다는 판단아래 사마란치를 찾아가 시범종목이 아닌 올림픽 규정에도 없는 전시종목으로 치르게 해줄 것을 요청하여 사마란치의 동의를 받아내게 된다. 김운용은 맨투맨으로 집행위원을 설득해 태권도를 격상시킨 것이다. 그리하여 바르셀로나 올림픽은 3개의 시범종목을 실시한 유일한 올림픽이 되었다.

세계태권도연맹은 1994년 1월 15일에 태권도의 올림픽 종목채택추진위원회를 결성했다. 최문열(1999c), 강원식 등(2002 : 321-325)은 추진위원장에 김집(전 체육부장관), 부위원장에 H. Josiah(세계태권도연맹 부총재), 실무 간사에 이금홍(세계태권도연맹 사무총장)를 각각 선출한 후 산하에 4개 분과를 두었으며, 기획 장주호(경희대학교 체육대학장), 재정 박용성(OB그룹 부회장, 대한유도회회장), 홍보 박갑철(국제기자연맹 부회장), 운영 김용래(전 서울시장) 등을 선임하였다. 태권도의 올림픽종목 채택을 위한 IOC창립 100주년 기념 서울국제태권도선수권대회가 장충체육관에서 개최되었다. 이에 대해 도건영(1994), 강원식 등(2002 : 325)은 "세계태권도연맹 주최로 올림픽 개최국인 한국, 스페인과 차기 올림픽 개최국인 미국, 호주 등 4개국이 초청되어 친선경기로 펼쳐진 이번 대회는 오는 2000년 시드니 올림픽의 경기종목 채택을 위하여 IOC프로그램 분과위원회 위원들을 특별히 초청한 가운데 태권도를 관람토록 함으로써 태권도의 인식을 제고시키는 기회를 마련하였다."고 하였다. 이는 시드니 올림픽에 태권도를 정식종목으로 채택시키기 위한 막바지 노력의 일환으로 IOC위원들을 초청한 가운데 태권도경기의 우수성 및 경기종목 채택의 당위성을 인식시키는데 주안점을 두고 경기를 개최한 것으로 보아야 한다.

마지막 안건으로 태권도의 올림픽종목 채택안의 총회상정여부를 집행위원들에게 물었으나, 별다른 반대가 나오지 않았는데, 이에 대해 최문열(1999c)은 "예상 밖의 만장일치로 2000년 태권도가 시드니 올림픽에 정식종목으로 인정된 것은 김운용 집행위원이 오랫동안 공들여온 물밑작업의 결실로 이루어졌다."고 했다. 그리고 강원식 등(2002 : 330)도 "당초 한국 대표단은 8월 28일까지 열린 집행위원회를 통해 총회에 상정시키는 절차를 밟으려 했으나 프랑스 현지에서 북한과 일본의 집요한 방해공작을 받으면서 그동안의 계획을 전면 수정, 정면 돌파해서 막판 총회에 밀어 넣기로 하는 전략을 택하기로 했다."고 했다. 이러한 우여곡절 끝에 태권도는 올림픽의 정식종목으로 채택되었다. 김운용은 사마란치와 머리를 맞대고 상의한 끝에 '막판 끼워 넣기'라는 특별전략을 짜냈었는데, 이러한 능력에 의해 김운용은 국제스포츠 사회에서 외교적 역량이 막강하였음을 입증하는 계기가 되었다.

3. 세계태권도연맹과 국제태권도연맹의 세계화 전략

태권도는 1960년대까지 세계태권도연맹과 국제태권도연맹의 기술과 내용이 동일하였으나 1972년 국제태권도연맹 총재인 최홍희가 캐나다에 망명한 후 1980년부터 북한에 사범을 파견하고 태권도를 국기화하면서 용어, 품새, 기술, 경기규정 등이 서로 이질화되어 현재는 많은 차이점을 보이고 있다. 최홍희는 IOC를 향해 국제태권도연맹의 우선권을 다음과 같이 주장하고 있다.

> 1988년 4월 1일 총재 최홍희씨는 국제올림픽위원회 위원장 앞으로 장문의 호소문을 보냈다. 이 호소문의 주된 내용은 세계태권도연맹의 태권도를 가짜 태권도라고 비난하고, 세계태권도연맹이 태권도의 탈을 쓰고 왜 뒤늦게 나타나게 됐는가를 아는 것이 필요하다는 것이었다. 그리고 세계태권도연맹은 태권도라는 이름 아래 가라테 기술을 가르치고 있으며, 경기규정도 가라테와 비슷하여 태권도단체가 될 수 없다고 했다(이경명, 2000a).

이처럼 세계태권도연맹과 국제태권도연맹은 갈등의 구조 속에서 각자 성장해 왔다. 세계태권도연맹이 태권도를 스포츠화 시킨 반면, 국제태권도연맹에서는 무도성을 강조하여 겨루기(맞서기)로 시작된 경기규정에 품새(틀), 특기, 격파(위력) 등의 종목을 추가하여 시합의 내용을 무도화 하여 각종 용어, 기술, 도복, 심사제도 등이 서로 다른 형태로 변모된 것이다. 물론 두 단체 간에 민족의 갈등을 보여주고 있다는 점에서 부정적인 측면이 있지만, 이를 통해 무도화의 기반을 쌓고 세계화를 이룩한 공은 인정해야 할 것 같다. 즉 각각의 단체에서 담당한 태권도의 기술개발과 보급, 저술 등의 실적들은 인정하되 그에 못지않게 과실도 간과할 수 없다는 것이다. 세계태권도연맹과 국제태권도연맹의 차이점을 비교하면 다음과 같다.

1) 품새와 틀의 의미

(1) 협회 제정형 : 세계태권도연맹

품새란 명칭은 국기원 기술심의회에서 1987년 2월 22일 한글학회의 자문을 받아 「품세」에서 「품새」로 수정되었다. 과거의 품세品勢란 한자어에서 세勢자는 기세나 형세를 뜻하며, 중국무술 등에서도 많이 사용되었기 때문에 이에 대한 차별화를 위해 한글을 사용하게 된 것이다(임관인, 2000). 이는 중국, 일본의 관점에서 주장하는 역사적인 근거를 부정함과 동시에 계승 발전적인 민족문화의 단초로써 해석할 수 있을 것이다.

품새는 품(모양)과 새(기운 · 맵시)의 두 글자가 합쳐진 단어이다. '품'은 모양이나 법식을 일컫고, '새'는 기운 · 맵시 · 꼴 · 됨됨이 등을 뜻한다. 태권도에서 품자는 두 가지 의미를 가지고 있다. 첫째는 태권도 1품이라고 하듯이 물건이나 벼슬아치의 등급을 매기는 단위로 '품' 자를 사용하고, 둘째는 법식法式을 가르치는 뜻으로 품행品行, 품성品性, 기품氣品 등의 일반적인 말로 쓰이는데 품새라고 할 때는 두 번째 의미를 지니고 있는 것으로 보아야 할 것이다. '새'는 세련된 모양을 나타내는 의미뿐만 아니라 기운, 됨됨이 등의 뜻을 내포하는데, 생김새, 짜임새, 쓰임새 등의 단어로 널리 쓰이고 있다. 따라서 품새는 우리말로서 모양과 기운, 모양의 됨됨이 등으로 해석할 수 있다(안용규, 1998).

또한 품새라는 용어에서 '품' 은 불안전한 명사로서 동사 밑에 붙어서 사용되며, '품' 은 동작이 끝난 상태의 정적인 의미이고, 동작은 개체의 동적인 의미를 말한다. 태권도 품새는 개체적인 단순한 공격과 방어 수단으로서의 원시적 무술이 인간의 인지가 발달되고 사회가 조직화되면서 싸우는 양상이 집단적 공동대처의 현상으로 바뀜에 따라 형성된 모양새들의 집합체라 할 수 있다. 즉 공동체 구성원을 대상으로 한 기술의 수련과 전수의 편리를 위해 무질서하고 복잡 다양한 기술은 필연적으로 정리하고 통일한 것이라고 할 수 있는 것이다. 이러한 원시형태의 품새가 실전경험을 통한 기술의 발전과 전통사상 및 의학적인 요소가 첨가되어 점차적인 체계화 과정을 거쳐 초기의 태권도 품새와 같은 형태가 완성된 것으로 볼 수 있다.

『국기 태권도 교본』에는 품새의 '품' 하나하나는 반만년의 유구한 역사를 통해 전통사상의 정수와 실전경험을 바탕으로 이루어진 과학적인 기술의 결정체라고 언급하고 있다. 기술적인 측면에서 보면 품새가 곧 태권도이며, 기본동작은 품새를 위한 예비동작에 불과하고, 겨루기는 품새의 실전응용에 지나지 않으며, 태권도정신도 문자로 표현하는 상징적이고 투상적인 정신철학 속에 있지 않고 품새에 의한 행동 속에서 찾아진다. 따라서 태권도에 있어서 품새란 태권도정신과 기술의 정수를 모아 심신수양과 공방원리를 직접 또는 간접으로 나타낸 행동양식이라고 정의할 수 있다.

품새란 공격과 방어의 기술을 규정된 형식(틀)에 맞추어 지도자가 없이도 수련할 수 있도록 이어 놓은 동작으로서 그 수련을 통해 겨루기기술의 향상과 동작의 응용능력 배양, 그리고 기본동작에서는 익힐 수 없는 특수한 기술을 연마할 수 있는 장점을 지니고 있다. 이와 같이 품새는 그 특성상 태권도의 모든 동작과 기본이 함축된 종합적 수련의 장으로서 겨루기기술의 향상은 물론 근육단련, 호흡, 조절, 중심이동, 힘의 강약, 유연한 동작, 시선, 기합 등 신체의 운동능력을 숙달시킬 수 있는 태권도에서 중요한 구성요소 중 하나이다.

품새는 수련생들에게 반복적인 수련을 통해 얻어지는 공통감과 성취감을 부여함으로써 격투술에서 나타나는 외형적 관심을 예술성 차원의 즐거움으로 승화시켜 주기 때문에 하나의 예술형태라고 할 수 있다. 태권도에서 품새란 예상할 수 없는 방향에서 공격자의 가상적 공격이 가해진다고 생각하고, 그것을 방어하고 공격하기 위하여 의미심장한 순서로 배열된 서기, 막기, 지르기, 치기, 차기 등의 연속동작으로 구성되어 있으며, 태권도를 전수하기 위한 공식적이며 유일한 수단일 뿐 아니라 수련생들에게 태권도의 본질을 이해시키고 태권도의 기본을 가르칠 수 있는 유일한 수단이다.

이처럼 품새는 각각마다 고유한 성격과 특색을 가지고 있으며, 그것은 독립된 기술의 조각이 아니라 유기적인 전체이며, 고유한 통일성을 보유하고 있고, 육체적인 수련 이외에도 방심과 나태함을 극복하게 하는 철학적 바탕 위에 호신 및 심신수련의 합목적성을 구현하는 품을 말한다.

현실적으로 대한태권도협회에서는 독창적인 품새제정의 필요성을 실감하게 되었다. 따라서 각 관에서 품새제정에 참여할 위원을 추천 받아 '품새제정위원회'를 구성하게 되었고, 품새제정위원회는 각 관의 인사들이 참여하여 팔괘 1장부터 8장까지의 8개의 팔괘 품새와 9개의 유단자 품새로 모두 17개의 품새를 만들기에 이르렀다. 품새제정의 시기는 1965년도에 시작하여 1967년도에 완성하였고, 1967년 8월 대한체육회 강당에서 '형' 발표회를 가지게 되었다. 1973년에 제정한 태극 1장부터 태극 8장까지로 되어있다. 『국기태권도 교본』(1995)과 『국기원 연수원 교재』(1999), 그리고 김병운, 김정록의 『종합 태권도 전서』(1985)에 나타나 있는 품새의 특징을 살펴보면 다음과 같다.

◐ 유급자 품새 ◑

태극 1장은 팔괘의 건乾을 의미하며 건은 하늘과 양陽을 뜻한다. 건이 만물의 근원이 되는 시초를 나타낸 것과 같이 태권도에 있어서도 맨 처음의 품새이다. 특징은 서기에서는 가장 쉬운 걷기 위주이며, 동작은 기초적인 아래막기, 몸통막기, 몸통지르기, 앞차기로 구성되어 있다.

태극 2장은 팔괘의 태兌를 의미하며, 태는 속으로 단단하고 겉으로는 부드럽다는 뜻이다. 태극 1장을 수련하는 품새에 대한 알찬 마음이 생겨 기초적인 막기와 차기를 할 수 있는 품새다. 새로운 동작은 얼굴막기이며, 앞차기 동작을 많이 넣어 몸에 익히게 하였다.

태극 3장은 팔괘의 이離를 의미하며, 이는 불을 나타내고 뜨겁고 밝음을 지닌다. 태권도 품새수련을 통한 불같은 정의심과 수련의욕이 생겨나 파란 띠로 승급할 수 있는 과정이다. 새로운 동작은 손날 목 치기, 손날 막기이고, 새로운 서기는 뒤 굽이이며, 기술은 연속 막고 치기와 차고 연속 지르기가 특성이다. 빠른 속도로 상대로 부터의 치기를 막고 되치는 기술의 힘을 중요시한다.

태극 4장은 팔괘의 진震을 의미하며, 진은 우레를 나타내고 큰 힘과 위엄 있는 뜻을 지니고 있다. 파란 띠의 품새답게 차원 높은 기술과 동작이 많다. 새로운 동작은 손날 몸통막기, 편 손끝 찌르기, 제비 품 몸통 막기, 등주먹 얼굴앞치기 등이고, 특수한 미끄럼 발이 있다. 겨루기에 대비한 각종 동작과 뒤 굽이 서기가 많다는 것이 특징이다.

태극 5장은 팔괘의 손巽을 의미하며, 손은 바람을 나타내고 바람의 강약에 따른 위세와 고요의 뜻을 지닌다. 힘의 강약을 조절할 수 있는 수련단계라 할 수 있겠다. 새로운 동작은 메 주먹 내려치기, 팔 굽 돌려 치기, 옆 차며 옆지르기, 팔굽 표적치기가 있고, 서기는 꼬아서기와 왼 서기, 오른 서기가 나온다. 특징으로는 차기 뒤에 아래 막고 몸통막기가 막기만 연속되는 동작과 뛰어 구르면서 치는 동작이 특수하고, 표적 치기 시에는 표적이 움직이지 않게 주의해야 한다.

태극 6장은 팔괘의 감坎을 의미하며, 감은 물을 나타내고 끊임없는 흐름과 유연함을 뜻한다. 만물의 생명원인 물의 특성처럼 기술의 연결이 물 흐르듯 해야 한다. 새로운 동작은 한 손날 얼굴 바깥 막기, 돌려차기, 얼굴 바깥 막기, 바탕 손 몸통막기가 있고, 품새의 중간에 편히 서기가 나온다. 수련시의 유의점은 돌려 차고 난 다음 찬 발을 정확히 앞으로 내딛기와 바탕 손 몸통막기를 할 때는 막는 부위가 다르므로 팔목으로 막을 때보다 손바닥 길이만큼 낮추어 한다.

태극 7장은 팔괘의 간艮을 의미하며, 간이란 산을 나타내고 육중함과 굳건하다는 뜻을 지닌다. 태권도의 빨간 띠가 되면 흔들리지 않는 수련의식과 기술습득으로 인한 힘의 무게를 지닐 수 있다. 새로운 동작이 손날 아래 막기, 바탕 손 거들어 막기, 보 주먹 가위 막기, 무릎치기, 몸통 헤쳐 막기, 제친 두 주먹 몸통지르기, 엇걸어 아래막기, 표적 치기, 옆지르기가 있고 서기에서는 범서기와 주춤 서기가 나온다. 동작이 다양하므로 연결성에 중점을 두어 수련해야한다.

태극 8장은 팔괘의 곤坤을 의미하며, 곤은 음陰과 땅을 나타내고 뿌리와 안정, 그리고 시작과 끝의 뜻을 지닌다. 유급자의 마지막 품새로서 연성이 끝나면 1장에서 8장까지 총 연습기간을 거쳐 국기원 승단(품)심사에 나갈 수 있는 자격이 부여된다. 새로운 동작은 두발당상 바깥 팔목 몸통 거들어 바깥 막기, 외산 틀 막기, 턱 지르기, 거들어 아래막기, 뛰어 차기, 팔 굽 돌려치기가 있다. 수련 시 유의할 것은 발차고 뒤로 두 걸음 물러나는 보법동작의 정확성과 두발당상과 뛰어 차기의 동작의 차이점 및 습득요령이다.

◐ 유단자 품새 ◑

고려高麗는 유구한 역사와 전통을 자랑하는 우리 민족은 예로부터 총명한 지혜와 슬기를 지닌 민족이었음을 바탕으로 하고 있다. 어느 나라 민족보다도 창조성이 강했고 절정에 달한 문화예술을 가진 민족으로서 태권도의 종주국임을 자부하고, 고려인의 기개를 높이 받들어 민족정신으로 승화시켜 품새를 구성하였다. 고려 품새는 선배를 의미하여 선배는 강력한 상무정신과 곧은 선비정신을 나타내고, 고구려 - 발해 - 고려로 이어지는 선배(선비)의 얼을 바탕으로 품새로 엮어졌다. 새로운 동작은 거듭 차기, 엎은 손날 바깥치기, 손날아래막기, 칼재비 무릎 눌러 꺾기, 몸통 헤쳐 막기, 주먹 표적 지르기, 편 손끝 제쳐 찌르기, 바탕손 눌러 막기, 팔굽 옆치기, 메 주먹 아래 표적치기 등으로 태극 품새와는 달리 유단자 품새 다운 기술이 많이 나온다. 준비서기는 통밀기이며, 손의 위치가 상단전과 중단전 사이로 신神과 정精이 합쳐지는 지점이므로 정신통일을 중요하게 생각하는 서기이다. 품새 선(士)은 고려 품새의 의미인 선배(선비)의 표상이다. 이 품새의 특징은 우리 민족이 지닌 고유한 아름다움을 표현하기 위하여 여러 가지 동작과 기술을 적용시켰고, 배달의 얼을 살리기 위하여 절도節度와 완만성緩慢性을 응용시켰다.

금강金剛은 지智와 덕德이 견고하고 외부로부터의 공략攻略과 파괴되지 않는 힘에 기본을 두고 있다. 석굴암의 금강역사상과 금강산의 위용偉容을 나타내는 웅대무비雄大無比한 뜻이 담겨 있다. 금강이란 더 할 수 없이 강함과 무거움을 의미하며, 강함과 무거움은 한반도의 정기가 모인 영산인 금강산과 부처의 호법으로 음양의 두 신장神將이며, 무술이 가장 세다는 금강역사 가운데 더욱 강맹하고 파괴되지 않으며, 남성을 상징하는 금강을 나타내고 이 두 가지 요소가 한데 어울려 품새가 되었다. 새로운 동작은 바탕 손 턱 치기, 한 손날 몸통 안 막기, 금강 막기, 산틀막기, 큰 돌쩌귀 등이고, 서기로는 학 다리 서기가 있다. 품새 선(山)은 웅장함과 안전성이므로 품새 수련 시 동작은 힘 있고 강하게 중심을 안정시켜 천천히 행하여 힘을 길러야 하며 유단자의 위용이 나타나야 한다.

태백太白은 단군檀君 개국신화開國神話의 태백太白은 피의 인연이며, 얼의 근원이고 반만년 역사전통의 시작인 「붉산」이란 뜻으로 태양숭배의 사상에서 기인된 것이다. 태백은 한민족의 고대국가인 단군조선이 개국한 아사달(아씨땅)의 성산인 붉메(밝산)를 의미하는 밝은 산으로서, 얼과 전통의 근원 신성함을, 그리고 홍익인간의 사상을 나타낸다. 태백은 수없이 다른 위치와 말로 나타나 있지만 그 가운데 대표적인 것이 민족의 태반胎盤이고 상징인 백두산이며, 단군의 높은 이상을 바탕으로 품새가 생겨났다. 새로운 동작은 손날 아래 헤쳐 막기, 손날 엎어 잡기, 잡힌 손목 빼기, 금강 몸통막기, 등주먹 얼굴바깥치기, 돌쩌귀 등이다. 품새 선(工)은 열린 하늘과 땅 사이를 사람이 올바로 이어주는 개천과 개국을 뜻하며, 품새의 동작은 몸통의 막기와 치기로 주로 구성되어 하늘과 땅 사이에 바로 선 사람을 나타냈다. 이 품새의 중요한 생명은 민첩한 속도를 넣어 태백의 광막웅려廣漠雄麗한 사상을 정신과 육체에 응용시키는데 있다.

평원平原은 인간이 점차 개화開化하면서 먹을 것을 찾아 산山에서 들로 내려옴을 뜻한다. 들판은 먹을 것을 주었고, 생활환경을 변화시켰으며, 한없는 평화와 지배의욕을 고취시켰다. 평원은 아득한 사방으로 넓게 펼쳐진 큰 땅을 의미하며, 큰 땅은 생물의 모체로서 생명의 보존과 만물의 영장인 사람으로 인한 삶의 터전을 나타내고 본디本과 쓰임用에 따른 평화와 투쟁을 바탕으로 품새가 이루어졌다. 새로운 동작은 팔굽 올려치기, 거들어 얼굴옆막기, 당겨 턱 지르기, 멍에 치기, 헤쳐산틀막기 등이다. 준비서기 모아서기 왼 겹손은 땅이 삶의 시작과 근본인 것과 같이 인체의 힘의 근원인 하단전의 기운을 모으고 얹어서 행동하기 위한 서기이다. 품새 선(一)은 평원의 본디와 바뀜을 뜻한다. 이 품새의 중요한 특징은 완만緩慢한 힘과 유연성을 주로 넣어 평원의 크고 넓은 사상을 응용시킨 것이다.

십진十進은 자연숭배와 원시신앙에서 나온 십장사상에서의 십장생을 의미한다. 십장생은 해, 달, 산, 물, 돌, 소나무, 불로초, 거북, 사슴, 학을 일컫는 것이다. 이러한 두 개의 천체와 세 개의 자연, 두 개의 식물과 세 개의 동물은 사람의 믿음과 바람과 사랑을 나타내는데 이를 상징하고 변화하는 품새이다. 새로운 동작은 십장생의 수에 따른 열 가지로서 황소 막기, 손바닥 거들어 막기, 엎은 손날 찌르기, 손날 아래막기, 바위 밀기, 손날 등 몸통 헤쳐 막기, 걷어 올리기, 첫다리 지르기, 손날 엇걸어 아래막기, 손날 등 몸통막기이다. 품새 선(+)은 십장생의 사상 근본과 십진법에 의한 무한대의 숫자형성, 그리고 무궁한 발전을 뜻한다. 이 품새의 특징은 열十에서 백百, 천千, 만萬으로 늘어나 무한대의 숫자를 형성하는 것처럼 품새의 동작에도 끝없는 변화를 요구하고 있다.

지태地跆 모든 생물은 땅 위에서 나고 자라며 죽는다. 계절을 변화시키는 바람도 땅 위에서 생기고 사라진다. 지태地跆는 하늘이 주신 최대의 생활처로서 항여력恒如力을 주는 대능력자로서 만유萬有의 안식처이다. 지태는 땅위의 사람이 하늘을 향해 두발을 딛고선 지상인地上人을 의미하며, 지상인은 사람이 삶의 터전인 땅 위에서 두발로 차고 밟고 뛰는 삶과 싸움을 나타내고, 사람의 생존경쟁 속에서 나타나는 갖가지 양상을 동작으로 엮은 것이 지태 품새이다. 새로운 동작은 한 손날 얼굴막기, 금강몸통지르기, 메 주먹 옆 표적치기 뿐으로서 대단히 적은 편이며, 품새 선(ㅗ)은 땅위에서 선 사람과 땅위에서 하늘을 향해 솟구치는 사람의 모양으로 땅에서 나고 자라며 죽는 사람과 그 땅을 뜻한다. 이 품새의 특징은 은근한 힘이 솟는 동작으로 등척성에 가까운 원리를 주로 넣은 웅대보우雄大保佑한 사상을 육체에 응고시킨 것이다.

천권天拳 하늘은 만유萬有의 근본이며 구심적 기점이고 모든 것의 최후의 완성자이다. 천권이란 아득히 높고 반원형을 이루는 시계視界의 공간이며, 천지만물의 창조신이 무한하고 오묘한 상상의 세계로 유약한 인간들이 받들어 모시는 신으로 불린다. 천권은 만물의 근본이고 우주 그 자체이기도 한 하늘이 가진 대능력을 의미하며, 그 무한한 능력은 창조와 변화와 완성을 나타내므로 사람이 대능력을 무서워하고 경외하는 마음이 생겨서 으뜸가는 지상의 모양이나 뜻에는 하늘의 이름을 붙였다. 9,000년도 더된 아득한 옛날에 한민족의 시조이신 환인 임금님은 하늘나라 임금이라 불리시면서 하늘 바다와 하늘 산 근처에 하늘도읍을 정하셨고, 하늘민족인 한민족의 사상과 행동에서 태권도가 생겨났다. 이런 웅대무비한 역사와 사상의 바탕 위에 천권 품새는 제정되었다. 새로운 동작은 날개 펴기, 밤주먹 솟음 치기, 휘둘러 막기, 휘둘러 잡아당기기, 금강 옆지르기, 태산 밀기 등이고 보법으로 자진 발이 나타나며, 동작의 특징은 움직임이 큰 동작과 팔 동작이 완만한 곡선을 이루어 천권 큰 사상을 담았다. 품새 선(ㅜ)은 하늘에서 내리는 사람과 하늘의 뜻에 의한 사람, 그리고 하늘로부터 힘을 받은 사람과 하늘을 받드는 사람인 하늘사람이란 뜻과 하늘과 사람이란 뜻을 함께 지니고 있다. 이 품새의 특징은 완만한 힘과 민속敏速한 절도를 주로 넣어서 천권의 높은 사상을 응용시킨 것이다.

한수漢水 물은 만물의 생명을 키워주는 근원이며, 냄새나 맛, 색깔이 없다. 물은 그 양이 적을 때는 힘이 약하지만 큰 물을 이룰 때는 그 힘이 무섭게 변한다. 한 방울의 물이 모여 큰 바다를 이루는 융화성融和性은 인간이 배워야 할 진리일 것이다. 한수는 만물의 생명을 키워주는 근원이 되는 한물을 의미하며, 한물은 생명의 탄생과 성장 강함과 약함 큰 포용력과 융화력, 그리고 적응력을 나타낸다. 한은 하나라는 뜻과 많다, 크다, 가운데, 같다, 가득하다, 함께, 보인다, 잠깐, 오래 등 여러 가지 많은 뜻을 가지고 있으며, 하늘이라는 뜻과 모든 것의 뿌리라는 뜻도 담겨져 있다. 이런 의미와 부술 수도 끊을 수도 없는 물의 특성을 기술에 적용하여 한수가 꾸며졌다. 새로운 동작은 손날 등 몸통 헤쳐 막기, 메 주먹 양 옆구리치기, 거들어 칼잽이 안 팔목 아래 표적 막기, 손날 금강 막기 등이며, 서기에서 모듬 발이 있고, 동작의 연습은 물처럼 유연하게 하되 한 방울의 물이 큰 바다를 이루는 것처럼 꾸준히 해야 한다. 품새 선(水)은 물과 민족의 핏줄인 한 가람, 그리고 커짐을 뜻한다. 이 품새의 특징은 유연하면서도 무서운 힘을 발휘하도록 유연성을 바탕으로 하여 원심력으로 공방攻防하는 융화된 통일성을 응용한 것이다.

일여一如 신라의 고승 원효의 사상은 일칙일여一則一如, 일여일칙一如一則이란 철리哲理를 세웠다. 일여一如는 신라의 위대한 승려, 원효대사의 사상 정수를 의미하며, 원효 사상은 마음(정신)과 몸(물질)이 하나이면서 원리는 오직 하나 뿐이라는 높은 천리를 말하고, 이것은 점이나 선이나 원이 하나 된다는 뜻을 나타낸다. 태권도수련의 완성은 모든 기법과 동작이 모양이나 운용을 다르게 배우고 행하지만, 궁극에서는 합쳐지며 나아가 정신과 동작이 일체가 되는 깊은 무예의 진리가 바탕에 깔려져 있는 품새가 일여이다. 새로운 동작은 손날(얼굴) 막기, 외산 틀 옆차기, 두 손 펴 비틀어 잡아당기기, 뛰어 옆차기가 있고, 서기로는 오금 학다리 서기가 처음 나온다. 준비서기는 보 주먹 모아서기이며, 태권도의 마지막 품새이므로 통일과 중용의 의미가 있는 턱 앞에 준비 손을 두고 두 손이 맞붙고 감싸져서 기(氣)가 인체와 두 손으로 막힘없이 흐르게 하는 서기이다. 품새 선(卍)은 원효대사를 기리기 위해 일여사상을 나타내는데 부족함이 없는 불교의 상징으로 했으며, 본本, 체體, 용用이 일치하는 무아의 경지를 뜻한다. 이 품새의 중요한 특징은 등척성과 평행성을 주로 넣어 정신과 육체는 하나라는 뜻으로 표현하여 전신에 힘을 주어 움직일 때 근육과 정신을 일치시켜 무아의 경지에 도달하면 이는 곧 일여의 사상과 직결되는 것이다.

(2) 창헌류의 틀 : 국제태권도연맹

최홍희는 그가 제정한 품새(틀), 창헌류의 사상적 기반을 1997년에 출간한 회고록 『태권도와 나 1. 수난의 땅 나의 조국』, 『태권도 백과사전』에서 다음과 같이 진술하고 있다.

> 인간의 일생은 가령 100년을 산다하더라도 이것은 영원한 세월에 비하면 단 하루에 불과한 것이다. 따라서 우리 인생은 영세를 잠깐 지나가는 하루의 나그네와 같다. 과연 누구든지 제한된 시간 이상은 살 수 없는 일이다. 그럼에도 불구하고 어떤 사람들은 마치 1,000년이나 살 것처럼 자신들을 물질의 노예로 만드는 반면에, 또 어떤 사람들은 후세들에 훌륭한 정신을 유산으로 남기려고 노력하는바, 전자는 실로 우매한 처사이고, 후자는 영원을 구하는 현명한 처사라고 할 수 있다. 왜냐하면 물질은 변하여 없어지지만 정신은 영원불멸한 것이기 때문에 인간에게 있어서 가장 중요한 것은 물질이 아니라 인류의 복지를 위하여 무엇을 남기고 갈 것인가 하는 정신이다. 여기에 20세기에 잠깐 지나가는 한 나그네로서 인류와 평화를 위해 나의 발자취를 남기고자 태권도를 만들었다. 그리고 24개의 틀은 하루인 24시간, 즉 나의 전 생애를 의미하는 것이다.

그가 말한 '틀'이란 예술적 미를 맛보면서 전후좌우에 있는 가상의 적을 상대로 싸우는 방법과 상대에게 돌연히 잡혔을 때 이론적으로 푸

북한태권도 시범단 틀 시연

는 방법을 혼자서 연습할 수 있도록 공격과 방어의 동작들을 합리적으로 연결한 것이다. 그리하여 그는 태권도를 예술이라고 하는 이유가 여기에 있다고 하였다.

◐ 유급자 틀 (품새) ◑

천지는 문자 그대로 하늘과 땅이란 말인데, 이것은 우주의 창조와 인간의 시초를 뜻한 것으로서 초심자들이 제일 먼저 배우는 틀이다. 그리고 연무선을 두 번 돌게 한 것은 한번은 하늘을, 그리고 한번은 땅을 각각 의미한 것이다.

단군은 기원전 2333년에 조선을 창조한 전설에 가까운 단군 성조를 뜻한 것이다.

도산은 평생을 조선독립운동과 학계에 헌신한 안창호(1876~1938) 선생의 아호를 딴 것이다.

율곡은 조선의 철학자이자 학자인 이이(1536~1584) 선생의 아호를 딴 것으로서 38개 동작은 그가 탄생한 지역의 위도를, 그리고 연무선은 선비를 각각 의미한 것이다.

원효는 686년 신라에 불교를 전수한 원효대사를 뜻한다.

중근은 조선 주둔 일본인 총독이며, 조일합병의 괴수로 널리 알려진 이등박문을 할빈 역에서 처단한 애국자 안중근 의사를 뜻한 것으로서 32개 동작은 그가 1910년 여순 감옥에서 순국할 때의 연령을 의미한 것이다.

퇴계는 한학의 권위자인 대학자 이황(1501~1570) 선생의 아호를 딴 것으로서 37개 동작은 그가 탄생한 지역의 위도를, 그리고 연무선은 선비를 각각 의미한 것이다.

화랑은 7세기 신라시대에 청소년으로 구성된 하나의 군사단체의 삼국통일의 원동력이 된 화랑도를 뜻한 것이다.

충무는 오늘날 잠수함의 모체로 알려지고 있는 거북선을 1592년에 발명한 이순신 장군의 시호를 딴것으로서 이 틀이 왼 주먹 공격으로 끝마친 것은 넘쳐흐르는 충성심에 사로잡혀 그가 가지고 있는 능력을 다 발휘할 기회를 가지지 못하고 순직한 것을 상징한 것이다.

◐ 유단자 틀 (품새) ◑

광개는 만주 대륙의 대부분을 포함한 모든 실지를 회복한 고구려 제 19대 왕인 광개토대왕을 의미한 것이다. 연무선은 실지를 회복하고, 또 강토를 넓힌 것을 표시하며, 39개 동작은 그가 왕위에 오른 391년의 처음 두 숫자를 뜻한 것이다.

포은은 유명한 시조 '이 몸이 죽고 죽어 일백 번 고쳐 죽어 백골이 진 토되어…'를 읊은 고려 말기의 충신이자 물리학의 선구자인 정몽주(1337~1392) 선생의 아호를 딴 것으로서 연무선은 그의 변함없는 충절을 표시한 것이다.

계백은 백제의 명장 계백(?~660)을 뜻한 것으로서 연무선은 엄격한 군기를 표시한 것이다.

의암은 3·1독립운동(1919) 때의 조선민족을 대표한 손병희(1861~1922) 선생의 아호를 딴 것으로서 45개 동작은 1905년에 천도교로 개명 선포할 때 그의 연령을 의미한 것이며, 연무선은 조선민족의 번영을 위해 바친 그의 백절불굴의 정신을 뜻한 것이다.

충장은 제16세기 익호장군으로 용맹을 떨친 김덕령(1567~1596) 장군의 시호를 딴 것인데, 마지막 동작이 왼손으로 끝난 것은 장군이 29세에 모략으로 전라북도 여순 옥중에서 억울한 죽음을 당할 때 할 일을 다 하지 못한 채 어린 나이에 처형된 것을 의미한다.

주체는 사람은 만물의 지배자이며 또한 모든 것을 자기의 뜻대로 결정하는 존재라는 주체 철학적 사상, 다시 말하면 사람은 자연을 자기 의사에 복종시키며 자기 운명은 자기가 결정한다는 사상인데, 이는 배달민족의 상징인 백두산에 뿌리를 박은 것이다. 그리고 연무선은 백두산을 의미한 것이다.

삼일은 1919년에 역사적인 3 · 1독립운동이 선포된 3월 1일을 의미한 것이며, 33개 동작은 독립선언문에 서명한 33인의 조선민족 대표를 뜻한 것이다.

유신은 삼국통일에 이름을 떨친 신라의 명장 김유신(595~673) 장군을 뜻한 것으로서 68개 동작은 통일된 668년의 마지막 두 숫자를 표시한 것이다. 그런데 준비자세에서 칼은 오른손으로 뽑아야 할 것을 왼손으로 뽑은 것은 외세와 야합하여 동족에게 불리한 전쟁을 한 것을 의미한다.

최영은 고려말기의 수상이며 삼군도통사였던 최영(1316~1388) 장군의 이름을 딴 것이다. 최영 장군의 충성심과 애국심, 그리고 겸손한 풍모는 온 국민의 의표가 되었으나 그의 부하였던 이성계(이왕조의 시조)의 반란으로 처형당했다.

연개는 고구려의 명장 연개소문(594~662)을 뜻함인데, 49개의 동작은 그가 안시성싸움에서 당태종이 이끈 30만의 당나라 군사를 물리치던 해인 649년의 마지막 두 숫자를 표시한 것이다.

을지는 이것은 7세기 고구려의 명장 을지문덕乙支文德 장군의 이름을 딴 것으로서 연무선은 그의 이름의 첫자를 의미한다. 동장군은 612년에 당나라 양제가 이끌고 우리나라를 침입한 약 100만에 가까운 대군을 유격전으로 완전히 분사 격퇴시킨 유명한 전략가였다. 그리고 42개 동작은 이틀을 만들었을 때 저자의 나이를 뜻한 것이다.

문무는 신라 제13대왕인 문무대왕을 뜻하는 것인데 61개 동작은 그가 왕위에 오르던 661년의 마지막 두 숫자를 표시한 것이다. 문무왕의 시체는 그의 유언인 '나의 혼은 그곳에서 영원히 내 나라를 일본의 침략으로부터 방위하리라' 대로 바다 안에 있는 대암산에 매장되였고, 신라문화의 극치로 알려져 있는 석굴암은 바로 이 왕묘를 지키기 위해 지어진 것이라 한다.

서산은 임진왜란(1520~1604)때에 승병을 일으킨 서산대사 최현응(1520~1604)의 호를 딴 것인데, 72개 동작은 그의 제자인 사명당(1544~1610)의 도움을 받아 승병을 일으킬 때의 연령을 뜻한 것이다. 용감무쌍한 이 승병들은 1592년 평안도까지 침입해온 왜적을 완전히 물리칠 뿐만 아니라 이순신 장군과 연합작전하여 통천 앞바다에서 거의 전멸시켰다 한다.

세종은 이것은 조선역사상 가장 뛰어난 제왕의 한 사람으로서 1442년에 세계 최초의 측우기와 1443년에 한글을 발명한 세종대왕(1397~1450)을 의미한다. 연무선은 대왕을 의미하여 24개 동작은 훈민정음의 숫자를 뜻한 것이다.

통일은 이것은 1945년 남북으로 갈라진 조선을 통일한데 대한 결의를 표시한 것이며, 연무선은 단일민족을 뜻한 것이다.

창헌류의 틀(품새)을 살펴보면, 역사 · 문화적 인물로 구성되어 있는 것이 가장 큰 특징이다. 태권도의 종주국 입장에서 본다면 무의미한 동양사상에 접목되어 있는 태극 품새보다는 창헌류의 틀은 우리의 민족사상이 더 잘 나타나 있다고 볼 수 있다.

세계태권도연맹의 품새는 팔괘 1장~8장, 태극1장~8장, 고려, 금강, 태백, 평원, 십진, 지태, 천권, 한수, 일여 순으로 유급자 품새 8개와 유단자 품새 9개 총 25개의 품새로 구성되어 있으나 팔괘 품새는 거의 사용하지 않고 있다. 이와는 달리 국제태권도연맹의 틀(품새)은 우리나라의 역사적인 인물을 인용하여 천지, 단군, 도산, 원효, 율곡, 중근, 퇴계, 화랑, 충무 순으로 유급자 틀이 있고, 유단자의 틀은 광개, 포은, 계백, 의암, 충장, 주체, 삼일, 유신, 최영, 연개, 을지, 문무, 서산, 세종, 통일 등 총 24개의 틀로 구성되어 있다. 또한 유단자의 틀이 한 개가 아닌 1, 2, 3, 4, 6, 7단은 2개씩의 틀을, 5단은 3개의 틀을 수련해야만 한다는 것이 다르게 평가된다. 이 두 품새(협회 제정형 · 창헌류)의 특징을 종합하여 비교하면 〈표 1〉과 같다.

표 1. 세계태권도연맹과 국제태권도연맹의 품새 비교

	협회제정형(세계태권도연맹)				창헌류(국제태권도연맹)		
	품 새	연무선	품	동작수	품 새	연무선	동작수
유급자	태극 1장	王	18	20	천 지	十	19
	태극 2장	王	18	20	단 군	工	21
	태극 3장	王	20	34	도 산	⌐	24
	태극 4장	王	20	29	원 효	工	28
	태극 5장	王	20	32	율 곡	十	38
	태극 6장	王	19	31	중 근	工	32
	태극 7장	王	25	33	퇴 계	土	37
	태극 8장	王	27	38	화 랑	工	29
					충 무	工	30
유단자	고 려	士	30	45	광 개	土	39
	금 강	山	27	35	포 은	一	36
	태 백	工	26	38	계 백	|	44
	평 원	一	21	25	의 암	|	45
	십 진	十	28	31	충 장	ㅜ	52
	지 태	ㅜ	28	37	주 체	山	45
	천 권	ㅗ	26	27	삼 일	十	33
	한 수	水	27	34	유 신	士	68
	일 여	卍	23	27	최 영	十	46
					연 개	十	49
					을 지	ㄱ	42
					문 무	十	61
					서 산	十	72
					세 종	王	24
					통 일	|	56

하태은, 임일혁(1999)은 태권도의 기본동작이 모여 품새가 형성되어 있는데, 태극 1장에서 8장까지의 동작에는 미적 요소가 나타난다고 하였다. 즉 1장은 굳셈 · 건강, 2장은 단란함 · 부드러움, 3장은 뜨겁고 · 밝음, 4장은 위엄 · 결단, 5장은 위세 · 고요, 6장은 유연함, 7장은 육중함 · 고요함, 8장은 안정 · 온순함이 미적 요소라고 하였다. 유단자 품새인 고려는 강인함, 금강은 웅장함 · 무거움, 태백은 신성함, 평원은 평온함, 십진은 조화로움, 지태는 날카로움, 천권은 변화 · 섬세함, 한수는 가득 참, 일여는 통일 · 중용의 미적 성질을 내포하고 있다고 하였다.

이와 관련하여 안근아 등(2001 : 51)은 태극 품새의 진행 선은 괘의 형태와 유사하게 임금 王자 형태로 되어 있으나, 각 괘에 따르는 동양 철학적 관점에서의 수 개념이나 진행의 방향은 무의미하다고 밝히고 있다. 그러나 품새를 새로운 내용으로 변경하는 시도는 많은 부작용이 따를 수 있음을 고려해야 한다. 지도자들의 재교육과 철학적 바탕 없이 무의미한 동작으로 구성된 품새의 제작은 신중을 기해야 하는 것이다. 또한 새로운 품새를 만든다는 것은 다양한 구성원의 요구와 절충이 필요하기 때문에 더욱 어려울 수 있다. 그러한 면에서 보면 틀, 즉 품새의 구성상, 우리 민족의 역사적 · 문화적 인물로 구성되어 있는 창헌류가 한국을 세계에 알리는 데에는 협회제정형보다 더 효과적일 것으로 생각된다. 결국 내재되어 있는 민족정신과 의미에 있어 창헌류의 틀이 더 우리 것이라는 판단이 선다는 것이다.

2) 겨루기와 맞서기 규칙

세계태권도연맹은 경기방법에 있어서 겨루기대회와 품새 및 격파대회로 나누어 실시하고 있는데 비해, 국제태권도연맹은 틀(품새), 맞서기(겨루기), 위력(격파), 특기(호신술)의 네 영역으로서 종합순위를 결정하는 방법을 채택하고 있다. 세계태권도연맹은 선수를 보호하기 위하여 머리보호의 헤드기어, 몸통보호의 몸통 보호대와 샅보대를 기본으로 하고 있으며, 팔다리 보호구를 추가해 착용한 후 2005년부터는 주먹, 발등 보호대도 착용하고 있다.

국제태권도연맹의 경우, 선수들은 헤드기어를 착용하지 않는 대신 마우스피스를 입에 물고 경기에 임한다. 그리고 손에는 글러브를, 발에는 밑이 없는 형태의 발등보호 개념의 신발을 착용한다. 세계태권도연맹은 선수들이 입은 몸통보호대와 헤드기어의 색깔(청 · 홍)로 선수들을 구분하는 반면, 국제태권도연맹은 상의도복 하단에 붙인 선수번호와 도복의 검은 띠 위쪽 정중앙에 길게 내려뜨린 청색 혹은 홍색의 얇고 긴 천으로 선수들을 구분한다.

세계태권도연맹의 겨루기 장면

국제태권도연맹의 맞서기 장면

체급으로는 세계태권도연맹의 경기는 개인전과 단체전으로 나누어 실시하고 있으며, 개인전 체급은 핀급, 플라이급, 밴텀급, 페더급, 라이트급, 웰터급, 미들급, 헤비급 순으로 총 8체급으로 나누어 경기를 실시하고 있으며, 단체전은 핀급과 헤비급을 제외하고 나머지 체급을 두 체급씩 통합하여 총 5체급을 사용하고 있다. 그러나 현재 올림픽경기대회에서는 남녀 통합 4체급씩 규정하고 있다. 그러나 국제태권도연맹은 마이크로급, 라이트급, 미들급, 헤비급, 하이퍼급의 5체급으로 경기를 실시하며, 단수에 따라 1단과 2단, 3단과 4단으로 나누어 경기를 실시하는 등 단조로움을 보이고 있다.

경기방식에 있어 세계태권도연맹과 국제태권도연맹의 가장 큰 차이점은 주먹으로 얼굴공격을 허용하는 방식을 국제태권도연맹이 사용하고 있는 반면, 세계태권도연맹은 선수보호 차원에서 주먹으로 얼굴공격을 금지하는 경기방식으로 하고 있다는 점이다. 이러한 이유에 의해 국제태권도연맹은 손기술과 위력적인 발차기가 발달되었으며, 세계태권도연맹에서는 스피드를 이용한 발기술이 다양하게 발달되었다. 주먹으로 얼굴공격 허용 여부만큼이나 두르러진 차이점은 바로 득점제도로서, 세계태권도연맹의 경기는 기술의 난이도와는 전혀 상관없이 몸통 1점, 얼굴 2점을 부여하고, 카운트를 하거나 다운 시 주심이 1점을 추가로 부여한다.

반면 국제태권도연맹은 기술과 타격점에 따라 득점이 달라진다. 즉 발차기로 몸통부위를 공격하여 성공시키거나 혹은 주먹공격으로 얼굴을 가격하면 1점이 주어진다. 그러나 공중에 뜬 상태에서 발차기로 몸통부분을 가격하거나 주먹으로 얼굴을 가격하면 2점이 주어지며, 발로 얼굴을 가격하면 3점이 주어진다. 또한 공격한 상대가 넘어질 정도의 완전 방어 시에도 1점을 준다. 또한 국제태권도연맹의 경기에서는 준비가 되어 있지 않는 상대방을 공격해 상대방을 다운시키면 공격한 선수에게 불이익이 주어지고, 공격당한 선수가 다운 후 다시 일어나 겨루면 공격한 선수에게는 1점 감점이 주어진다. 만약 규칙위반으로 공격당한 선수가 더 이상 경기를 할 수 없는 상태로 판정이 나면 먼저 공격한 선수는 바로 실격패를 당한다. 그리고 3회 이상 쓰러지거나 경기장 밖으로 나가면 1점을 감점한다.

경기시간으로는 세계태권도연맹은 2분 3회전 1분 휴식으로 하고 있으며, 국제태권도연맹은 2분 2회전 1분 휴식을 국제대회 규정으로 채택하고 있다. 경기시간에 있어 어느 방식이 더 합당한 것인가 하는 것은 규정하기 힘들지만, 공격적인 측면과 기술의 적극적 활용의 측면에서 보면 국제태권도연맹의 규칙이 더 효율적이라고 볼 수 있다. 반면 세계태권도연맹의 경기 규칙은 경기의 긴장감을 주고 많은 기술을 보여줄 수 있다는 측면에서 효과적이라고 할 수 있다. 또한 세계태권도연맹은 남은 경기시간 및 득점상황을 알려주는 전광판을 사용하지만, 국제태권도연맹은 그렇지 않다. 과거 국제태권도연맹도 전광판을 사용한 적이 있으나, 당시 선수들이 자신의 득점상황 및 남은 경기시간을 알게 되자 점수를 많이 딴 선수가 경기를 지연시키는 등 문제점이 있다하고 판단하여 현재는 전광판의 사용을 금지하고 있다.

심판은 세계태권도연맹은 1명의 주심과 3명의 부심이 경기를 진행하나, 국제태권도연맹은 주심 1명에 부심이 4명의 5심제로 진행하며 주부심의 명칭 구분 없이 모두 심판원이라고 부른다. 세계태권도연맹은 배심원 제도를 1994년에 폐지한데 비해 국제태권도연맹은 3명의 배심원을 계속 유지 활용하고 있다.

국제태권도연맹의 틀경기와 비슷하게 세계태권도연맹에서도 세계태권도한마당이라는 품새대회가 개최되고 있으며, 그 밖에도 크고 작은 품새대회가 개최되고 있다. 품새대회는 창작 품새와 규정 품새대회로 구분하여 진행되고 있으며, 세부적으로 개인품새와 단체품새로 나누어 경기를 실시한다. 국제태권도연맹에서의 틀경기에서도 개인틀과 단체틀로 나누어 경기하고 있는데, 개인틀은 2명의 선수들이 나와 5명의 심판 앞에서 틀을 겨루며, 5인의 선수로 구성된 단체틀은 한 팀씩 경기장에서 역시 5명의 심판 앞에서 틀을 겨룬다. 개인틀이건 단체틀이건 선수들은 자신이 지정하는 자유틀과 심판이 즉석에서 지정하는 지정틀 2가지를 선보이게 된다.

먼저 개인 1단 틀경기는 천지, 단군, 도산, 원효, 율곡, 중근, 퇴계, 화랑, 충무, 광개, 포은, 계백 등의 12가지 틀이 있으며, 2단은 의암, 충장, 주체, 3단은 삼일, 유신, 최영, 그리고 4단은 연개, 을지, 문무 등의 3가지 틀이 있다. 경기가 끝나면 맞서기 경기와 마찬가지로 선수들은 코트 위에 도열한 후 심판의 판정을 기다린다. 5명으로 구성된 심판들은 빨간 깃발과 파란 깃발로 어느 선수 혹은 팀의 승리를 나타낸다.

3) 국제태권도연맹과 세계태권도연맹의 세계화 전략 비교

(1) 국제태권도연맹의 세계화 전략 : 시범 및 순회지도

최홍희는 1965년 대한태권도협회 회장 시절 태권도친선사절단이란 이름으로 1개월간 독일, 이집트, 터키, 말레이시아, 싱가포르 등 유럽, 아프리카, 동남아 5개국 순방길에 나서 모두 12회에 걸쳐 코리아 태권도 열풍을 일으켰다(이경명, 2002). 또한 그의 회고록에서는 한차교, 김중군, 박종수, 권재화 사범 4명의 단원으로 구성하여 최고의 발차기 기술을 가진 한차교, 박종수 사범과 손 격파의 달인이라고 할 수 있는 김중근, 권재화 사범으로 시연하였다고 진술하고 있다. 이 시범단의 목적은 일본의 가라테와의 차이점을 보여 주고, 태권도가 세계에 알려지기 시작할 무렵 태권도의 우수성을 홍보하는데 중점을 두었으며, 사범들의 해외진출에도 큰 영향 주었다.

1966년 3월 22일 최홍희는 서울에서 창립된 국제태권도연맹의 초대 총재로 취임하여 1968년 아시아태권도선수권대회를 홍콩에서 개최하는 등 많은 활동을 하였으며, 그 후 대한태권도협회와 해외사범 진출문제 등의 갈등으로 인하여 1972년 캐나다로 망명하면서 그는 독자의 길을 걷게 된다. 이처럼 국제태권도연맹의 활성화 전략은 세계태권도연맹, 국가와의 대립된 구조 속에서 생존의 수단이자 몸부림이었다.

이처럼 최홍희는 평범한 사람이 아니었다. 개인이 조직화된 국가와 싸운다는 자체가 명백하게 불리하다는 점을 인지하였음에도 불구하고, 평생을 외롭게 투쟁하는 모습은 그 나름대로의 태권도에 대한 철학과 자부심을 가지고 있었기 때문이라고 볼 수 있다. 그는 평생을 국제태권도연맹을 이끌면서 태권도의 국제화를 위해 1973년 11월에는 시범단을 구성해 유럽, 중동, 아프리카, 동남아 13개국을 차례로 순방하며 선풍적인 인기를 얻었다. 순회시범의 폭발적인 호응에 고무된 국제태권도연맹은 1974년 11월, 10명으로 구성된 시범단을 이끌고 도미니카, 콜롬비

인간피라미드를 뛰어넘어

아 등지에서도 순회시범을 가졌고, 1978년 5월에는 스웨덴을 비롯하여, 사회주의 국가인 폴란드, 헝가리, 유고 등에서도 태권도의 보급에 힘썼다. 그는 1980년 9월부터 북한에 태권도를 보급하고자 본격적인 접촉을 가졌다(강원식 등, 1999 : 184).

물론 최홍희는 한국과의 접촉을 시도하였지만, 이견으로 인하여 이루어지지 않았고, 따라서 자유진영과의 관계가 원활하지 못하게 되었다. 또한 시대적인 상황으로 볼 때 한국은 사회주의 국가와는 수교하지 않은 상태였기 때문에 여러 가지 문제에 봉착할 수밖에 없었다. 그리하여 택한 것이 바로 북한이었다. 북한에 태권도를 보급하면서부터 사회주의 국가에 태권도를 보급할 수 있는 발판을 마련하였다. 그러나 사회주의 국가의 태권도보급은 태권도가 올림픽종목으로 채택되자 그 국가들이 세계태권도연맹의 회원국으로 가입함으로써 결과적으로 세계태권도연맹의 세계화에 도움을 준 역할을 한 것이 되었다.

(2) 세계태권도연맹 : 국제 스포츠종목으로 정착

김운용은 1971년 1월 대한태권도협회 제7대 회장으로 취임하면서 새로운 도약기를 맞는다. 박정희 대통령으로부터 '국기태권도 1971년 3월 20일 대통령 박정희' 라고 직접 쓴 휘호를 받았고, '태권도' 지 창간호를 발간하였으며, 국기원 건립, 세계태권도연맹 창립 등 취임 초부터 의욕적인 사업을 펼쳤다. 이러한 것이 계기가 되어 김운용 체제가 30여 년간 지속되었다.

앞에서 제기 되었듯이 세계태권도연맹은 1975년 10월 국제경기연맹총연합회에 가입하면서부터 태권도는 세계화에 중요한 첫발을 내디뎠다. 대한올림픽위원회 부회장 겸 명예총무로 국제업무를 담당했던 김운용은 태권도를 국제무대에서 공인받기 위해 IOC와 함께 세계스포츠 양대 기구인 국제경기연맹총연합회의 가입에 총력을 기울인 결과 많은 성과를 이루었다.

이러한 성과를 바탕으로 태권도가 올림픽 정식종목으로 채택된 데에는 김운용의 개인적 역량에 힘입은 바가 크다는 사실은 아무도 부인할 수가 없다. 그리고 김운용의 능력은 1986년 10월 제91차 로잔회의에서 IOC위원으로 선출되면서 본격적으로 발휘되기 시작했다. 김운용은 J. A. Samaranch의 후원으로 국내의 쟁쟁한 경쟁자들을 물리치고 IOC위원에 당선된 후 며칠 뒤 국제경기연맹총연합회 회장에 당선돼 국제스포츠무대에서 막강한 영향력을 지니게 되었다. 또 1988년 9월에는 IOC위원으로 선출된 지 1년11개월 만에 부위원장으로 당선되는 등 실력자로 급부상하였으며, 태권도도 올림픽경기에 인상적인 모습으로 등장하기 시작했는데 그 첫 계기가 '88 서울 올림픽대회였다.

처음에는 야구와 배드민턴이 시범종목으로 유력했는데 김운용이 부위원장으로 활약했던 서울 올림픽조직위원회의 끈질긴 노력 덕택에 배드민턴 대신 태권도로 바뀐 것이다. 또 '92 바로셀로나 올림픽에서는 스페인이 자랑하는 하이라이와 롤러하키를 시범종목으로 채택됐으나, 올림픽 헌장에는 2개의 시범종목만을 규정하고 있어 태권도의 채택은 물 건너 간 상황이었다. 그러나 김운용은 바르셀로나 올림픽에서 시범종목으로 채택되지 않으면 2000년 안에 태권도의 올림픽 진입은 불가능하다는 판단아래 사마란치 위원장을 찾아가 시범종목이 아닌 올림픽 규정에도 없는 전시종목으로 치르게 해달라고 요청하여 사마란치의 동의를 받아내었다. 그 후 김운용은 맨투맨으로 집행위원을 설득해 태권도를 포함하여 바르셀로나 올림픽에서 3개의 시범종목을 실시한 유일한 올림픽이 되게 하였다.

이에 대해 강원식 등(2002 : 320-321)은 태권도의 올림픽종목 채택은 먼저 IOC 프로그램위원회에서 추천을 받고 집행위원회의 심의를 거쳐 IOC총회에서 최종 결정되는 관문을 통과해야 한다. 그러나 1993년 태권도는 프로그램위원회에서 1차 실패를 겪은 바 있었다. 11개 종목이 경합을 벌였지만 단 한 종목도 통과하지 못하고 모두 쓴잔을 마셨다. 태권도는 21명의 프로그램위원 중 10대 9로 고배를 마셨지만 제일 많은 지지표를 획득함으로써 그 가운데서도 태권도의 자존심은 살렸다는 평이 있었다는 것이다.

세계태권도연맹은 1994년 태권도 올림픽종목 채택추진위원회를 결성하고 위원장에 김 집(전 체육부장관)을 선임하였으며, 서울국제태권도대회를 개최하여 IOC 창립 100주년 기념을 겸한 대회로서 태권도의 정식종목 채택을 위해 IOC 프로그램 분과위원들을 특별히 초청하였다. 이는 태권도의 인식을 새롭게 할 수 있는 기회를 제공하였으므로 올림픽정식종목의 채택을 위한 홍보전략의 일환으로 계획된 행사였다.

물론 올림픽종목으로 채택될 수 있었던 가장 큰 요인은 김운용 총재의 스포츠외교력과 IOC 사마란치 위원장의 적극적인 측면지원이었다. 최문열(1999d)은 "2000년 시드니올림픽에 정식종목으로 채택되는 과정에서 알 수 있듯이 태권도의 세계화는 세계태권도연맹 총재인 김운용 IOC 집행위원의 입지가 큰 역할을 했다는 것은 부인할 수 없는 사실" 이라고 주장하였다. 이러한 우여곡절 끝에 태권도는 올림픽 정식종목으로 채택되었다. 김운용은 사마란치와 머리를 맞대고 상의한 끝에 '막판 끼워 넣기' 라는 특별 전략을 짜냈던 것이다. 이러한 능력은 김운용의 국제스포츠 사회의 외교적 역량이 막강하다는 것을 입증하는 계기가 되었다.

태권도의 세계화를 더욱 촉진시키기 위해서는, 태권도 교육이념의 실현은 곧 올림피즘의 확산과 직결되므로 태권도의 올림픽 정식종목 채택은 근대 올림픽 운동에 크게 기여될 것이라고 확신을 심어주는 것이 중요하다. 즉 태권도교육을 교육과 문화를 융합시킨 스포츠 교육과정으로 파악하고 인간의 지덕체가 균형과 조화를 이루도록 질적인 삶을 드높이는 스포츠로 격상시키는 것이다. 따라서 태권도정신론의 확립과 태권도 교육운동의 확산은 세계평화에 기여하는 올림픽운동에 핵심적인 역할을 감당하게 되어 태권도가 영구적으로 올림픽 종목으로 채택되는 기반이 될 것이다.

맺는말

태권도의 스포츠화 과정에 대한 비교의 핵심에 있는 최홍희와 김운용의 객관적인 평가를 통해 사상적인 면과 제도적인 면을 논의하였다. 즉 태권도의 대표단체인 국제태권도연맹과 세계태권도연맹의 다각적인 비교와 역사적인 맥락성을 고려하여 태권도의 세계화와 관련한 근거를 찾고자 하였다. 최홍희는 무도성에 초점을 맞추면서 발전을 도모하였으며, 김운용은 대중화, 즉 스포츠로서의 세계화에 이바지하였다. 하지만 많은 활약과 위상에도 불구하고 태권도계는 통합과 공존의 길을 찾지 못하고, 갈등의 고리 또한 해결하지 못하고 있는 게 현실이다. 이는 오랜 시간의 거리성과 조직의 주체인 인적 자원의 소통에 한계가 있음을 의미한다. 이를 통합할 주체가 없다는 것이 아쉬운 문제로 평가되고 있다.

세계에 모든 무도가 처음부터 완벽한 모습을 갖추고 태어난 것은 없다. 보잘 것 없고 미천한 것에서 시작하여 조금씩 더해지고 꾸며지면서 성장 발전해 나가고 있다. 우리의 태권도도 국가차원의 발전적인 노력을 바탕으로 오늘날의 위치로 성장하였다. 각 정부의 시각에 따라 전개양상과 발전양상의 차이를 보이지만, 결국 태권도는 정치적인 의도에 의해서 변화하고, 발전하였다는 것을 알 수 있다.

●참고문헌

강기석(2001). *태권도 반세기 인물과 역사*. 서울 : (주)케이디미디어.

강원식, 이경명(1999). *태권도 현대사*. 서울 : 보경사.

강원식, 이경명(2002). *우리 태권도의 역사*. 서울 : 도서출판 상아기획.

곽정현(1998). *태권도정신의 철학적 정립을 위한 연구*. 미간행 석사학위논문. 경희대학교 대학원.

국기원(1995). *국기 태권도 교본*. 서울 : 오성출판사.

김광성, 김경지(1988). *한국 태권도사*. 서울 : 경운출판사.

김동규(2000). 정치상황 변천에 따른 한국 엘리트스포츠 정책의 전개, 양상과 전망. 움직임의 철학 : 한국체육철학회지, 8(1), 181-199.

김병운, 김정록(1985). *종합 태권도 전서*. 서울 : 서림문화사.

김종희(1999). 박정희 정권의 정치이념과 체육정책에 관한 연구. 미간행 박사학위논문. 한양대학교 대학원.

대한체육회(1988, July 15). 기획 I /서울올림픽시범 · 전시종목 : 올림픽동참 한몫 해낸다. *월간체육*. 32-35.

도건영(1994, April 15). 2천년 올림픽 경기종목 채택의 의지 펼친 태권도 훼스티발. *월간체육*. 26-28.

서성원(1997, 10월 27일). 태권도의 어제와 오늘. *태권도신문*.

안근아, 문원재, 안용규(2001). *태권도 태극 품새의 문제점과 제작 방향*. 한국체육철학회 춘계학술대회논문집, 45-58.

안용규(1998). *태권도 사관정립과 태권도 정신에 관한 연구*. 대한태권도협회 연구개발 특별위원회.

이경명(2000a). *태권도의 바른 이해*. 서울 : 도서출판 상아기획.

이경명(2002). *태권도의 어제와 오늘*. 서울 : 어문각.

임관인(2000). *태권도 태극 품새의 근본 원리*. 미간행 석사학위논문. 한국체육대학교 대학원.

최문열(1999a, 9월 20일). 태권도 세계화 그 베일을 벗긴다〈1〉 : 전세계 수련생 5천만명 육박. *스포츠 서울*.

최문열(1999b, 9월 30일). 태권도 세계화 그 베일을 벗긴다〈6〉 : GAISF가입으로 세계화 첫발. *스포츠 서울*.

최문열(1999c, 10월 6일). 태권도 세계화 그 베일을 벗긴다〈8〉 : 태권도 88올림픽서 시범종목 채택. *스포츠 서울*.

최문열(1999d, 10월 28일). 태권도 세계화 그 베일을 벗긴다〈10〉 : 세계적 스포츠 위상 정립. *스포츠 서울*.

최홍희(1983). *태권도 백과사전*. 조선 · 평양 · 외국문 종합출판사 인쇄공장.

최홍희(1997). *태권도와 나 1*. 서울 : 사람다움.

최홍희(1998). *태권도와 나 2*. 서울 : 다움.

하태은(1999). 광복이후 군 태권도의 발전사 연구. *세계태권도학회지*. 3, 25-38.

하태은, 임일혁(1999). *태권도 미학 개론*. 서울 : 21세기교육사.

한상우(2005). 한국의 문화재 수출금지 정책에 관한 비판적 고찰 : 한국문화재의 해외활동의 관점에서. 한국정신문화, 28(2), 111-136.

http://blog.never.com

*위 내용은 김기홍 · 김동규 · 김용규의 논문 "최홍희와 김운용의 태권도철학과 세계화 전략"(움직임의 철학 : 한국체육철학회지. 제12권 2호)의 일부분을 수정 보완한 것임.

다음 내용은 해방이후부터 현재까지 태권도 전개과정이다.

– 1944년, 이원국 청도관 개관(9월).

– 1945년, 황　기 무덕관 개관(11월).

– 1946년, 전상섭 연무관 개관.

– 1946년, 윤병인 YMCA에 창무관 개관.

– 1947년, 노병직 송무관 개관.

– 1950년, 6 · 25 동란후의 개관된 군소 도장.

한무관, 정도관, 강덕원, 수무관, 창헌관, 청양관, 국무관, 홍무관, 정무관, 무학관 등 40여 개(회장 이중재, 부회장 민관식).

– 1950년, 12월 이후

• 대한공수도협회 조직함.

(노병직, 황기, 이종우, 현종명, 조영국, 김인화(부산)).

– 1952년, 최홍희 오도관개관.

– 1954년, 문무관개관.

– 1955년, 태권도 명칭 제정(명칭제정회의).

– 1959년, 국군태권도단 조직(동남아순회).

– 1959년, 대한태권도협회 창설(9월 3일).

(회장 최홍희, 부회장 윤쾌병, 노병직, 이사장 황기는 종신 심사위원권 주장 탈퇴)

– 1960년, 황　기 대한수박도회로 사단법인 등록(4월 19일).

– 1961년, 대한태수도협회 창립(명칭이 바뀜 : 9월 16일).

– 1962년, 대한체육회 가맹(6월 28일) · 경기단체로 가입승인.

– 1962년, 제43회 전국체육대회 태권도 참가(10월24일).

– 1963년, 국민회관에서 중, 고등과 대학 간의 학교대항 단체전(6월 16일).

– 1965년, 제46회 전국체육대회 7체급 경기. 전라남도(광주)

– 1966년, 제47회 전국체육대회 8체급 경기. 서울

– 1966년, 국제태권도연맹 창설(3월 22일) 명예총재 : 김종필, 명예 부총재 : 김완용, 김용태, 총재 : 최홍희, 부총재 : 이상희, 조하리(말레지아 상공부장관), 노병직.

– 1968년, 제1회 아시아 태권도 선수권대회(홍콩).

– 1971년, 김운용 대한태권도협회 회장추대(1월 17일).
박정희 대통령 국기태권도 휘호하사(3월 20일).

– 1972년, 심사규정 제정(3월 1일).

– 1972년, 대한태권도협회 중앙도장 국기원 준공(11월 30일).

– 1973년, 군소도장정비(1월10일) : 9개관으로 축소정비. 송무관, 한무관, 창무관, 무덕관, 오도관, 강덕원, 정도관, 지도관, 청도관.

– 1973년, 제1회 세계태권도대회개최(한국, 서울 : 5월 25일).

– 1973년, 세계태권도연맹(WTF)창립(5월 28일).

– 1974년, 국기원 재단법인 등록(8월 7일).

– 1974년, 제1회 아시아 태권도 선수권대회 개최(한국, 서울 : 10월 18일).

– 1975년, 15세 이하 "단" 을 "품" 으로 명칭변경사용 결정(2월 14일).
(시행 1975년 3월 1일 이후)

– 1975년, 국제경기연맹에 세계태권도연맹 가입승인(10월 5일).

– 1976년, 각 관의 명칭을 아라비아 숫자로 개칭(1관-9관 : 5월 10일).

– 1977년, 태권도 총 본관 탄생(9개관을 계열로 인정 : 8월 1일).

– 1977년, 세계태권도연맹 사단법인 등록(12월 28일).

– 1978년, 프레월드게임 태권도 선수권대회 개최(한국, 서울 : 6월 29일).

– 1978년, 태권도 총 본관 폐함(8월 5일).

– 1978년, 각 중앙본관(9개관)폐쇄 · 대한태권도협회 중심제로 단일화(10월 5일).

– 1980년, IOC에 세계태권도연맹을 승인 및 태권도종목 승인.

소련 모스크바 제83차 IOC총회(7월 17일).

– 1980년, 제1회 CISM 태권도대회 개최(서울 : 11월 1일).

– 1981년, 국제스포츠체육평의회(ICSPE)에 세계태권도연맹 가입(1월 15일).

– 1981년, '86아시안게임에 태권도 정식종목 채택(12월 9일).

– 1982년, 태권도지도자연수원 개원(9월 1일).

– 1982년, '88서울올림픽 시범종목 채택(2월 5일).

– 1983년, 국기원을 태권도지도자연수원으로 체육부가 지정승인(11월 30일).

– 1986년, 서울 제10회 아시안 게임에 태권도 정식종목 참가(9월 30일-10월 3일).

– 1987년, 국기원 15주년사 책자 발간(11월 30일).

– 1988년, '88서울올림픽 시범경기 및 개회식행사 태권도 시범(9월 17일).

– 1988년, 서울 제 24회 올림픽에 태권도 시범종목 참가(9월 17일-20일).

– 1992년, 국기원 20주년사 책자 발간(11월 30일).

– 1994년, 태권도 올림픽 정식종목 채택 - 103차 IOC총회(프랑스 파리 9월 5일).

– 1996년, 문화관광부 태권도 한국문화 대표상품 선정(12월 2일).

– 2003년, 제1회 세계태권도무예대회 개최(11월 28일, 15개국(40팀) 369명 참가).

– 2005년, 정기간행물 '태권도 피플' (창간 7월 1일).

06

태권도의 무도성과 스포츠화의 공존

동양무도는 무도성과 스포츠화의 양면성을 지니고 전개되고 있는 것이 오늘날의 추세이며, 태권도도 이러한 문화의 흐름을 역행할 수는 없다. 그리하여 태권도는 서양 스포츠의 경기규정을 모방하는 한편으로, 무도의 특성을 살린 평가기준에 의한 경기방법을 채택하고 있다. 이는 무도성의 본질을 계승해 나가면서 스포츠화의 길을 가려고 하는 의도라고 볼 수 있다.

06

오늘날 우리가 말하는 '스포츠'는 분명 외래문화이다. 대부분 서양에서 들어온 것들이다. 일본이 개발한 유도와 한국에서 개발한 태권도 이외에 동양의 것은 하나도 없다(신성대, 2006 : 319). 이는 동양무도의 정체성을 강조한 주장이다. 그러나 시기적으로 볼 때 동양무도도 정체성만을 강조하여 안주하게 되면 국제적 기반이 붕괴될 우려가 농후하다. 생존을 위한 변신이 필요한 때인 것이다. 특히 태권도는 우슈, 가라테 등이 국제 스포츠로의 도약을 위해 전력하고 있어 자체의 기술개발은 물론 국제 경쟁력의 강화를 위한 전략의 도입이 시급하다. 대안으로서 창의력을 기반으로 한 지도자양성 및 교육프로그램의 모색, 그리고 수련자의 요구를 수용하는 관련단체의 태도가 우선적으로 요구되나, 이와 함께 태권도의 무도성과 스포츠화의 조화를 이루려는 노력 또한 중요한 요인이 된다. 무도성만 강조하다보면 현재성이 떨어지고, 현재성만 강조하다 보면 무도성이 훼손되는 현상이 도래될 수 있는 실정인 것이다.

김동규(2006 : 9-10)는 "동양에서 발현된 무도수련은 본래 내재적 가치지향을 기축으로 하고 있다. 무도의 정체성, 즉 무도가 서구의 스포츠와 근본적으로 상이한 점은 수련과정이 修行의 길" 이라고 주장하였다. 이는 무도의 내재적 가치지향을 수행으로 보면서 무도성을 강조한 것이라고 볼 수 있다. 그러나 동양무도는 무도성과 스포츠화의 양면성을 지니고 전개되고 있는 것이 현재의 추세이며, 이러한 문화의 흐름을 역행할 수는 없다. 그리하여 스포츠화에 성공한 대표적인 무도인 유도, 태권도, 검도*1 등이 현재 서양스포츠의 경기규정을 모방하는 한편으로, 무도의 특성을 살린 평가기준에 의한 경기방법을 채택하고 있다. 이는 무도성의 본질을 계승해 나가면서 스포츠화의 길을 가려고 하는 의도라고 볼 수 있다.

최근 급증하고 있는 무도단체들의 난무는 무도성과 스포츠화의 공존에 부작용을 초래할 수 있다. 태권도의 경우 '재단법인 국기원' 은 세계태권도연맹, 대한태권도협회 등의 산하기관을 두고 있는데, '재단법인 세계태권도 국기원' 이란 유사단체가 설립되었다. 검도협회의 경우도 대한체육회에 가맹된 대한검도회와 유사한 단체가 100여개에 이르고 있다. 이는 김영삼 정부 당시 자유 경쟁원리가 보장되어야 한다는 원칙에 의해 그렇게 되었다고 볼 수 있다. 이러한 혼란은 자율성만 강조되고 전문성이 결여된 행정으로 인하여 회원들의 참여를 저해하는 요인으로 작용할 수 있다.

---

*1 국제검도연맹(IKF)이 2006년 4월 7일 국제경기연맹총연합회(GAISF)에 가입함으로써 유도, 태권도, 우슈, 아이키도, 가라테, 무에타이, 삼보, 유술, 킥복싱, 스모 등과 더불어 11개 종목이 되었다 (www.somakorea.com).

따라서 이 장에서의 논의는 '태권도가 무도인가 스포츠인가'를 규명하려는 시도가 아니다. 그보다는 태권도가 무도성을 지닌 대중스포츠로 증진하고, 겨루기가 올림픽종목으로서 보다 정착하면서도 어떻게 하면 무도성을 훼손하지 않을 수 있을까 하는 공존의 문제에 관심이 있다. 물론 이러한 단편적인 논의에 의해 직접적이고 즉각적인 해답의 도출을 기대하기는 어렵다고 본다. 그러나 이와 관련한 논의의 지속적인 시도를 통하여 동양무도로서 태권도의 정체성과 스포츠화가 조화를 도모하는 기반은 조성될 수 있다고 본다.

1. 태권도의 무도성과 스포츠화

1) 태권도의 무도성

'태권도의 무도성은 무엇인가' 라는 물음은 '태권도가 인격(정신)수양을 위해 무엇을 해야 하는가' 하는 물음으로 대체될 수 있다. 반복된 수련을 통하여 술術에서 예藝, 예藝에서 도道로 승화 되었다면 그 과정과 결과가 가시화되어야 함을 의미하는 것이다. 그러한 절차와 검증을 거치지 않은 채 무도성이 증대되었다니, 상실되었다 하는 주장은 이치에 맞지 않는다. 유교에서는 수양을 통해 사욕私慾을 극복하여 본래의 선한 성품을 깨달을 것을 강조하고, 불교에서는 수행을 통해 집착과 번뇌에서 벗어나 청정淸淨한 자아의 본성을 깨달음을 목표로 한다. 또한 도교*2에서는 수련을 통해 사욕과 이기심으로부터 벗어나 천진天眞하고 무위無爲한 적자지심赤子之心을 회복하는 일을 목표로 한다. 이처럼 유교의 수양, 불교의 수행, 도교의 수련은 정신적 목표를 추구한다는 점에서 공통적이다.

이와 관련하여 최홍희(1997 : 347)는 무도인으로서의 인격도야를 위해 예의, 염치, 인내, 극기, 백절불굴 등을 태권도정신으로 제정하여 수련 전에 외우도록 했다. 또 안용규(2000 : 106-119)는 교육적 측면을 고려하여 태권도정신을 우리 전통의 「한」 철학사상을 근간으로 평화정신, 애국정신, 충효정신, 예의정신, 부동심, 극기정신, 준법정신, 호연지기浩然之氣 등으로 세분하였다. 이는 태권도의 무도성을 확립하는 방법으로서 인성교육에 중점을 두고, 타인과의 경쟁보다는 극기克己의 과정을 통하여 강한 의지력을 배양하려는 것으로 해석된다.

이경명(2000)은 "무예의 수련목적은 바른 기법, 바른 정신을 숙달해 심신의 중심을 바로잡고 나아가 하늘이 부여한 인성(인간본성)을 형성하고 사람됨을 이룩하는 데에 있다. 모름지기 태권도인은 품새수련을 통한 개인적 체험과 관계를 새롭게 조망하며 유구한 전통사상의 중요한 흐름을 자신의 내면세계에 습여성성(習與性成 : 습관이 오래되면 마침내 천성이 됨)될 수 있도록 정진해야 할 것"이라고 하였다. 그리고 김부찬(2006)은

*2 도교는 고대의 민간신앙인 신선사상 [중국 고대인의 자연을 숭배하면서 인간을 신격화한 산악신앙(山嶽信仰)에서 유래한 것으로서 인간의 불사불멸(不死不滅)과 우화등선(羽化登仙)한다는 의인사상(擬人思想)이라고 볼 수 있다]을 기초로 하여 노장사상(老莊思想), 역리(易理), 음양(陰陽), 오행(五行), 참위(讖緯), 의술(醫術), 점성술(占星術), 그리고 불교와 유교사상까지 받아들여 心身의 수련을 통한 불로장생의 탐구와 현세 이익을 추구해 나가는 종교이다. 유(儒)·불(佛)·선(善)을 혼합한 '도(道)'를 신봉하면서 황제, 노자, 장자 등을 교조로 하는 다신적 종교이다(신수용, 2004: 23).

"양생사상은 도교의 중심사상이다. 도교는 종교로서 뿐만 아니라 체육학이나 한의학 등과 밀접한 관계가 있다. 왜냐하면 도교에서는 신선神仙이 되어 신체적 불사不死를 달성하는 것을 궁극적 목표로 삼기 때문이다. 그리고 이러한 경지에 도달하기 위해서는 양생법을 통해서 가능하다."고 설명하였다. 동양에서 신체와 정신을 단련하여 인간의 생명과 건강을 지키는 기술은 양생사상에 의하여 체계적으로 정립되었기 때문에 체육학의 주된 대상이 된다. 한대漢代 이후 정립된 도교에 의하여 심신의 수련법으로 발달되어진 것이다. 이러한 도교의 수련법은 그 사상적 기반을 노자와 장자에 두고 있다.

양진방(1989 : 125)은 무도란 내용적으로 완성된 닫혀진 개념이 아니라 미완의 열려진 개념으로서 종래의 무도에 대한 철학적 접근이 보여주었던 피상적이고도 평면적이었던 노장철학의 적용이나 선불교적 언어의 적용이 아니라, 동양철학 전체에 흐르고 있는 세계관과 인성관, 그리고 교육관의 체육적 해석을 통해서 지금부터 형성되어가야 할 '빈개념' 이라고 보아야 할 것이라고 주장하였다. 이는 수행은 종파나 문파에 따라 각기 근거하고 있는 사상적 근거도 다를 뿐 아니라, 최종적으로 추구하는 정신적 목표도 다르며, 실천이나 수련의 방법에 있어서도 다양한 모습을 보이지만 수행은 형이상학적 개념인 철학적 정신의 추구로 보아야 할 것이라는 주장이다.

김광석(1995)은 『본국검』이라는 저서에서 무예의 기본정신과 무예인 누구나 가까이 좌우명으로 지켜야 할 기본원리들을 무덕규범武德規範으로 규정하고 있다.

무예에서 반드시 지켜야 할 도덕규범은 무덕을 숭상하고, 몸을 강하게 하며, 성性, 심신을 기르는 것이다.

무덕은 상무숭덕尙武崇德의 정신을 가리키며, 무예계에서 공통적으로 신앙信仰하는 일종의 언행에 관한 준칙이다. 예로부터 무武를 익히는 사람은 무덕에 따라 심신을 수양하고, 행동거지의 규범으로 삼았으며, 선악善惡을 판별했었다.

상무尙武란 무예를 숭상하여 무예의 수련과 활동에 참여하는 것이다. 무예를 통하여 몸과 마음을 단련하고 공방의 기교를 연습하여, 무용武勇은 힘을 갖추고 투쟁은 술術을 갖추도록 스스로 쉬지 않고 노력하는 것을 말한다.

숭덕崇德이란 도덕을 중히 여기는 것을 말한다. 인격도야人格陶冶・의지단련・항심恒心・정신배양 등을 통하여 공중도덕을 준수하고, 사회적 책임과 의무를 이행하며, 두터운 덕으로 만물을 포용할 수 있는 사회적인 사람됨을 추구하는 것이다.

무덕武德은 상무尙武와 숭덕崇德을 하나로 합한 말이다. 무예를 익히는 사람은 도덕관념을 규범으로 삼아 무예기법과 일상 언행에 융합되도록 해야 한다. 기技와 도道를 아울러 중시하고, 덕德과 예藝를 함께 닦으며, 사도師道를 존중하고, 예藝를 알며, 신信과 의義를 지켜야 한다. 무武는 몸을 강하게 하고, 덕德은 사람을 기르는 것이다.

무武와 덕德을 고루 닦는 과정 중에 깊이 연구하고 부지런히 생각하면서 무예를 정미하게 익히고, 덕성德性을 견고히 하며, 심기心氣를 평화롭게 해야 한다. (신성대, 2006 : 61에서 재인용)

태권도의 무도성 상실과 관련하여 송재헌(2000 : 460)은 "한국의 태권도는 각 학교 대표 팀의 선수들에 의하여 유지되어 왔다. 역설적으로 한국은 태권도의 중요한 형성요소인 무도성이 가장 많이 상실된 나라일 것"이라고 주장하였다. 이는 각 급 학교의 태권도 선수지도는 발차기와 겨루기를 위한 전략만 모색하여 무도성이 상실된다는 의미이다. 그러나 이러한 주장에 대해 '태권도가 겨루기 대회에 참가하게 되면 무조건 무도성이 배제되고, 품새대회에 참가하기만 하면 무도성은 보존된다는 말인가'라는 의문이 제기될 수 있다. 흔히들 무도는 '예시예종禮始禮終'을 강조하고, 그의 수련은 개인의 수행修行을 통하여 '도道'에 도달할 수 있다고 한다. 그러나 태권도의 무도성은 시장원리가 지배하는 상황에서도 지도자의 자세와 지도철학에 따라 이의 성취는 가능한 것이 된다고 볼 수 있는 것이다.

태권도의 띠와 단의 의미는?

또한 강기석(2001 : 102)은 황기는 무술이란 원래 인간의 생명을 위협하는 것으로서 시합자체가 불가능하다고 보고, 경기화는 무도정신이 무시되고 단 · 급 제도가 불필요하게 될 것이라고 하였다고 했다. 그러나 현재 태권도는 경기화가 이루어지고 있음에도 불구하고 일선 태권도 도장에서는 단 · 급제도로 수련생을 지도하고 있다. 이 또한 일면 상업성과 연결되어 있다는 비난이 있을 수 있으나, 경기화와 공존시스템을 개발하면 수련생에게 목표부여와 동기유발의 촉매역할을 할 수 있는 장점이 있다고 본다. 즉 경기화에 의한 무도성의 훼손과 단 · 급 제도의 퇴색은 태권도계가 안고 있는 최대의 난제이나 이 또한 부정적 입장만 고수할 수는 없을 것 같다.

이경명(1997)은 띠는 동양적 개념으로 음과 양의 만남에서 묘합을 이루는 것이며, 도복을 입고 띠로 단전 부위를 두 번 두르는 의미는 음과 양이 만나는 단전에 기氣를 모으기 위한 것이라고 주장하였다. 띠는 수련자의 품계品階에 따라 색상이 다르기 때문에 수련과정의 질서와 권위를 나타내고, 흰색에서 시작해 노랑, 파랑, 빨강으로 이어지다가 검은색으로 마감되는 띠는 수련자의 정체성과 직결된다. 그는 태권도 수련은 엄격한 질서를 요구하며 그 질서는 바로 띠의 색상 차이로 권위와 상하관계가 분명해 진다고 주장하였다. 이는 무도에 입문하면 흰 도복에 흰 띠로 시작하는데, 흰색은 시작 이전의 '무無'의 상태를 의미하며, 흰 띠부터 시작해 점차 노랑, 파랑, 빨강을 거쳐 검은 띠에 이르는 과정은 '유有'의 상태를 의미한다. 검은 띠는 고된 수행의 결과물이며, 유단자이며, 빛의 기원이며, 유급자의 종착지라는 의미를 지니고 있다. 검은 색의 의미는 고급, 세련, 권위, 위엄의 이미지를 주기 때문에, 도복에 검은 띠를 매는 것은 권위와 위엄이 있다. 검은 띠는 태권도의 기본단계를 모두 익혔다는 시기인 동시에 새로운 것을 배우고 동작을 완성해야 하기 위한 새로운 시작의 단계라고 볼 수 있다. 무도에서 '단段'은 '도道'와 그 궤를 같이 한다. '단'은 태권도수련을 통해 이루어지고, 수련은 '도'를 추구할 때 그 빛을 발하기 때문이다. 따라서 '단'은 '도'와 같이 수행이 뒤따라야 한다. 유단자로서 품격을 갖추고 인격완성에 도달하기 위해 수련을 생활화하는 것도 바로 이 때문이다.

무도의 9단이 되면 '입신入神'이라고 한다. 더 이상 올라갈 곳이 없는 9단의 별칭을 '입신' 이라고 부르는 것에는 '최고수', '살아있는 신' 이라는 의미가 내재되어 있다. 이는 9단의 품계에 내재된 의미라고 볼 수 있다. 도와 예禮의 영역에 속하는 바둑도 태권도와 마찬가지로 최고수를 '입신' 이라고 부른다. 이에 대해 서성원(2003)은 일각에서는 태권도가 바둑의 유단자(고단자) 별칭을 모방했다고 보고 있다. 다음은 수필가인 한판암(2006)의 한국문학도서관에서 발취한 '바둑의 품계' 에 대한 내용이다.

> 정치에 도道가 터서 신의 경지에 이른 정치인을 '정치 9단' 으로 칭한 연유는 어디에 있을까? 바둑에서 차용한 개념이지 싶다. 예로부터 바둑에서 제행무상諸行無常이라는 득도의 경지에 이르러 승부까지도 초월했기에 인간의 경계를 벗어난 신의 그것에 비견될 상태를 입신入神이라고 부르지 않던가.
>
> 6세기 초반 '양梁나라' 의 무제武帝는 바둑에 많은 관심을 가졌었으며, 기품棋品을 바로 세우는데도 크게 공헌했다고 한다. 남북조시대 남조의 역사기록인 '남사南史' 에 "바둑을 매우 즐겼던 양무제梁武帝는 신하인 '유운' 에게 바둑 고수高手들의 기보棋譜를 품정品定"하도록 했다. 여기서 품정은 수많은 기보를 놓고 기풍棋風, 수순, 역량 등을 검토하여 일정한 수준에 달하는 것을 뽑아서, 우열에 따라 등위를 매기던 것을 말한다. 이를 통해서 바둑 고수들의 기품을 1품에서 9품까지 아홉 단계로 분류해서 이름을 붙인 것을 '위기구품圍棋九品' 이라고 했다.
>
> 바둑에 관심이 없는 초보자는 한 두수 뒤에 '단수(아다리)' 가 되

는 경우나, '축으로 몰리는 상황' 도 모르는 숙맥이다. 따라서 무궁무진한 바둑의 수와 몰고 몰리는 오묘한 이치를 모른다. 그래도 가끔 바둑을 즐기는 이들의 대국을 관전하며 고개를 설레설레 흔들며 신기한 반상 싸움에 넋을 잃기도 한다. 이런 처지에 바둑의 품계品階에 관심을 가지고 여러 자료를 살피면서, 탄복할 정도로 빼어난 비유와 재치 있는 표현에 놀랐다. 사람의 성숙단계와 맥脈을 같이하기 때문이다. 오래 전부터 '위기구품' 에 따라서 불리다가, 현대에 이르러 프로기사 단위段位로 호칭된다고 했다.

'9품初段' 은 별칭으로 '수졸守拙' 로 불린다. 원래 '수졸' 은 '어리석을지라도 의로움을 지킨다' 라는 뜻이다. 한데 '바둑을 모르던 사람이 배우기 시작해서 한 두 해 지난 다음에 남에게 자랑하고픈 시절' 을 일컫는다. 해서 떫고 시고 풋풋하며 야생마 같이 내달리며 물불 가리지 못하는 팔팔한 설익은 젊음으로 겁을 모르는 지학志學의 모습이 떠오른다.

'8품(2段)' 을 '약우若愚' 라고 한다. 겉으로는 어리석게 보여도 나름대로 생각이나 지략이 있고 기본적인 실력도 갖춘 수준이다. 따라서 수졸 같은 풋내기 티를 벗어나 겸허할 줄 알고 인내하는 자제력을 기르는 기간이기 때문에 자성에 이르러 내면적 성숙을 깨우치는 단계라고 한다. 따지고 보면 냉엄한 반상 승부의 첫 번째 덕목은 겸허하며 인내할 줄 알아야 한다는 이치를 터득하는 시기로서 여물어 가려는 약관弱冠의 끝 무렵과 일맥상통하지 않을까

'7품(3段)' 을 '투력鬪力' 이라고 한다. '싸움의 기세가 강해지는' 시기이다. 결국 '어느 결에 힘이 붙어 싸울 수 있는 경지에 이

른 상태' 이다. 그러나 아직 다듬고 보완할 점이 많으나 아무도 가볍게 넘볼 수 없이 성장한 상태이다. 그러나 전장에서 필요한 용기를 기르려고 수련하는 시기이다. 강호무림에서 고수만이 생존 가능하기 때문에 용기가 필요하다. 따라서 끝없는 자기연마가 절실한 이립而立의 문턱을 겨우 넘어선 젊은이를 닮은 시기이다.

'6품(4段)' 은 '소교小巧' 라는 애칭으로 부른다. '작은 재주를 부릴 수 있는 경지' 이니 기교를 부리는 지혜를 터득하기 시작한 셈이다. 그러나 아직 '지엽적인 수는 읽어도 반상 전체의 조감은 무리다.' 그런 연유에서 전체적으로는 불완전해도 부분적인 전술을 펼치면서 바둑의 묘미에 빠져드는 경지로 여겨진다. 이 단계에서 되풀이되는 좌절과 방황의 아픔을 곱씹으며 시련과 고통을 맛보며 성숙한다. 이는 사람이 이립而立의 후반에 이르면 무조건 내달리거나 밀어붙이는 게 최선이 아니라는 이치를 깨우치면서 돌아가거나 쉬어 가는 혜안에 이르는 것과 같다.

'5품(5段)' 은 '용지用智' 라고 한다. 세상사에 지혜를 이용할 줄 아는 힘은 행운이다. 큰 이득을 위하여 작은 양보를 이해할 도량에 이르고, 반상 전체를 통찰하는 시야가 되면서 정략을 구상하기 시작하는 단계이다. 따라서 바둑에 대해 또 다른 묘미를 만끽하며 새로운 경지를 열기 위하여 도전하는 지혜에 이른다. 이는 이립의 젊은이가 무모할 정도로 돌진하던 만용에서 벗어나 불혹不惑의 문턱을 밟고 세상의 순리를 따름이 지혜로움이라는 사실을 깨닫는 것과 같은 맥락일 듯하다.

'4품(6段)' 의 별칭이 '통유通幽' 이다. 어디든지 거침없이 통하면 얼마나 좋을까. 이 단계는 '바둑의 심오한 경지와 참 맛을 음미할 수 있어 그 세계의 재미를 만끽 할 수 있는 단계' 라고 한다. 결국 바둑의 겉모습이 아닌 본질에 대한 깨우침이며 승부에 참 면목의 터득이다. 이런 맥락에서 세상사에 초연할 만큼 불혹의 끝자락에서 사리를 분별할 줄 아는 연륜에 비유되는 시기가 아닐까.

'3품(7段)' 이 '구체具體' 이다. 기예棋藝를 섭렵했고 언제든지 바둑판 앞에 앉으면 하심河心이 되어 '모든 것을 갖춘' 단계이다. 세상 이치와 도리를 바둑판을 통해서 깨닫는 지경으로, 노력하여 닿을 수 있는 최종단계란다. 지천명知天命에 이른 완숙미와 하늘과 자연의 섭리를 얼추 가늠하고 따를 수준으로 여겨진다.

'2품(8段)' 을 '좌조座照' 라고 한다. 옛말에 '앉아서 삼천리, 서서 구만리를 본다' 라는 말이 있다. 이처럼 '앉아서도 훤히 보이는' 경지이다. 이 단계부터는 노력만으로 불가능하며 천부적인 기재棋才를 타고 태어나야 오르는 세계란다. 앉아서 일견一見하고 세상 이치를 깨닫고 우주의 섭리를 꿰뚫을 수 있으니 무념무상無念無常에 이르러 바둑을 이기고 지는 승부마저 초월하게 된다고 한다. 따라서 이순耳順의 말미에 이르러 세상사에 초연하게 되는 깨우침과 상통하는 단계 같다.

'1품(9段)' 의 별칭이 '입신入神' 이다. 입신은 '기술에 숙달되어 영묘한 지경에 이름' 이라는 뜻이다. 바둑에서는 신의 경지를 이르는 뜻으로 받아들여야 한다. 이는 사람의 지혜나 경계를 벗어난 신의 경지로서 더 이상 오를 곳이 없는 단계이다. 고희古稀에 이르러 '나이 일흔에 하고자 하는 대로해도 법도를 넘어서거나 어긋나지 않았다'는 '종심從心'에 비견된다.

분명히 나무 판板 위에 가로 세로로 그어진 줄이 교차하는 지점에 두 사람이 번갈아 가며 생명이 없는 흑백의 돌을 놓는 것에 지나지 않는다. 그러나 그 반상에는 고매한 품격이 살아 숨 쉬며 철학이 있고, 예禮와 예藝의 서릿발 같은 원칙이 제 몫을 하는가 하면, 삶의 지혜와 도를 깨우쳐주는 심오한 우주의 섭리가 섬광처럼 빛을 발한다고 한다. 그런데도 초보자의 눈에는 언제나 볼품없는 반상에서 검은 돌과 흰 돌을 가지고 노는 소일거리로 보일 뿐이니, 삶의 이치와 지혜의 터득에 이르겠다는 꿈은 애 저녁에 버려야 할 것 같다.

출처 : http://hpa1945.kll.co.kr

이러한 품계는 일본 무도의 단급체계에 영향을 미쳤고, 동양무도가 현대화되는 과정에서 차용했다는 주장이 제기되고 있다. 바둑의 9단처럼 태권도의 9단도 '입신'이라고 하는 것을 보면, 이러한 주장이 근거가 없는 것은 아닐 것이다. 띠와 단은 태권도의 무도성을 상징적으로 증명하는 매개체이며, 흔히 단段은 태권도수련의 위계질서이며 무도인의 인격이라고 말한다. 그리하여 무제가 만들었다는 바둑의 품계별칭은 태권도에 그대로 적용해도 무리가 없을 것 같다. 태권도의 경우도 바둑처럼 도와 예의 측면이 내재되어 있기 때문이다. 특히 무도 측면에서 보면, 초단에서 9단에 이르는 품계의 특성이 비슷하다는 느낌이다. 이는 경험을 분석함으로써 새로운 인식에 도달할 수 있다는 의미이며, 문제는 유단자들이 품계의 특성에 맞게 품격을 갖추고 이를 행동으로 실천

할 수 있느냐의 문제이다. 그리고 무도에서 띠와 단은 무엇을 의미하는지 되새겨볼 필요가 있을 것 같다.

동양무도에서 명상의 의미는?

태권도의 무도성을 정립하기 위해서는 우선 자율적인 분위기의 수행을 기본으로 하는 철학의 정립이 요구된다. 도장출입 시 국기에 대한 경례, 수련서열에 따른 정렬위치, 연령에 따른 수련서열, 엄격함이 강조된 선후배 관계, 지도자의 강압적인 태도, 수련 전후의 묵상과 명상 등은 무도성의 정립과는 직접적인 관련이 없는 요인들로서 이의 강조는 무도성의 왜곡으로 이어질 수 있다. 즉 이러한 태도들은 일본풍 도장문화의 영향으로부터 자유스럽지 못한 문화로서 한국의 태권도가 지향하는 무도성과는 분명히 거리가 있다. 다수인들은 일본풍의 수련장 분위기를 한국 전래의 수련문화로 오해하고 있는 경우가 허다하며, 해외에 진출한 지도자들이 이와 같은 수련장 문화를 외국인에게 강조함으로써 한국의 문화를 세계에 알리고 있다고 자부하고 있기도 한다.

그러나 이제 태권도의 지도는 우리의 전통과 문화에 입각한 수련장의 풍토가 요구된다. 탁석산(2004b : 184)은 문화에 국적을 부여하지 말고 어떤 문화든 수용해서 우리 것으로 만들어 우리의 삶을 풍요롭게 하면 된다는 것이라고 주장하고 있다. 이는 문화가 교류와 모방을 통해 발전한다는 의미이다. 그러하더라도 이러한 해석이 태권도가 외래의 수련 문화에 분별력 없이 접근하여 익숙하게 되면 우리 무도문화의 정체성이 훼손될 수밖에 없음을 염려하지 않아도 된다는 접근은 아닌 것 같다.

도란 동양철학의 전체를 꿰뚫는 형이상학적 중심개념이다. 수련을 통해서 얻고자 하는 바가 자연과 우주에 존재하는 큰 뜻과 원리를 체득하고 그 뜻에 어긋남이 없는 조화된 삶을 추구하는 단계에 이르면 이것이 무도의 본질에 도달한 것이라고 할 수 있다. 예의 등 규범적 개념의 좁은 틀이 무도적 본질은 아니다. 기술적 가치가 무도의 본질도 아니다. 무도적 본질은 무武의 수련을 통해서 소아적小我的 자기를 극복하고 대아적大我的 자기를 확립해 나감으로써 자기완성의 삶을 이루려는 철학이라는 데에 있다(세계태권도연맹 국제심판강습회교재, 1990 : 27 ; 김명수, 1992 : 18에서 재인용)고 하였다.

태권도 한마당 품새 시연

각종 수련법에 담긴 동/정, 내/외, 강/유, 원/직 등의 차이는 절대적인 것이 아니라 정도의 차이 또는 강조점의 차이라고 볼 수도 있을 것이다. 외공에 주안점을 두는 수련법이라고 하여 호흡이나 정신집중과 같은 내공을 전혀 도외시하는 것은 아니며, 강건하고 직선적인 동작을 주로 사용한다고 해서 신체의 유연성과 탄력성을 도외시하는 것은 아니기 때문이다. 각종 무예수련에는 비록 정도의 차이는 있지만 동動 속에 정(靜)이 있고, 剛(강건함) 속에 柔(부드러움)이 있으며, 外(외면)의 단련 속에 이미 內(내면) 의식의 변화가 동시에 전개되고 있다고 보는 합일론적 관점이 더욱 적절하다고 할 수 있다. 따라서 동/정, 강/유, 내/외, 원/직 등의 구분은 어디까지나 각종 수련법을 구별하기 위한 방편적 구분으로 이해하는 것이 좋을 것이다(이승환, 2006).

결국 무도정신이란 무도를 통하여 정립된 무도인의 가치관을 말한다. 무도를 수련한 결과로 사물을 이해하는 방식이 변하고 행동을 정립하는 방식이 변했을 때 무도정신이 형성되었다고 할 수 있다. 무도의 술術과 예藝와 도道의 3차원적 본질을 내면화시켜 행동철학과 정신철학이 정립되었을 때 비로소 완전한 무도정신이 이루어 졌다고 하겠다. 신체와 정신이 조화롭게 발전하고 발전된 양자가 합일되어 느낌과 생각과 행동이 일치되는 사람이 되는 것이 무도정신의 궁극적 이상이다(吳文忠, 中國武術綜合類名攷集要, "Asian Journal of Physical Education, 3(1), 45. 1990; 김명수, 1992 : 20-21에서 재인용). 이에 대해 스티븐 캐페너(1998 : 112)는 무도가 추구하는 부동심, 무심無心, 심신일여心身一如, 권선일치拳禪一致, 심기체일치心技體一致 등의 개념은 바로 이러한 맥락에서 오랜 단련과 수련을 통해 달성되는 기술의 질적 전환, 즉 기진호도技進乎道의 경지를 말하는 것으로서 추상적인 개념으로서의 도가 아니라 구체적인 수련의 체험적 인식의 세계를 말하는 것이라고 했다.

태권도의 무도성을 보존한다는 명분으로 수련에 있어서 명령과 복종을 강요하는 문화는 변해야 한다. 행동으로 표현할 수 있는 태권도정신과 철학이 정립되어야 하는 것이다. 작금의 태권도철학은 대부분 유교, 불교, 도교의 경전해석을 빌려왔거나, 일본에서 정립된 무도철학을 공부한 이들이 나름대로 재해석을 통해 자료화 한 것이 주류를 이루고 있다. 따라서 태권도가 한국적인 무도로 전 세계에 정착하기 위해서는 한국적 사상과 몸짓의 바탕위에 행동철학으로서의 이론과 실기를 정립하여야만 한다.

태권도철학이 있다는 의미는 삶을 관통하는 사상과 깨달음에 정진한다는 뜻일 것이다. 이미 많은 무도가 단순히 격투기의 의미를 넘어 무도의 수련을 통한 우주합일宇宙合一이나 자기완성自己完成을 추구하고 있다. 그리하여 세계적으로 방대한 수련인구를 자랑하는 태권도의 철학을 정립하는 일은 태권도의 본질을 파악하고, 무도성의 보존을 통하여 우리 민족특유의 정신, 철학, 도덕적 관념, 행동규범 등을 설정하는 과정이 될 수 있다.

2) 태권도의 스포츠화

태권도는 1960년대 초부터 겨루기를 중심으로 스포츠화의 길을 선택하여 이에 매진하고 있다. 이는 가라테와 차별이 시도되고, 세계적인 스포츠로 각광받는 결정적인 계기가 되었다. 해외에 진출한 지도자들의 노력 또한 태권도의 스포츠화에 크게 기여하였다. 이와 함께 몸통호구복의 개발도 태권도의 스포츠화에 큰 역할을 하였다. 김동규 등(2004 : 369)은 호구복은 1979년부터 '공인 호구복'이라는 명칭으로 사용되었으며, 현재는 머리를 보호할 수 있는 헤드기어를 착용하고, 도복도 V자형으로 개선된 것이라고 주장하였다. 따라서 태권도의 스포츠화 과정은 무도가 시대적 변화에 부응하고, 경기규칙의 변화와 스포츠맨십 등을 강조하면서 경쟁에서의 승리를 위해 다양한 기술의 개발이 이루어진 계기로 작용하였다. 이는 정체성의 일환인 현재성으로 접근하면 당연한 결과로 귀결된다.

태권도의 스포츠화는 세계태권도 중앙도장인 국기원이 1972년 개원되고, 1973년 5월에 세계태권도연맹을 창설하여 제1회 세계태권도선수권대회를 개최하면서 본격화되었다고 볼 수 있다. 이를 기반으로 태권도는 1975년에 미국체육회AAU와 국제경기연맹총연합회GAISF, 1976년에 국제군인체육회CISM 등에 정식종목으로 채택되었다. 1980년에는 모스크바 IOC총회에서 세계태권도연맹이 정식 승인단체가 되었으며,

그들만의 문화(히잡 쓴 태권도선수)

1981년 12월 9일 '86서울아시안게임에 태권도 정식종목으로 채택되었다. 이어 1982년 2월 5일 IOC집행위원회에서 '88서울올림픽 시범종목으로 채택하고, '92년 바르셀로나올림픽에서 시범종목 후 1994년 9월 5일 파리 IOC총회에서 2000년 시드니올림픽의 정식종목으로 채택하였다. 그리고 2004년 아테네올림픽에 이어 2008년 북경올림픽, 2012년 런던올림픽까지 올림픽종목으로 채택되어 있다. 그러나 태권도는 올림픽대회의 비대화와 상업성에 맞물려 2012년 런던올림픽 이후부터는 IOC총회의 승인을 획득해야 정식종목으로 남을 수 있는 불안성도 동시에 내포하고 있다.

태권도의 스포츠화는 수련생의 연령대가 점점 낮아지고, 겨루기가 보다 전문화되어 가는 현상을 도래하고 있다. 그러므로 태권도는 이에 부응할 수 있는 품새의 틀을 과감하게 수정보완하고, 수련생의 목적에 맞는 다양한 품새를 개발하여야 한다. 예를 들면, 겨루기 시 사용할 수 있는 동작과 발차기를 삽입하여 실전에 응용할 수 있는 품새로 수정하는 것이다. 그리고 좌우대칭에서 벗어난 다양한 형태의 틀을 도입하여 가상의 상대를 대상으로 공격과 방어방법을 수련할 수 있도록 해야 한다. 이는 태권도협회에서 도장운영과 수련형태에 대한 관리감독과 심사제도를 보완하여 행정을 집행하면 가능하게 된다. 즉 태권도의 요소인 품새와 겨루기가 이원화되어 있는 문제에 대한 해결을 의미하는 것이다. 또한 이러한 문제의 기저는 일선도장의 태권도수련에서의 기획과 실천임을 상기할 필요가 있다.

그럼에도 불구하고 태권도의 스포츠화는 세계화라고 하는 대명분과 함께 엘리트 선수만을 대상으로 하는 겨루기 중심의 대회운영방식에 의해 승리 제일주의가 만연하는 부작용을 도래하고 있다. 이는 태권도가 무도라고 하는 기반이 위협을 받게 되어 정체성의 혼란으로 이어질 수 있다. 따라서 태권도는 경쟁을 기반으로 하는 스포츠종목으로 진입하더라도 스포츠 또한 놀이로부터 그 기원을 찾을 수 있음을 간과해서는 안 된다. 더구나 태권도는 예의, 수행 등의 요소로 무장된 무도로서 경쟁성만 강조하는 경기가 되면 이는 서양의 스포츠와 구별이 이루어질 수 없다.

이에 대해 김동규(2002 : 34)는 "스포츠는 사람을 치고, 차며, 남의 것을 가로채는 등의 반사적 행위를 기반으로 하고 있다. 그리하여 스포츠는 사회악으로 연결될 수 있는 위험성이 내재되어 있다."라고 주장하였다. 그러므로 태권도의 수련장이 창조적인 면을 결여하고, 기계적으로 무장된 선수들만의 플레이로 구성된다면 동물 싸움장에서의 모습과 동일한 것으로 비춰질 수 있다.

2. 태권도의 무도성과 스포츠화의 문제점

1) 태권도의 무도성 상실

산업화가 진행되면서 나아지기 시작한 대중들의 경제는 무도수련의 장이라 불리는 태권도 도장을 상업성을 기반으로 한 대중화된 도장으로 변모시켰다. 이러한 양상에 대해 최근 비판적인 주장들이 많이 제기되고 있지만, 그 외형적인 현상에 대한 비판들이 주를 이루고 있을 뿐

태권도장에서 학교체육

'과연 태권도의 대중화가 무도성을 상실 시켰는가?' 에 대해서는 심각한 고민이 부족한 실정이다. 그렇다면 태권도장의 발전과정을 통해 나타나는 무도성 상실의 문제는 무도 본질의 문제로서 쉽게 지나칠 수 없을 것으로 생각된다.

태권도 도장은 1970년대 후반부터 활성화되기 시작하였다. 도장이 중심이 된 태권도의 수련은 저 연령화를 기반으로 해서 유치원 교육을 모방하는 차원으로 출발하였다. 그 결과 태권도 수련에 관한 프로그램은 저 연령층의 흥미유발에 초점을 맞춘 놀이성향으로 정착되었고, 학교체육의 과외학습으로 전락한 경향이 있다. 태권도가 무도성의 기반이 붕괴되기 시작한 발단은 유치부가 활성화 되면서 도장의 수련생이 성인층에서 유년층으로 구조가 변화하면서부터라고 볼 수 있다. 급격한 유치부 수련생의 증가로 인해 도장의 활성화는 이루어졌지만 유치부에 맞는 수련 프로그램이 어떠한 차원에서도 제공되지 못한 것이다. 도장의 활성화에만 초점이 맞추어졌고, 수련체계의 정립에 대한 연구는 부족했다. 그리하여 현재 각 도장에서 사용하고 있는 태권도 수련프로그램은 무도로서의 태권도 수련도 아니고, 그렇다고 스포츠화 된 태권도수련도 아니다.

청소년 때 획득한 4품이 22세가 되면 자동적으로 4단으로 인정되고, 이에 태권도 지도자연수원에서 40시간의 연수를 거치면 태권도지도자가 될 수 있는 게 현재의 규정이고, 그 교육프로그램은 대부분 '도道의 수행修行'과는 비교적 거리가 있는 내용들로 구성되어 있다. 국기원 2006년 4월의 자료에 의하면, 한국에는 4품 소유자가 3만4,799명이고, 4단 이상의 유단자는 7만9,182명이다. 이들이 태권도 지도자연수원에서 모두 연수를 받게 되면 한국에는 태권도지도자가 10만 명을 넘게 된다. 그러한 면에서 보면 국기원 및 대한태권도협회도 무도성의 보존에 대한 책임에서 자유스럽지 못하다. 이러한 기관에서 태권도의 무도성을 보존하려는 노력과 연구 없이 볼거리 제공으로서의 태권도, 경기로서의 태권도, 그리고 태권도인 및 지도자의 양적 팽창에만 관심이 집중되면 수행으로서의 태권도는 종말을 고할 수밖에 없다.

이러한 시기의 태권도는 상업화와 경기화로 인해 각종 태권도단체

태권도로 하나 되는 세상을 꿈꾸다

의 난립과 급조된 철학이 문제점으로 지적되고, 역사적 근거자료의 부족으로 인한 태권도의 전통성에 대한 비판적 시각이 끊임없이 제기되는 진통을 겪고 있다. 그럼에도 불구하고 태권도는 공교육 현장에서 학벌주의를 조장하는 현실 교육의 문제점을 대체하는 전인교육 수단으로서의 가능성을 내포하고 있을 것이라는 일반적인 인식이 지배적이다.

송일훈, 곽낙현(2006 : 46)은 "오늘날 각종 무武를 수련하는 무도인들의 신체기법은 내부가 텅 비어있고 공허하다. 현 시대의 무도인들은 자기 자신의 무武에 대한 신체수련의 의무를 다하지 않으면서 가장 높은 단계에 있는 신체지身體知의 깨우침에 들어서려 한다. 이는 무도수련에 있어서 가장 기본적인 것을 등한시 하면서 높은 수준의 기술만을 습득하려는 자세는 고쳐야 하며, 신체와 마음이 일치되도록 수행해야 한다."라고 주장하였다.

이에 대해 미국의 정우진 태권도아카데미 관장은 "검은 띠를 따는 것이 태권도 수련생들의 목표요 지향점이다. 그만큼 이곳 미국에서는 유단자 심사를 까다롭게 한다. 보통 2~3년이 걸린다. 검은 띠는 기술적인 측면도 보지만 그보다는 정신적, 인격적인 면을 더 중시한다."고 했다. 또 이준구 태권도아카데미의 경우는 검은 띠를 받으려면 학업성적이 B+ 이상이 되어야 하는데, 이는 태권도 유단자가 단지 기술만이 능숙한 것이 아니라 정신적 인격적으로도 완성체임을 보여주려는 시도(송재헌, 2000 : 457)라고 하였다. 이에 비해 태권도 종주국의 승단 심사제도가 '무도성 상실' 요인이 된다면 문제가 아닐 수 없다. 따라서 태권도계는 무도성의 재정립을 위한 승단심사에 보다 합리적인 기준을 연구·개발해야 하고, 이는 지도자들이 앞장서서 맡아야 할 몫이다.

강기석(2001 : 102)은 최홍희는 태권도의 경기화는 기술의 3대 요소인 형과 대련, 격파 중 대련만으로 승부를 결정하게 되므로 불합리하며, 시합 할 때 착용하는 호구가 기술을 완전히 발휘할 수 없게 할 것이라며 두 손을 내저었다고 하였다. 이는 태권도의 경기화에 대한 부정적 시각을 나타내는 것으로서 현재 국제태권도연맹에서 실시하고 있는 경기방법을 염두에 둔 주장인 것 같다. 최근 세계태권도연맹에서도 '태권도 한마당' 이라는 대회를 개최하여 품새와 격파에 관심을 가지고 있는데, 이 또한 겨루기 대회의 단점을 보안하려는 취지의 방법이라고 볼 수 있다.

북한태권도시범단 격파장면

손날로 대리석을 몇 장 격파하고, 발로 송판 몇 장을 격파하여 등위를 표시하는 방식은 수련의 정도를 표현하는 것으로는 이해될 수 있으나, 이러한 과정이 무도수련의 궁극적 가치를 추구하는 길로 오인되어서는 곤란하다. 이에 대한 일차적인 책임은 지도자들에게 있다고 보지 않을 수 없다. 무도는 상대에게 생명의 위협을 느끼도록 신체적인 고통을 가하는 것이 아니라, 무도의 근본정신이 상생을 기반으로 하고 있다는 전제 하에서의 수련이 되어야 하는 것이다.

최근 태권도협회에서 '품새'를 경기화 하고 있으나 이 또한 제고의 여지가 있다. 이는 태권도의 볼거리를 다양화한다는 측면에서 대중화의 방안은 될 수 있을지 모르나 무도성의 기반이 침몰될 위험이 있게 된다. 김동규(2006 : 157-158)는 이와 관련하여 품새의 경기화 추세는 겨루기와의 소통이라고 하는 차원에서 보면 바람직한 시도가 되겠지만 '보이기 위한 전리품'의 수단적 가치지향으로 전락해 버리면 이는 경계해야 할 시도가 아닐 수 없다고 하였다. 태권도의 스포츠화에 의해 무도성이 훼손됨을 염려하고 있는 입장에서 품새까지 경기화 하게 되면 무도성은 더욱 흔적이 희미해질 수밖에 없는 것이다.

이에 대해 이경명(2002 : 119)은 무도적 태권도의 개념에는 심신이 하나가 되는 심신일여心身一如 사상과 동정일여動靜一如 사상이 바탕에 깔려있다. 다시 말하자면 자연과 조화를 이루기 위한 본능에서 출발해 자발적이며 능동적으로 심신일여를 성취하여 자기의 몸과 마음의 수행을 스스로 해결해 나가는데 목표를 두고 있다고 하였다. 검도에서 수행의 목적으로 사용하고 있는 '기검체일치氣劍體一致', '심기력일치心氣力一致', 합기도에서 수행의 목적으로 사용하고 있는 '심기체일치心氣體一致'와 일맥상통하고 있다. 박동철(1995 : 28)은 기氣는 기합에 따른 정신수양을 말하고, 검劍은 기술연마이고, 체體는 신체의 단련을 뜻한다고 하였다. 이는 무도는 반복적인 수련을 통해서 도덕적으로 완전한 인간을 육성하는데 목적이 있음을 의미하는 것이며, 스스로 실천하라는 의미에서 극기복례克己復禮를 강조하는 것이다.

이상을 종합하여 태권도의 무도성이 상실하게 된 원인을 요약하면 다음과 같다.

첫째, 수련생의 지도가 무도성의 지향보다는 영리목적인 상업성에 초점이 맞추어져 있다. 도장의 유치원화가 본격적으로 시작된 1980년대에는 1년 과정의 유치부 수료생들은 함량이 미달되어도 대부분 쉽게 승단을 할 수 있었으며, 이는 상업성과 깊게 관련되어 있었다. 그리고 대학에 재학 중인 장교 후보생들도 국방체육을 담당해야 한다는 이유에 의해 국기원 승단심사에 쉽게 통과되었다. 수련생의 저 연령화와 상업성, 그리고 정치적인 목적의 개입이 태권도의 무도성을 침해하였고, 이는 태권도계에 대한 불신임으로 이어졌다고 볼 수 있다.

둘째, 대학의 태권도학과가 지향해야 할 방향이 정립되어 있지 못하다. 태권도학과 출신자 대부분 저 연령층을 대상으로 하는 일선 도장에서 무도성을 기반으로 한 태권도를 지도하고 있으나, 대학 태권도학과의 교육 프로그램은 무도성과 스포츠화의 귀로에 서 있다.

셋째, 국기원의 심사제도 및 교육프로그램의 부재도 문제가 될 수 있다. 체력과 운동기능에 한계가 있는 미취학 아동들의 승단이 과연 타당한가? 주관적 판단에 근거한 심사기준은 신뢰할 수준인가?, 태권도정신 및 기술, 전술 등에 대한 각양각색의 교육프로그램은 검증이 필요 없는 수준인가? 이러한 문제들에 대한 고민은 태권도의 무도성을 보존하는 합리적인 절차에 접근한다는데 의미가 있다.

넷째, 스포츠화 된 태권도의 겨루기는 세계화에 기여한 바가 있는 반면, 무도수련과 동떨어진 기형아적인 발전을 하였다. 그리고 최근의 품새대회는 무도성을 더욱 훼손시킬 수 있는 방향으로 가고 있다. 그리하여 태권도계는 스포츠로서의 특성을 양성하는 것 못지않게 무도성의 보존에도 다양한 투자를 해야 한다. 이의 공존, 즉 스포츠화와 무도성의 조화에 의해 태권도는 서양인들도 인정할 수 있는 정체성을 지니게 되는 것이다.

태권도의 근간인 무도성을 훼손하지 않으려면 시대적 특성에 부응할 수 있도록 프로그램을 정립하면서 한편으로, 수련자의 연령분포와 목적에 따른 프로그램을 기획하고 확보하여야 한다. 즉 연령층으로 수련의 전문화를 시도하고, 계층화된 수련프로그램을 도입해야 하는 것이다. 또 태권도의 무도성을 보존하기 위해서는 지도자들에게 기술지도 외에 수도하는 자세와 겸허하게 몸과 마음을 갈고 닦는 태도가 요구된다.

이에 대해 김경윤(2003 : 65)은 진리를 만나려면 세속과 이별해야 하고, 권력에서 벗어난 종교만이 진리에 도달할 수 있다는 엄혹한 계율로 이해한다고 하면서, 가진 것을 버리고 가질 것을 경계하며, 진리를 향해 달려가는 자, 그가 바로 수도자라고 주장하였다. 이는 '도道를 수행한다' 는 지도자의 자세와 태도는 '인격을 겸비한 지도자', '신뢰성을 갖춘 지도자', '코치 · 감독이 아닌 사부師父로서의 지도자', '수련생의 삶에 의미 있는 변화를 부여하는 존재로서의 지도자' 등을 의미한다고 볼 수 있다.

2) 태권도 스포츠화의 문제점

태권도의 스포츠화는 무도성을 훼손시킬 수 있다는 점이 가장 큰 난제로 지목되고 있으나 그 문제는 이 장에서 시종일관 논의되었으므로 여기에서는 태권도가 스포츠로서 보다 안정적으로 정착되지 못하고 있는 원인과 대처방안을 논의하고자 한다. 스포츠는 21세기의 새로운 종교로 비춰지기도 한다. 2002년 한 · 일 월드컵대회의 '붉은 악마' 를 비롯하여 각종 국제대회에서의 열광이 이를 입증하고 있다. 그럼에도 불구하고 한국의 국내대회는 대부분 관중이 없는 경기를 하고 있다. 국제대회의 열광에 비해 국내경기에는 관심이 없는 것이다. 이러한 현상은 태권도경기장에서도 예외가 아니다. 태권도 도장에는 수련생이 있는데 태권도경기장에는 관중이 없다. 어떠한 경기든 이를 해결하기 위해서는 우선 제도적인 보완이 선행되어야 한다.

경기규칙과 관련하여 태권도는 1970년대 후반부터 난이도별 차등점수제를 폐지하고 모든 공격득점을 1점으로 하였다. 차등점수제를 폐지하고부터 큰 동작의 공격기술보다는 빠른 발차기를 이용한 다양한 발차기 기술이 연구되었으며, 태권도가 자랑하고 있는 '받아 차기' 의 기술이 탄생되었다. 혹자는 '태권도경기가 재미없다' 라고 하지만 계속 차등점수제를 적용하여 경기를 진행했다면 다양하고, 빠른 발차기 기술은 개발되지 않았을 것이다. 2005년 세계선수권대회부터 다시 적용하기 시작한 차등점수제는 이미 다양하게 개발된 고난도 발차기 기술을 바탕으로 박진감을 불러와 흥미를 유발할 것으로 예측된다. 2004년 아테네 올림픽에서도 '태권도경기는 재미가 없다' 라는 비판의 목소리가 높았다. 이는 선수들의 소극적인 경기방식과 지루한 탐색전, 그리고 단조로운 공격 등이 관중에게 재미거리를 제공하지 못한데 원인이 있다. 이에 대한 대안으로서 세계태권도연맹은 경기규칙을 개정하여 관중들에게 '재미거리'를 제공하려는 의지의 일환으로 경기장 축소, 난이도별 차등점수제, 서든데스제도*3, 경고, 감점제 등을 고려하고 있다. 이러한 노력들은 규칙의 수정과 보완을 통해 태권도가 발달할 수 있는 경로를 의미하는 것이다.

태권도의 스포츠화와 관련하여 가장 심각한 문제는 '심판판정의 편파성'과 '승부조작'이다. 각종 국내대회는 물론 국제대회에서도 이는 끊이지 않는 태권도계의 불명예가 아닐 수 없다. 2002년 4월호 신동아에 게재된 이종우국기원 부원장의 시드니올림픽경기에서 승부가 조작되었다는 일명 '가지치기' *4 발언, 2003년 대구 유니버시아드대회 태권도 밴텀급 결승경기에서 심판의 편파판정에 의한 오심 등은 태권도계에 부정적 인식을 심은 대표적인 사건들이다. 이와 함께 태권도의 스포츠화에 대한 또 하나의 문제점은 관중의 태도와 관련이 있다. 태권도를 즐기기보다는 승패에 과도하게 집착하는 국수주의적 태도가 바로 그것이다. 태권도는 한국의 것이라는 고정관념과 이를 통해 민족의 우월성을 과시하려는 과욕이 태권도가 국제스포츠로 정착하는데 걸림돌로 작용할 수 있는 것이다.

---

*3 3회전이 끝난 후 득점이 비길 경우 4회전에서 먼저 득점하는 선수가 승리.

*4 가지치기란 승부조작에 관련된 내용임. 이종우 국기원 부원장의 '태권도 과거 충격적 고백!' 육성철기자 2002년 4월호 신동아 인터뷰 기사.

태권도의 겨루기 대회는 현재 일반인들로부터 철저하게 외면당하는 경기가 되고 있다. 오직 태권도선수와 가족, 그리고 관계자들만 함께하는 경기가 된 것이다. 따라서 기술적으로 박진감 넘치도록 하는 경기규칙의 개정 및 심판판정과 관련한 잡음을 제거하는 노력이 선행되어야 한다. 또 전자호구를 도입하여 태권도경기를 변모시키는 것도 일반인에게 관람의 즐거움을 선사할 수 있는 방안이 될 수 있다. 이는 태권도가 '무도성에 중점 두는 수련'과 '스포츠화의 경기부분'이 이원화될 수밖에 없음을 사실상 인정하는 해석이라고 볼 수 있다.

3. 태권도의 무도성과 스포츠화의 공존과제

'한류문화韓流文化'가 세계적으로 확산된 시발을 태권도라고 보는 견해가 있다. 이는 '한류'의 의미를 경제적 가치로 한정하거나 단순히 문화적 지배로 한계지우려는 데에 대한 저항으로서 보다 열린 개념으로 접근해야 한다는 입장을 전제로 하고 있다. 즉 세계 200여 개국에서 한국의 태권도지도자들이 우리의 자존심을 내세우며 우리 것을 지도하고 전수한다는 점에서 태권도가 문화교류의 측면에서나 경제적 가치라고 하는 측면에서 한류문화를 창조하고 보급하는 최일선에 있다고 보는 것이다. 그러나 태권도의 이러한 기대를 더욱 지속시키고, 대중문화상품으로 승화시키려면 수련과정의 변화와 보급과정에서 나타난 문제점을 보완하고 효율성을 높이는 대책을 강구해야 한다.

태권도가 스포츠로서 성공하게 된 계기는 발차기 기술을 기반으로 하여 겨루기 중심으로 발달된 점이 서구인의 취향에 부응하였으며, 이와 함께 다양한 동작을 연무하는 시범, 조직의 체계화와 단일화 등이 이루어졌기 때문이라고 볼 수 있다. 그러한 반면 태권도의 스포츠화와는 무도성의 보존을 미약하게 하였다는 비판을 지속적으로 받고 있다. 어느 한 쪽을 포기하지 않는 한 이의 균형을 위해서는 태권도의 3대 기구인 국기원, 세계태권도연맹, 대한태권도협회 등이 합리적인 태권도철학을 정립하고, 적정수준의 투자와 기술개발을 지속하면서 교육프로그램을 개선하고 연구하는 정책을 시도해야 한다. 이를 위해서 태권도는 다음과 같은 문제들에 대한 대안을 마련해야 한다.

1) 태권도철학 및 교육체계의 정립

태권도는 전 세계적으로 방대한 수련인구를 보유하고 있고, 수련인구의 연령대가 점점 낮아지고 있다. 이러한 현상에 부응하려면 태권도는 다양한 연령대의 수련층을 위한 다변화된 교육적 프로그램과 수도자가 아니더라도 태권도를 즐길 수 있도록 하는 공감대가 형성되어야 한다. 이와 함께 태권도계에 국내·외적으로 사설단체들이 난립하는 현상도 태권도의 정체성에 혼란을 야기시키는 것으로서, 이는 태권도의 구체적인 수련체계가 완성되어 있지 못하고 교육프로그램이 부실하기 때문이다. 그리고 태권도는 체계에 맞는 무기술武器術의 개발 연구가 미흡하다. 일선 도장에서 이미 각종 무기술을 도입 시행하고 있으나, 이를 양성화하여 수련생들에게 다양한 교육의 장을 제공하고 무기의 사용법과 거리감각 등을 지도하는 것이 합리적인 시도일 것이다. 이러한 문제점들을 보완하기 위해서는 태권도의 중앙도장인 국기원이 창의적인 아이디어를 개발하는 일뿐만 아니라, 이를 표현할 수 있는 기술의 개발과 보급에 대한 노력이 강화되어야 한다. 더불어 태권도학회의 창립, 대학기관과의 연계성 있는 연구제도의 확립, 기존의 연구물들에 대한 검증시스템 등이 도입되어야 할 것이다.

이와 같은 맥락에서 태권도의 교육적 가치획득과 전통성 확보를 위해 태권도계가 가장 고민하고 노력해야 할 과제는 태권도역사와 철학의 정립이라는 부분이다. 태권도역사와 철학의 정립에 관해서는 이미 적지 않은 연구 성과가 있음에도 불구하고 여전히 그러한 요구가 제기되고 있음은 그 문제의 난해함과 역사와 철학적 전통을 논리적으로 설명할 수 있는 이론이 미비하다는 것을 의미한다. 이러한 과정을 통해 태권도와 관련한 한국의 전통에 대한 올바른 해석이 가능하게 되며, 또 우리의 몸짓은 무엇을 나타내고 있는가, 그 기능은 무엇인가, 그리고 후대에 전수할 수 있는 것은 무엇인가를 밝히는 작업이 개발될 수 있을 것이다.

2) 태권도 품새의 역할강화

김동규(2006 : 11)는 "무도는 대중화에 의해 저변확대와 스포츠화로서 문화의 한 축을 이루었다는 성과가 있지만, 이에 못지않게 '기技와 술術을 통해 인간의 길을 탐색한다.' 는 무도수행의 전통적인 정체성이 뿌리 채 흔들리고 있다. 이는 무도가 수단적 가치를 지향한 부산물이 아닐 수 없다."라고 하였다. 이러한 주장은 태권도는 스포츠화가 되어서 세계화는 되었으나 그로 인해 무도성이 퇴색된 만큼 이의 만회를 위해서는 수행을 통해 태권도의 뿌리를 재정립해야 한다는 의미이다. 태권도의 무도성과 스포츠화의 조화는 '현재에서 과거로의 소통', '과거에서 현재로의 소통' 이라고 하는 사상이 기반이 되어야 함을 요구한다. 이를 위한 방편으로서 태권도는 품새의 역할을 강화할 필요가 있다. 품새의 경기화를 촉진시키자는 의미가 아니라 품새의 체계화와 효율적인 보급을 통하여 동떨어져 있는 무도성과 스포츠화의 공존을 도모하자는 것이다.

김용옥(1990 : 56)은 "무술사에 있어서 품새와 겨루기의 관계는 철학적으로 표현하자면 형식form과 내용content의 문제로도 환원되며, 상기의 종교사적으로 말하자면 율법law과 성령holy spirit의 관계와도 같다. 품새는 율법이요, 겨루기는 성령" 이라고 하였다. 이는 품새 수행을 통해서 기초를 닦은 다음 겨루기를 익혀야 하며, 품새와 겨루기는 불가분의 관계라는 입장이다. 그리하여 김용옥(1990 : 58)은 "품새는 어디까지나 겨루기에 대하여 하위개념이다. 품새는 완벽을 지향한다. 겨루기는 불

세계태권도연맹 품새 시연

완벽을 지향한다. 그런데 불완벽은 완벽보다 상위 개념"이라고 하였다. 이는 무도와 스포츠의 독자성 및 가능성을 인정하면서도 한편으로, 공존하고 발전되어야 함을 의미하는 것이다.

이와 관련하여 전용배(2006 : 51)는 "태권도의 무술성을 회복하기 위해서는 품새의 수련을 중시하는 전통태권도로 돌아가는 것이 필요하다는 비판에 직면한 것도 사실이다. 제도적으로 경기스포츠로 재구성된 태권도가 다시 전통태권도로 돌아가는 것은 불가능하다. 물론 태권도의 무도정신을 제대로 이해하고 발전하자는 취지는 수용되어야 하며, 이러한 부분에 대한 복원노력은 필요하지만 구조화되고 고착화된 틀을 바꾸기는 어렵다."고 주장하였다. 이러한 문제의 해결을 위해서는 태권도에 대한 국가에서의 정책적인 지원이 필요하다고 생각된다. 정부부처에 무도담당자를 배치하여 우리민족 문화의 한 부분인 태권도의 장기적인 발전계획을 수립하고, 타 무도에 대한 해외정보와 동향을 수집해 태권도 종주국으로서의 위상도 강화하고, 회원국에게 다양한 정보를 제공하는 역할을 담당해야 한다는 것이다.

그러한 면에서 볼 때 무도의 정통성 확보와 대중화를 동시에 실현하기 위해서는 경기, 품새, 수행간의 상호소통이 원활하게 이루어져야 한다. 일부 무도종목에 있어서는 이미 경기와 품새, 품새와 수행, 경기와 수행간의 단절화가 보편화된 현상으로 비춰지고 있으나 이는 무도의 미래를 위해 필연적으로 극복되어야 할 난제이다. 내재적, 수단적 가치지향간의 교량역할로 설정한 '품새 수련을 통한 융합적 가치지향'이 이의 해결에 일조하기를 기대해 본다(김동규, 2006 : 14). 이는 태권도가 스포츠화의 길을 걷더라도 무도성을 기반으로 해야 한다는 의미이며, 이의 확보를 위해서는 한국적 사상과 몸짓의 바탕 위에 행동철학으로서 다양한 품새를 기저로 하자는 해석이다. 즉 우리 민족의 전통 춤사위와 각종 무기를 응용한 품새를 개발하여 연령 및 성별에 따라 다양한 방법으로 지도하고, 호신, 미용, 건강, 양생 등의 목적에 따라 품새의 개발, 보존, 보급이 선행되어야 하는 것이다.

3) 태권도연맹의 통합

태권도의 위상강화는 통합

태권도가 무도성과 스포츠의 공존을 추구하려면 세계태권도연맹과 국제태권도연맹이 단일화 된 기관으로 통합하는 것도 중요한 해결책이 된다. 이들은 현재 양분되어 있으나 이에 대한 통합은 필연적이라는 것이다. 세계태권도연맹은 김운용 총재의 정치적 역량과 국가의 후원을 바탕으로 올림픽 정식종목으로 성장했고, 국제태권도연맹 또한 나름대로 전 세계를 무대로 지속적인 활동을 해오고 있다. 최근 양 단체가 화합의 움직임을 보이는 것은 바람직한 현상이라고 볼 수 있다. 성향의 극단적인 비교는 또 다른 모순성을 탄생시킬 우려가 있으나 연구자의 견해로 보면 세계태권도연맹은 스포츠화를 지향하고 있고, 국제태권도연맹은 무도를 지향하는 경향이 강하다. 그리하여 두 연맹의 통합은 무도성과 스포츠의 공존이 이루어질 수 있는 가장 합리적인 방법이 될 수 있다.

이와 관련하여 안민석(2005 : 7)은 국정감사자료에서 태권도의 양대 연맹이 "왜 통합해야 하는가?"라는 의문의 답은 '태권도 세계 경쟁력 강화를 위해', '영구히 올림픽종목으로 남기 위해', '태권도 근 · 현대사의 바람직한 정립을 위해', '민족 일체감 확립을 위해서' 등이라고 주장하였다. '기술통합'을 주장하는 세계태권도연맹과 '기구통합'을 주장하는 국제태권도연맹 간에는 입장의 차이가 분명히 있다. 그리하여 경기의 규칙은 세계태권도연맹의 규정을 기반으로 하고, 무도성은 국제태권도연맹의 이념에서 찾을 수 있다고 본다. 두 단체는 반쪽을 가지고도 정상에 각각 도달했다고 볼 수 있으나 적대적 태도로 30년 이상을 교류 없이 지내온 과정이 있다. 그리하여 기구통합에 있어서는 산고産苦가 따른다고 볼 수밖에 없다. 그러나 이의 해결을 위해서는 세계태권도연맹이 국제태권도연맹에서 추구하고 있는 틀(품새)의 의미 중 우리 민족정서가 느껴지는 부분이나 호흡법을 우선적으로 수용하는 것이 정

조정원 총재와 장 웅 총재

도正道라고 본다. 우리 민족의 이질감 해소와 동질성 회복이라는 맥락에서 세계태권도연맹의 조건 없는 포용을 요구하는 것이다.

태권도계는 거시적인 관점에서 지나온 역사를 반성하며, 포용의 미덕美德을 발휘해야 한다. 태권도는 세계화를 위해 너무 급진적으로 발전하여 왔기에 발전단계의 선후가 뒤섞여 버린 부분이 없지 않다. 가장 중요한 것은 올바른 근대사의 정립과 과거의 재조명을 통해 미래 역사를 주도적으로 개척해 나가야 한다는 것이다. 선대先代가 이루어 낸 역사의 공과功過를 분명히 밝히고 잘못된 점이 있다면, 이를 시정하여 올바른 미래의 초석을 이루어야 하는 시점에 와 있는 것이다.

맺는말

세계의 모든 무도가 처음부터 완벽한 모습을 갖추고 탄생되지는 않았다. 보잘 것 없고 미천한 것에서 시작하여 조금씩 더해지고 꾸며지면서 성장 · 발전해 가고 있다. 태권도 또한 이러한 길은 걷고 있는데, 최근 논의되고 있는 무도성과 스포츠화의 공존도 다음과 같은 문제들을 심도 있게 논의하면서 앞으로 나아가야 할 것이다.

첫째, 무도성과 스포츠화의 공존이념 및 시스템의 구축

태권도의 무도성과 스포츠화의 공존은 '현재에서 과거로의 소통', '과거에서 현재로의 소통' 이라고 하는 사상이 기반이 되어야 한다. 태권도의 무도성을 보존하기 위해서는 한국적 사상과 몸짓의 바탕위에

장애물 딛고 공중뒤돌아차기

행동철학으로서 우리민족의 전통 춤사위와 각종 무기를 응용하고, 한편으로 호신, 미용, 건강, 양생 등의 목적에 따른 품새의 개발이 시도되어야 한다. 스포츠화의 핵심인 경기부문은 박진감 넘치는 기술을 유도하는 방향으로 나아가면서, 부정적 이미지를 양산하는 심판판정 시비를 없애는 시스템을 구축하여야 한다.

둘째, 태권도연맹의 통합

세계태권도연맹은 태권도를 올림픽의 정식종목으로 성장시켰고, 국제태권도연맹도 나름대로 전 세계를 무대로 지속적인 활동을 해오고 있다. 그러나 성향 면에서 세계태권도연맹은 스포츠화를 지향하고 있고, 국제태권도연맹은 무도를 지향하는 경향이 강하다. 그리하여 두 연맹의 통합은 무도성과 스포츠화의 공존이 이루어질 수 있는 합리적인 방안이 될 수 있다. 포용적 차원에서 우선 세계태권도연맹이 국제태권도연맹에서 추구하고 있는 틀(품새)의 의미 중 우리 민족정서가 느껴지는 부분이나 호흡법을 수용하는 것이 정도(正道)가 아닌가 한다.

셋째, 심사제도의 강화, 지도자 교육프로그램의 다양화, 국가지원의 확대

무도 단체들의 승단 심사제도는 엄격한 기준 없이 심사관의 주관적 판단에 의하여 평가되는 경우가 많다. 태권도계도 이를 세부적으로 규정화 하여 국제규격, 즉 공통된 심사규정의 마련이 시급하다. 또 태권도 지도자의 양성을 지속적으로 지원하고 전문성을 신장시키려는 제도적인 노력이 필요하다. 스포츠화 된 태권도는 경기 · 교육 · 경제 · 문화적 가치를 내재하고 있음에도 불구하고, 국가와 태권도 3대 기구는 그 가치를 재창출하기 위한 구체적인 방안을 강구하지 못하고 있다. 이 기관들은 태권도를 보존하고 유지 계승할 의무와 책임이 있다.

●참고문헌

강기석(2001). *태권도 반세기 인물과 역사*. 서울 : (주) 케이디미디어.

김경윤(2003). 단군*에서 김구까지 한국 철학의 이 한 마디*. 서울 : 청어람미디어.

김광석(1995). 본국검. 서울 : 동문선

김동규(2002). *스포츠 사회철학 담론*. 경북 : 영남대학교 출판부.

김동규(2006). 무도의 개념정의와 가치지향을 근거로 한 자생적 과제. *움직임의 철학 : 한국체육철학회지*, 14(1), 149-160.

김동규, 김기홍, 김용규(2004). 崔泓熙와 金雲龍의 태권도철학과 세계화 전략. *움직임의 철학 : 한국체육철학회지*, 12(2), 364-383.

김명수(1992). *태권도 스포츠 제도화 과정에 관한 연구*. 미간행 박사학위논문. 한양대학교 대학원.

김부찬(2006). 전통무예의 체육철학적 의미. *한국체육학회지*, 45(1), 35-43.

김용옥(1990). *태권도철학의 구성원리*. 서울 : 통나무.

박동철(1995). *현대무도의 실천적 의의와 인간형성*. 한국체육학회 33회학술발표논문집, 27-31.

서성원(2003, 3월 18일). 태권도와 고단자의 품격. *태권도신문*.

송일훈, 곽낙현(2006). 충무공 이순신의 궁술에 보이는 무의 신체지. *한국체육학회지*, 45(6), 45-59.

송재헌(2000, November 15). 세계의 태권도가 宗主國에 던지는 질문. *월간조선*. 456-463.

신성대(2006). *무덕(武德) : 武의 문화, 武의 정신*. 서울 : 東文選.

안민석(2005). *냉전과 분단의 반세기 극복* : 남북 태권도 통합. 국회의원 태권도통합 방안 국정감사 자료.

안용규(2000). *태권도 역사 · 정신 · 철학*. 서울 : 도서출판 21세기 교육사.

양진방(1989). 무도에 함장된 체육관. 태권도, 70, 123-127.

육성철(2002, April 15). 이종우 국기원 부원장의 '태권도 과거' 충격적 고백!. *신동아*. 290-311.

이경명(1997). *태권도*. 서울 : 대원사.

이경명(2000b, July 15). 역사향기가 깃든 태권도 백과 : 품새의 세계(하). *월간태권도*. 44-49.

이경명(2002). *태권도의 어제와 오늘*. 서울 : 어문각.

이승환(2006). *무예수련의 수양론적 의미*. 한국체육철학회 추계학술대회논문집. 1-9.

전용배(2006). 택견의 현대적 '스포츠' 가능성 탐색. *스포츠사회철학회 10주년기념학술대회논문집*, 45-55.

최홍희(1997). *태권도와 나 1*. 서울 : 사람다움.

탁석산(2004b). *한국의 민족주의를 말한다*. 서울 : (주)웅진닷컴.

* 위 내용은 김기홍 · 김동규의 논문 "태권도의 무도성과 스포츠화의 공존"(움직임의 철학 : 한국체육철학회지. 제15권 1호)의 일부분을 수정 보완한 것임.

찾아보기

용어

ㄴ

ㄷ

ㅁ

ㅇ

ㅍ

ㅎ

찾아보기

인명

저자소개

김기홍(金起弘)_ 경일대학교 인문사회과학대학 행정학과 졸업
영남대학교 대학원 체육학과 졸업(체육학석사)
영남대학교 대학원 체육학과 졸업(이학박사)

경북도립대학 생활체육과 초빙교수
영남대학교 강사
한국체육철학회 감사
대구 · 경북체육학회 이사

전임, 생활체육대구시태권도연합회 사무국장
대구광역시태권도협회 심사, 국제분과 부위원장
북대구태권도협회 부회장

한국선(韓國先)_ 대구대학교 대학원 사회교육학과 졸업(문학박사)

대구일보 대표이사
대한태권도협회 이사
대구광역시태권도협회 회장

전임, 대구광역시태권도협회 경기위원장, 심사위원장, 심판위원장, 교육위원장

김동규(金東奎)_ 영남대학교 문리과대학 체육학과 졸업
고려대학교 대학원 체육학과 졸업(체육학석사)
한국체육대학교 대학원 체육학과 졸업(이학박사)

영남대학교 체육학부 교수
(생활과학대학장)
대구 · 경북체육학회 회장
동아시아 운동 · 스포츠과학회(韓 · 中 · 日) 회장
스포츠사회철학회 회장
한국체육철학회 고문
대한대학스포츠위원회(KUSB) 위원

전임, 한국체육철학회 회장
2003 대구U대회 학술대회 집행위원장
한국체육학회, 한국올림픽 성화회 부회장